दो इस्लाम

सैयद शादाब अली

ISBN 979-888555153-3

क्रम-सूची

इंतिसाब

दो इस्लाम... एक तो वो इस्लाम, जो अल्लाह को पंसद है, कुबूल है और अल्लाह ने अपने बंदों को अता किया और दूसरा वो इस्लाम, जो उम्मत के मुनाफ़िक़ों ने अपने फायदे के लिए बना लिया। ये किताब है हक़ीक़ी दीन ए इस्लाम और तख़्लीक़ी दीन ए इस्लाम के फ़र्क़ की। यूँ तो रसूलुल्लाह सल्लललाहु अलैहे व आलिही व सल्लम के पर्दा फरमाने के बाद ही तख़्लीक़ी दीन के पैरोकार खुलकर सामने आने लगे थे लेकिन पूरी तरह से बेपर्दा, करबला के मैदान में हुए।

हज़रत ख्वाजा मोईनुद्दीन चिश्ती रहमातुल्लाह आलेह ने बहुत खूब फरमा दिया, "दीन अस्त हुसैन", ये कहना अपने आप में काफी है की हुसैन ही दीन हैं। जब हम करबला की जानिब रुख करते हैं तो पाते हैं की हज़रत हुसैन अलैहिस्सलाम के लश्कर में भी खुद को मुसलमान कहने वाले लोग मौजूद हैं तो वहीं दूसरी ओर यज़ीद के लश्कर में भी खुदको मुसलमान कहने वाले लोग मौजूद थे। दोनों तरफ हाजी भी थे, नमाज़ी भी, सहाबी भी थे तो ताबाईन भी थे। फिर दोनों में फ़र्क़ क्या था?

क्यों हज़रत हुर्र आशूरा के रोज़, अपने बेटों समेत, लश्कर ए इमाम में शामिल होने आ गए और क्यों हुर्मला ने मासूम अली असग़र अलैहिस्सलाम के गले को तीर मारकर ज़ख़्मी कर दिया?

हक़ीक़ी दीन को समझने के लिए ज़रूरी है की हम क़ुरआन ओ अहलेबैत अलैहिस्सलाम को थाम लें। दो इस्लाम के बीच फ़र्क़ बताती ये किताब, आक़ा मुहम्मद रसूलुल्लाह और अहलेबैत अलैहिस्सलाम की मुहब्बत में लिख रहा हूँ। अल्लाह हम सबको हक़ीक़ी दीन पर चलने वाला बनाए और तख़्लीक़ी दीन और उसके पैरोकारों के मकर ओ फरेब से हम सबकी हिफाज़त फरमाए।

अल्लाहुम्मा सल्ले अला मुहम्मद व अला आले मुहम्मद।

1

पहला बाब

1. दो तरह के दीन -

अल्लाह रब उल इज़्ज़त ने कुरआन ए पाक में इरशाद फरमाया है -

إِنَّ الدِّينَ عِنْدَ اللَّهِ الْإِسْلَامُ

सच्चा दीन, अल्लाह के नज़दीक सिर्फ़ इस्लाम है।
(सूरः आल ए इमरान की आयत 19 का हिस्सा)

यूँ तो इस बात में शक की कोई गुंजाइश नहीं फिर भी अगर हम इस आयत को मद्देनज़र रखते हुए फ़िक्र करें तो हमें एहसास होगा की इस्लाम भी कई तरह का है, एक तो हक़ीक़ी इस्लाम और दूसरा तख़्लीक़ी इस्लाम। हक़ीक़ी इस्लाम तो वो है जो अल्लाह रब उल इज़्ज़त ने अपने नबी के ज़रिए हम तक पहुँचाया और जिस पर चौदह मासूमीन और बारह इमामों ने चलकर दिखाया और दूसरा वो जो हमारे घरों में मौजूद है, हक़ीक़ी इस्लाम तो बस एक हक़ दीन है लेकिन तख़्लीक़ी इस्लाम कई तरह के मौजूद हैं। लोगों ने इस्लाम के नाम पर बहुत कुछ बिदअत शुरू भी की हैं और बहुत कुछ हक़ छिपा भी लिया है। मुनाफ़िक़ीन, लापरवाह मर्द और नावाकिफ़ औरतों की वजह से दीन में तब्दीली आती गई और अब हमारे घरों में मौजूद दीन, हक़ीक़ी दीन से बिल्कुल मुख़्तलिफ़ है। ला'इल्मी, गफ़लत, बिगाड़, कुरआन ओ अहलेबैत अलैहिस्सलाम से दूरी इसकी बड़ी वजह हैं। इसे दूसरे अल्फ़ाज़ में यूँ भी कहा जा सकता है की, दीन ए इस्लाम और मज़हब ए इस्लाम में बहुत फर्क है और अब इस्लाम पर चलने वाले दो हिस्सों में बँट चुके हैं। कुछ लोग हक़ीक़ी दीन पर साबित'कदम हैं तो वहीं कुछ लोग तख़्लीक़ी मज़हब ए इस्लाम में पड़कर, फिरकों की कैद में, हक़ से बहुत दूर जाकर पड़े

हैं।

ये जो दो दीन बन रहे हैं, ये बस उस वक़्त तक के लिए हैं जब तक ज़ुहूर ए इमाम मेहदी अलैहिस्सलाम ना हो जाए क्योंकि इमाम मुहम्मद मेहदी अलैहिस्सलाम, क़ायम इमाम हैं और आप अलैहिस्सलाम के आने के बाद सिर्फ़ हक़ीक़ी दीन ही बाकि रहेगा। फिरक़ों की क़ैद ख़त्म हो जाएगी और ये उम्मत महज़ दो हिस्सों में बँट जाएगी। यानी या तो कोई इंसान, हक़ को तस्लीम करने वाला, हक़ दीन पर चलने वाला होगा या तो फिर दज्जाल का पैरोकार और बातिल की तरफ़ से लड़ने और फित्ने आम करने वाला होगा। इमाम अलैहिस्सलाम के ज़ुहूर के बाद, हलाल-हराम, सही-गलत, ईमान-कुफ्र, की पहचान रखने वाले और हक़ दीन पर चलने वाले ही इमाम अलैहिस्सलाम के साथ होंगे बाकि दज्जाल के पैरोकार, शैतान के साथी, क़त्ल कर दिए जाएँगे और इस तरह अल्लाह का दीन तो बाकि रहेगा लेकिन उम्मत का बनाया हुआ दीन, ख़ुद बा ख़ुद खत्म हो जाएगा।

इमाम मेहदी अलैहिस्सलाम के ज़ुहूर से मुताल्लिक़ बहुत सारी झूठी बातें और अफवाहें आम की गई हैं और लोगों को उस तरह नहीं समझाई गईं, जिस तरह समझानी चाहिए थीं। कुछ लोग कहते हैं की इमाम अलैहिस्सलाम का ज़ुहूर उस वक़्त होगा, जब दुनिया में हर तरफ़ गुनाह ही गुनाह बढ़ चुके होंगे, फैल ओ फहशा आम हो चुका होगा और हर बुराई आम होती जाएगी। यानी जब-जब गुनाह बढ़ते हैं, जुल्म बढ़ता है तब-तब इमाम अलैहिस्सलाम के ज़ुहूर का वक़्त और भी क़रीब आ जाता है। ये बात बहुत हद तक सही है लेकिन इसे समझा गलत गया है। यहाँ तक हमारे आस-पास के लोग नासमझी में यूँ भी कह देते हैं की लोगों को मत समझाओ, ये सिर्फ़ इमाम अलैहिस्सलाम का काम है। लोग हक़, दीन से दूर हैं तो ये सब इसलिए हो रहा है क्योंकि इमाम अलैहिस्सलाम के ज़ुहूर का वक़्त क़रीब आता जा रहा है, यानी लोगों ने ये मानकर रखा है की इमाम अलैहिस्सलाम का ज़ुहूर तब होगा जब कोई हक़ दीन पर बाकि ना रहेगा। हालाँकि जब हम इन बातों को क़ुरआन की रौशनी में समझने की कोशिश करते हैं तो असल बात इसके उलट निकलती है। क़ुरआन ए करीम में अल्लाह त'आला ने इरशाद फरमाया है -

إِنَّ اللّٰهَ لَا يُغَيِّرُ مَا بِقَوْمٍ حَتَّىٰ يُغَيِّرُوا مَا بِأَنْفُسِهِمْ

और ख़ुदा किसी क़ौम के हालात को उस वक़्त तक नहीं बदलता जब तक वह ख़ुद अपने को तब्दील (बदलाव) न कर ले।
(सूरः रा'द की आयत 11 का हिस्सा)

अगर हम हक़ को समझने की कोशिश करेंगे तो पाएँगे की ज़ुहूर ए इमाम, उस वक़्त तक नहीं होगा, जिस वक़्त तक क़ौम खुदको तब्दील करने के लिए एक इंकलाब ना ले आए। हमें चाहिए की हम अपने इमाम अलैहिस्सलाम की आमद के लिए ज़रूरी बदलाव और तैयारियाँ करें। यानी इस उम्मत में एक जमात ऐसी हो, जो खुद को हक़ पर साबित'कदम रखे, हक़ आम करे, लोगों को नेकियों की तरफ़ बुलाए और लोगों को गुनाह की तरफ़ जाने से रोके यानी अम्र बिल मारूफ़ और अनिल मुन्कर पर अमल करे। इसे दूसरे तरह से यूँ भी समझ सकते हैं की जब एक फौज तैयार की जाती है तो पहले उसका इम्तिहान लिया जाता है। फौज का सिपाह'सालार और अलमदार पहले ये जाइज़ा लेता है की सिपाहियों में से कौन है जो बुज़दिल नहीं?, इनमें से कौन है जो जान देने के लिए तैयार है?, इनमें से कौन है जो मैदान से भागने वालों में से नहीं?, जब एक फौज तैयार की जाती है तो उसके पहले फौज का हर तरह से इम्तिहान लिया जाता है, उसका जिस्मानी और दिमाग़ी तौर पर भी इम्तिहान लिया जाता है।

जब इमाम अलैहिस्सलाम ज़ुहूर फरमाएँगे तो वो भी इम्तिहान के ज़रिए ये मालूम करेंगे की इनमें से खरा कौन है और खोटा कौन है। साथ ही साथ वो ये भी देखेंगे की उनकी फौज में फक़त मोमिनों को ही जगह मिले यानी मुनाफ़िक़ और बेदीन लोगों को छाँटकर पहले ही अलग कर दिया जाएगा। तो मेरे अपनों, हमारा काम सिर्फ़ इमाम अलैहिस्सलाम के ज़ुहूर का इंतज़ार करना नहीं है बल्कि हमें चाहिए की हम इमाम अलैहिस्सलाम के ज़ुहूर की मेहनतें करें और लोगों को हक़ की तरफ़ बुलाते रहें। गलत बातों और ज़ालिमों की मुख़ालिफ़त करें और हक़ पर चलते हुए सब्र करें। बेशक कुरआन और अहलेबैत अलैहिस्सलाम को थामना ही, कामयाबी की एक वाहिद राह है।

लोगों ने हक़ीक़ी इस्लाम को छोड़कर, तख़्लीक़ी इस्लाम को मानना शुरू कर दिया है और ये धीरे-धीरे बढ़ता ही चला जाएगा, यहाँ तक की हक़ दीन पर चलने वाले कम बचेंगे और तख़्लीक़ी मज़हब पर चलने वाले ज्यादा हो जाएँगे। इसकी दलील ये है की जब इमाम अलैहिस्सलाम का ज़ुहूर होगा तो लोग उनपर ये इल्ज़ाम लगाएँगे की ये नया दीन लेकर आया है, ऐसा तो हमने नहीं सुना और ना ही बाप-दादाओं को ऐसे दीन पर पाया है यानी वो दीन को इतना बदल चुकेंगे की उन्हें नबी सल्लललाहु अलैहे व आलिही व सल्लम का लाया हुआ दीन ही नया लगने लगेगा। आप अलैहिस्सलाम पर दूसरा इल्ज़ाम ये भी डाला जाएगा की इसे, क़त्ल व ग़ारतगरी करने और तलवार चलाने के अलावा कुछ नहीं आता। यानी इमाम अलैहिस्सलाम के लश्कर में जो भी शामिल होगा वो उनका फरमाबरदार होगा और हक़ दीन पर चलने वाला होगा, तो ऐसे कैसे हो सकता है की कोई इमाम अलैहिस्सलाम

का मानने वाला ये एतराज करेगा की हमने आपसे दीन में नई-नई बातें सुनीं, ये कैसे नए-नए एहकामात बताए जा रहे हैं, जिनपर अपने बाप-दादाओं को अमल करते हुए नहीं पाया। कुछ लोग हैं जो आज, हक़ आम करने वालों पर एतराज कर रहे हैं, ये इमाम अलैहिस्सलाम के ज़ुहूर के बाद उनपर भी एतराज करेंगे। कुछ लोग हैं जो आज, हक़ आम करने वालों को बुरा-भला कहते हैं, ये लोग यक़ीनन इमाम अलैहिस्सलाम को भी बुरा-भला कहेंगे। जो आज अली अलैहिस्सलाम के गुलामों के खिलाफ़ खड़े हैं, कल ये इमाम अलैहिस्सलाम के भी खिलाफ़ खड़ी सफ़ों में दिखाई देंगे। यूँ तो अली के मुहिब्ब हर दौर में ही छोटे इंकलाब लाते आए हैं और लाते ही रहेंगे लेकिन हमारे दुश्मनों को भी अब इस बात का अंदाज़ा होने लगा है की ये छोटे-छोटे से नज़र आने वाले इंकलाब ही, उस बड़े इंकलाब की तैयारी हैं, जिसका वादा किया गया है और जो होकर ही रहेगा।

हमारे दुश्मनों की कोशिश भी ये ही है की कैसे भी करके, इन छोटे इंकलाबों को कामयाब ना होने दो। वो हमें रोकने के लिए हर हद तक जाने को तैयार हैं। कभी हमें शहीद किया जाता है तो कभी परेशान, कभी हमारे नाम पर झूठी तोहमतें लगाई जाती हैं तो कभी उम्मत को हम अली अलैहिस्सलाम के गुलामों के मुताल्लिक़, ऐसे-ऐसे अक़ीदे बताए जाते हैं जो हमने कभी रखे ही नहीं हैं, मसलन के तौर पर लोग कहते हैं की अली अलैहिस्सलाम वाले अली अलैहिस्सलाम को खुदा मानते हैं, जो की झूठ है। कभी कहते हैं की अली अलैहिस्सलाम वाले अली अलैहिस्सलाम को नबी मानते हैं, ये भी सरासर झूठ है। कहने का मतलब ये की हम पर वो तोहमत और बोहतान बाँधे जाते हैं जो हमने कभी सोचे ही नहीं।

हमारे मुख़ालिफ़ीन, एक झूठी हदीस बयान करते हैं की नबी करीम सल्लललाहु अलैहे व आलिही व सल्लम ने फरमाया, "अगर मेरे बाद कोई नबी होता तो उमर होता।", पहली बात तो ये है की जब रसूलुल्लाह सल्लललाहु अलैहे व आलिही व सल्लम ही आखरी नबी व रसूल हैं तो वो किसी और के बाद में नबी होने की बात क्यों करेंगे। दूसरी सोचने वाली बात ये है की नबूवत, रिसालत अता करना खुदा का काम है, तो रसूलुल्लाह सल्लललाहु अलैहे व आलिही व सल्लम कैसे ऐलान कर सकते हैं की मेरे बाद नबी होता तो फलाँ होता। तीसरी बात, जो कड़वी ज़रूर है लेकिन हक़ है वो ये की कई दौर ऐसे गुज़रे हैं जिनमें एक ही वक़्त में एक से ज्यादा नबी मौजूद रहे हैं, आपस में मिले भी हैं लेकिन कभी किसी नबी ने नबूवत मिलने के पहले भी गुनाह नहीं किया और ना ही जुल्म किया है जबकि हज़रत उमर के बारे में पढ़ सकते हैं की दौर ए जहालत के दौरान आप किन गुनाहों में मुब्तिला थे, बहन के मुसलमान हो जाने पर आपने बहन पर किस तरह जुल्म किया और वक्त के नबी सल्लललाहु अलैहे व आलिही व सल्लम को क़त्ल करने का मंसूबा भी बनाया, इरादा भी किया। यहाँ तक तारीख में मौजूद है की आप हज़रत उमर, रसूलुल्लाह सल्लललाहु अलैहे व आलिही व सल्लम को क़त्ल करने

के इरादे से हाथ में तलवार लेकर घर से तक निकले, इसके बावजूद आपके नज़दीक़ ऐसी कोई हदीस मौजूद है की मेरे बाद नबी होता तो फलाँ होता, यानी शक आपको है, इस बात पर की रसूलुल्लाह सल्लललाहु अलैहे व आलिही व सल्लम के बाद नबी होता या नहीं होता।

अब बात करते हैं हमारे अक़ीदे की तो हमारे नज़दीक़ हदीस है की रसूलुल्लाह सल्लललाहु अलैहे व आलिही व सल्लम ने फरमाया, "अली मेरे लिए ऐसा है जैसे मूसा के लिए हारून। लेकिन मेरे बाद अब कोई नबी नहीं।", हमारी तो हदीस में भी जहाँ अली अलैहिस्सलाम को हारून अलैहिस्सलाम की तरह कहा गया है वहाँ भी आगे साफ बयान कर दिया गया है कि, "लेकिन मेरे बाद अब कोई नबी नहीं।", तो हमने तो अपने अक़ीदे के ज़रिए भी "ला इलाहा इल्लललाह मुहम्मदुर्रसूलुल्लाह" के बाद "अलीयुन वलीयुल्लाह" कहकर, उन तमाम शक और गुंजाइशों को बंद कर दिया जिसमें आखरी नबी के बाद भी कोई नबी होने की झूठी रिवायत बनाई गई थीं। हमने ऐलान ए आम कर दिया की अली अलैहिस्सलाम ही रसूलुल्लाह सल्लललाहु अलैहे व आलिही व सल्लम के जाँनशीन हैं, वसी हैं, वारिस हैं और अल्लाह के वली हैं।

2. ज़िक्र ए हुसैन को रोकने की साज़िश -

अज़ादारी या ग़म ए हुसैन या मातम, जिसे हर साल, अलग-अलग साज़िशों के ज़रिए दबाने की कोशिश की जाती है, दरअसल ये ग़म ए हुसैन ही वो जज़्बा है जिसने लोगों के दिलों को जिहाद के लिए तैयार किया। लोगों को समझ में आया की जब नवासा ए रसूल सल्लललाहु अलैहे व आलिही व सल्लम, दीन और खुदा के नाम पर अपने जवान बेटे, मासूम से नन्हे असगर, भतीजे और भाईयों को कुर्बान कर रहा है, अपना घरबार लुटा रहा है और खंजर के तले भी शुक्र अदा कर रहा है तो फिर हम कौन होते हैं जो अपनी औलादों को कुर्बान ना करें?, बस ये ही सोच थी की जिसने माँओं को ये हौसला दिया की उन्होंने खुद अपनी औलादों को कफ़न पहनाए और दुआएँ कीं की या खुदा! मेरी औलाद को भी हक़ पर जान देने वाला बनाए। जब ये फ़िक्र आम हुई और लोगों ने अम्मा ज़ैनब, रुबाब, शहरबानो और बीबी सकीना की कुर्बानियों को जाना तो हमारी क़ौम की बहनों ने भी खुदको, अपने शौहर और औलादों को हक़ के लिए जीने-मरने वाला बनाने के लिए पूरी मदद की।

ज़िक्र ए हुसैन अलैहिस्सलाम को रोकने की कोशिश बस वो मुनाफिक़ीन करते हैं जो खुलकर लड़ने की हिम्मत नहीं रखते और दीमक की तरह दीन और क़ौम को अंदर से खोखला करने का काम कर रहे हैं। इन्हें मालूम है की अगर ज़िक्र ए करबला आम हो गया तो लोगों के दिलों से बुजदिली निकल जाएगी। ना सिर्फ़ वो दिलेर हो जाएँगे बल्कि दुनिया में जीने से

ज्यादा खुदा की राह में मरना पसंद करेंगे। हर तरफ़ से बातिल की बगावत होगी, ज़ालिमों के खिलाफ़ लोग खुलकर सामने आएँगे और हक़ के लिए जान देने को बड़ी कामयाबी समझेंगे। हक़ तो आम होगा ही साथ ही साथ चंदाखोरों को चंदा मिलना भी बंद हो जाएगा और फिरक़ों के नाम पर चल रहे इनके धंधे बंद हो जाएँगे। बस ये ही वो वजह हैं की मुनाफ़िक़ और बेदीन, गुनाहगार मुसलमान, ज़िक्र ए इमाम रोकने की कोशिशें बड़े ही ज़ोर-शोर से करते हैं।

लोगों को हक़ से दूर करने के लिए तरह-तरह की साज़िशें की जा रही हैं, लोगों ने कभी फातिमा सलामुल्लाह अलैहा को ख़ता पर कहा, कहीं ज़ैनब सलामुल्लाह अलैहा के करबला जाने को लेकर सवाल उठाए। कहीं सुलह ए हसन अलैहिस्सलाम को गलत तरह से पेश करके मुआविया का दिफा किया तो कहीं जंग ए हुसैन अलैहिस्सलाम का इल्ज़ाम सिर्फ़ फौज ए यज़ीद पर डालकर, यज़ीद को बचाने की कोशिश आम की। दुश्मन ए इस्लाम ने सालों तक कुछ यूँ मेहनत करके हक़ को बातिल से तब्दील किया है की अब अगर हक़ भी कहो तो लोगों को वो गलत नज़र आता है। यज़ीद को बचाते हैं क्योंकि उसको खलीफ़ा बनाने वाला मुआविया था, अगर यज़ीद को नहीं बचाया गया तो मुआविया और उन सहाबियों और ताबाईन पर ऊँगली उठेगी जिन्हें तारीख में तो सहाबा कहा गया है लेकिन उन्होंने यज़ीद का साथ देकर, हुसैन अलैहिस्सलाम के खिलाफ़ जंग की।

नाइंसाफी और जुल्म, सिर्फ़ हुसैन अलैहिस्सलाम पर ही नहीं हुआ बल्कि इमाम हसन अलैहिस्सलाम, इमाम अली अलैहिस्सलाम और अम्मा फातिमा सलामुल्लाह अलैहा के साथ भी नाइंसाफी हुई है और हर दौर में हुई है। फातिमा बिन्त ए मुहम्मद सल्ललल्लाहु अलैहे व आलिही व सल्लम को फदक़ ना देना भी उम्मत की बहुत बड़ी गलती थी। चाहे मसला ए फदक़ हो, चाहे मुआविया की मौला अली अलैहिस्सलाम से जंग हो, इन सारे मौज़ूओं पर हमारे बुज़ुर्ग सादात खामोशी इख़्तियार करते रहे। दोनों ही तरफ़ के लोग इसलिए खामोश रहते थे की इन मौज़ूओं पर बहस करके, उम्मत में इख़्तिलाफ़ बढ़ेगा। नतीजा ये निकला की हक़ पर रहने वाले तो सुलह को ढोते रहे लेकिन सुलह ए हसन तोड़ने वाले गद्दारों के पैरोकार, फिर से वही हरकत करने लगे, नौबत यहाँ तक आ पहुँची की अब अम्मा फातिमा सलामुल्लाह अलैहा को ही ख़ता पर बताया जाने लगा और मुआविया को मौला अली अलैहिस्सलाम की बराबरी में रखने की कोशिशें आम होने लगीं। अब ये वक़्त की माँग है की हक़ को हर हाल में, हर कीमत पर आम किया जाए, वरना आगे आने वाली नस्लें, हक़ और बातिल का फर्क करना ही भूल जाएँगी। अब ज़रूरत है की उम्मत को हक़ीक़ी दीन और तख़्लीक़ी दीन में फर्क बताने की और ज़रूरत है, हक़ दीन की तरफ़ बुलाने की।

3. ताज़ियादारी और अज़ादारी की मुख़ालिफ़त -

कुछ लोग, शरियत की आड़ लेकर ताज़ियादारी और अज़ादारी की मुख़ालिफ़त करते हैं और भोली-भाली या ला'इल्म आवाम को गुमराह करते हैं। कुछ मौलवी अक्सर ये कहते हुए सुनाई देते हैं की हज़रत हुसैन का मातम करना हराम है, तीन दिन से ज्यादा रोना और ग़म मनाना हराम है, हज़रत हुसैन के रोज़े की शबीह बनाना हराम है। कहीं कहते हैं शहीद जिंदा हैं इसलिए उनका मातम नहीं किया जा सकता। कुछ लोग ये कहते हुए भी मिल जाते हैं की ग़म मनाना तो ठीक है लेकिन मातम नहीं करना चाहिए। अव्वल बात तो ये है की लोगों को मातम और ग़म लफ्ज़ का मायना ही नहीं पता, किसी की मौत पर या क़त्ल या शहीद हो जाने पर उसके जाने का ग़म मनाना ही मातम कहलाता है।

यूँ तो इनके एतराज नए नहीं हैं बल्कि सदियों से, हर दौर में ही किए गए हैं और इन पर जवाब भी कुरआन ओ हदीस की रौशनी में पहले ही दिए जा चुके हैं। बात ग़म की निकली तो कुरआन की रौशनी में ही, कभी आदम अलैहिस्सलाम का रोना याद दिलाया गया, कभी याक़ूब अलैहिस्सलाम का हज़रत युसुफ़ अलैहिस्सलाम के लिए ग़म याद दिलाया गया, कभी इब्राहीम अलैहिस्सलाम की ज़ौजा का सर पीटना याद दिलाया गया तो कभी इब्राहीम अलैहिस्सलाम का रोना याद दिलाया गया। तो कभी हदीस की रौशनी में रसूलुल्लाह सल्लललाहु अलैहे व आलिही व सल्लम का हज़रत हम्ज़ा रज़िअल्लाह के लिए रोना याद दिलाया गया, कभी विसाल ए ख़दीजा और विसाल ए हज़रत अबु तालिब रज़िअल्लाह के कई साल बाद रसूलुल्लाह सल्लललाहु अलैहे व आलिही व सल्लम का अपनी ज़ौजा को याद करके रोना याद दिलाया गया तो कभी आप रसूलुल्लाह का हुसैन की शहादत की खबर को सुनकर रोना याद दिलाया गया लेकिन अफसोस! कुरआन ओ हदीस की रौशनी में साबित हो जाने के बावजूद, आज तक मौलवी इसी बात में उलझे हुए हैं की रोना बिदअत है।

आज हर मस्जिद में, हर जुलूस में, घरों में काबा और रोज़ा ए रसूल की शबीह और तस्वीर रखी हुई हैं, ये सब तो ठीक, मज़ारों की, दरगाहों की भी शबीह और तस्वीरें रखी गई हैं लेकिन रोज़ा ए हुसैन अलैहिस्सलाम की शबीह पर ही सारा एतराज क्यों?, मौलवी साहब, मस्जिद के नाम पर चंदा इकट्ठा करते हैं और इकट्ठा करते वक्त हलाल-हराम का ख़याल नहीं रखते, उन्हें मतलब होता है तो बस चंदा इकट्ठा करने से, फिर उस हलाल-हराम दोनों की मिली-जुली रकम से ईंट, गारा और सामान खरीदकर, मस्जिद तामीर करते हैं और फिर उसे अल्लाह से मंसूब करके कहते हैं की ये खुदा का घर है, तो अगर कोई अपनी हलाल कमाई से, रोज़ा ए हुसैन अलैहिस्सलाम बनाता है और उसे हुसैन अलैहिस्सलाम से मंसूब करके ग़म ताजा करता है तो इसपर ही सारा एतराज क्यों?, इल्म रखने वाले जानते हैं की बैतुल्लाह

को फरिश्तों ने आकर बनाया है और दरअसल ये भी शबीह ही है, उस काबा की जो अर्श पर मौजूद है। ताज्जुब होता है की चारों तरफ़ शबीह से घिरा इंसान, सिर्फ़ और सिर्फ़ ताजिये पर ही एतराज करता है। ताजिये में भी लोगों को शबीह ए रोज़ा ए इमाम अलैहिस्सलाम बनाना चाहिए लेकिन कुछ लोग जानदार चीज़ें या औरत के मुँह की घोड़ी बनाते हैं, इससे भी तौबा करें की इस तरह के ताजिये बनाना जायज़ नहीं है। ताजिये भी शरियत की रौशनी में बने हों। ताजिये पर चढ़ावा चढ़ाना, सर झुकाना जैसे हराम कामों से बचना चाहिए। कुछ लोग कहते हैं की हर साल ग़म मनाना, या हुसैन के नारे बुलंद करना, शहीदाने करबला के लिए रोना और यज़ीदियों पर लानतें करना कहाँ तक सही है?, तो मेरे अपनों, कुरआन में अल्लाह रब उल इज़्ज़त ने फरमाया है -

لَا يُحِبُّ اللهُ الْجَهْرَ بِالسُّوءِ مِنَ الْقَوْلِ إِلَّا مَنْ ظُلِمَ ۚ وَكَانَ اللهُ سَمِيعًا عَلِيمًا

अल्लाह मज़लूम के अलावा किसी की तरफ़ से अलल ऐलान बुरा कहने को पसन्द नहीं करता (मगर मज़लूम ज़ालिम की बुराइयां कर सकता है) और अल्लाह हर बात का सुनने वाला और तमाम हालात का जानने वाला है।
(सूरः निसा की आयत 148)

अब खुद सोचकर देखें की अहलेबैत अलैहिस्सलाम से ज्यादा, करबला के शहीदों से ज्यादा मज़लूम भला कौन होगा?

अब कुछ लोग जो खुलकर मुखालिफ़त नहीं कर पाते, वो ढोल की आड़ लेकर मुखालिफ़त करते हैं। शरियत के जानने वाले ये बात बहुत अच्छी तरह से जानते हैं की ढोल, नगाड़ा, बिगुल वगैरह आलात ए मौसिकी में शामिल नहीं है, अगर इस मौज़ू पर तफ़सीर से लिखने बैठूँ तो पूरी एक किताब, सिर्फ़ इसी मौज़ू पर लिखा सकती है हालाँकि मैं तफ़सीर से ना लिखकर, मुख़्तसर सा इस बारे में बयान कर रहा हूँ। यहाँ भी हैरत होती है की शादी ब्याह के मौके पर बजने वाले बैंड बाजे और डीजे इन्हें नज़र नहीं आते लेकिन मुहर्रम में बजने वाले ढोल को देखकर सारी शरियत याद आने लगती है। बहरहाल, ढोल बजाने का ताल्लुक ना ही खुशी से है और ना ही ग़म से है बल्कि ढोल बजाने का ताल्लुक ऐलान से है। हमारे मुल्क में एक मुहावरा मशहूर है, 'ढोल पीटना', यानी जब कोई इंसान, किसी बात का बहुत ज़ोरों शोरों से ऐलान करता है या सबको बताता है तो लोग कहते हैं की फलाँ शख़्स ढोल पीटता फिर रहा है। पहले के दौर में संचार के और अपनी बातों को आम करने के लिए फोन, मोबाईल, सोशल साईट्स वगैरह नहीं थीं, सिर्फ़ मुसलमान ही क्या बल्कि हर मज़हब के लोग जब जंग का आगाज़ करते या शाम के वक़्त जंग को रोकते तो सूर या बिगुल फूँका जाता यानी बजाया

जाता ताकि लोगों को ये इशारतन बताया जाए की अब जंग शुरू करना है या रोकना है। ठीक ऐसे ही जब कोई जंग फ़त्ह हो जाती तो जीतने वाले, अपने अलम को बुलंद करके जुलूस निकालते और ढोल बजाते हुए अपनी जीत का ऐलान ए आम करते थे।

अब कुछ लोग ये भी अफवाह फैलाते हैं की अली वाले काफ़िर हैं ये यूँ तो हुसैन-हुसैन करते हैं लेकिन मुहर्रम पर ऐसे ही जुलूस निकालते हैं जैसे यज़ीदियों ने निकाला था। यहाँ पर ग़ौर रहे की ऊपर ही बताया हूँ की पहले जीत की खुशी में सब यूँ ही किया करते थे तो ज़ाहिर सी बात है की हज़रत हुसैन अलैहिस्सलाम को शहीद करने के बाद, यज़ीदियों ने जश्न मनाया ही होगा। अब सवाल है की हम अलम लेकर, ढोल लेकर, जुलूस निकालकर क्या करते हैं?, तो सुनो, हम ऐलान करते हैं की यज़ीद ने सिर्फ़ मोर्चा जीता था लेकिन दरहक़ीक़त जंग मेरे मौला हुसैन अलैहिस्सलाम ने जीती थी। यज़ीद ने ज़मीन पर कुछ सालों के लिए खिलाफ़त जीती थी लेकिन मेरे हुसैन अलैहिस्सलाम ने ज़माना जीत लिया, हर एक मोमिन के दिल पर फ़तह हासिल कर ली और दीन बचा लिया। हज़रत हुसैन अलैहिस्सलाम और करबला के जाँबाज़ों के शहीद होने का ग़म और फ़तह ए हुसैन अलैहिस्सलाम का ऐलान है ये जुलूस, जो निकलता है और इंश आ अल्लाह निकलता ही रहेगा।

एक एतराज और लिया जाता है की जुलूस ए हुसैन अलैहिस्सलाम में बेपर्दगी आम होती है, हालाँकि ऐसा हर जगह नहीं है और अगर कहीं है तो मैं भी इसे गलत ही मानता हूँ लेकिन सिर्फ़ जुलूस ए हुसैन अलैहिस्सलाम में ही ये बेपर्दगी क्यों नज़र आती है?, जुलूस ए ईद मीलादुन्नबी, बाबाओं की दरगाह के अंदर-बाहर, बाबाओं को पेश की जा रही चादरों के जुलूस में और फर्ज़ी बाबाओं से झड़वाने के लिए लगी लंबी कतारों में भी बेपर्दगी आम है लेकिन वो क्यों नहीं दिखती?, हर रोज़, बाज़ारों में, स्कूल और कॉलेजों में, सिनेमाघरों में, पार्कों में बेपर्दा फिरने वाली ख़ातून और कौम की बच्चियाँ क्यों नज़र नहीं आतीं?, तब आपको फ़हशा और बेहूदगी क्यों नहीं दिखती?, उसे रोकने की कोशिश क्यों नहीं की जाती?

एक बात और निकाह करना फर्ज़ नहीं है बल्कि सुन्नत है और हमारे मुआशरे में लोग शादी के नाम पर सैंकड़ों गुनाह और गलत काम करने के बाद, एक सुन्नत यानी निकाह पर अमल करते हैं तो जब सैंकड़ों गुनाह करने के बाद, एक सुन्नत पर अमल हो पाता है तो कायदे से तो उस सुन्नत को छोड़ देना चाहिए, लेकिन नहीं अब यहाँ पर कहा जाएगा की अगर गलत हो रहा है तो गलत को रोकना चाहिए, गलत के पीछे सही काम थोड़ी रोक देंगे तो मेरे अपनों हर जगह एक ही तराजू रखो, अगर जुलूस ए मुहर्रम में कुछ गलत हो रहा है तो जुलूस को ना रोककर, उन गलत चीज़ों को रोकने की कोशिश और मेहनत की जाना चाहिए।

तो अज़ादारी और ताज़ियादारी तो हो रही है और होती रहेगी लेकिन ये भी हमारा ही फर्ज़ है की हम मुहर्रम के जुलूस में या ताज़ियादारी और अज़ादारी के नाम पर हो रही गलत चीज़ों को रोकें। मसलन के तौर पर जुलूसों में औरतों का शामिल होना या छतों से बेपर्दा खड़े होकर देखना गलत है। ताज़ियों पर चढ़ावा चढ़ाना, उन्हें सज्दा करना या खुदा के साथ शरीक समझ लेना भी गलत है। मुल्क के कुछ हिस्सों में लोग बाबा आने का ढोंग रचाते हैं या फिर शेर की तरह मेकअप करके, सज सँवर कर घूमते फिरते हैं या पैसे माँगते फिरते हैं, ये भी गलत है। जुलूसों में ढोल के अलावा, शहनाई या बैंड बाजे बजाकर निकलना भी गलत है और सबसे ज़रूरी बात ये की मातम ए हुसैन अलैहिस्सलाम करने के लिए सलात/नमाज़ को तर्क कर देना गलत और बड़े गुनाह का काम है।

रसूलुल्लाह सल्लललाहु अलैहे व आलिही व सल्लम और आईम्मा ए अहलेबैत अलैहिस्सलाम, सभी ने बताया की अल्लाह के नज़दीक़ सबसे बड़ा गुनाह कुफ़्र है और ये भी बताया की सलात/नमाज़ ही ईमान और कुफ़्र के दरमियान फर्क करती है यानी बेवजह नमाज़ों को तर्क कर देने वाला कुफ़्र के इतने करीब पहुँच जाता है की कलमा-गो होने के बावजूद उसका शुमार काफ़िरों में किया जाता है, तो इस बात का ख़ास तौर पर ख़याल रखा जाना चाहिए की ग़म ए हुसैन अलैहिस्सलाम मनाने के नाम पर हम सलात और इबादत को ना छोड़ दें। हज़रत अली अलैहिस्सलाम ने फरमाया कि नमाज़ इस तरह अदा करो की जैसे तुम अपने परवरदिगार को देख रहे हो और अगर ये तसव्वुर ना कर सको तो कम से कम इतना ही तसव्वुर कर लो की तुम्हारा रब तुम्हें देख रहा है। नमाज़ों की अहमियत को कभी नहीं भूलना चाहिए की ये बेहतरीन इबादत है। अपनी नमाज़ों के बाद भी हमारे पास बहुत वक़्त खाली बचता है और हमें चाहिए की हम ग़म ए हुसैन अलैहिस्सलाम मनाएँ और आम करें।

कुछ लोग ये भी इल्ज़ाम लगाते हुए नज़र आ जाते हैं की सिर्फ़ मुहर्रम में ही ग़म ए हुसैन और हुसैन-हुसैन क्यों करते हो?, मुझे सबका तो नहीं मालूम लेकिन मैं, अल्हम्दुलिल्लाह, हर रोज़ ग़म ए अहलेबैत अलैहिस्सलाम करता हूँ। हालाँकि इस इल्ज़ाम के जवाब में ये ही कहूँगा की हाँ ऐसे भी कई लोग हैं जो मुहर्रम के माह में ज्यादा बढ़-चढ़ कर हिस्सा लेते हैं तो मेरे अपनों यूँ तो हर महीने ही इबादत भी की जाती है और रोज़े भी रखे जा सकते हैं लेकिन रमज़ान का अपना ख़ास मकाम है, ठीक इसी तरह हम भी साल के बारह महीने ही ग़मगीन रहते हैं लेकिन मुहर्रम का अपना अलग मकाम है।

4. नज़्र, नज़र, नियाज़ का सही तरीका -

कुछ लोगों ने आवाम में एक बात मशहूर कर दी है की नज़्र ओ नियाज़ यानी नज़र वगैरह बिदअत है, हालाँकि ऐसा नहीं है बल्कि नज़र तो एक इबादत है और इबादत सिर्फ़ अल्लाह के लिए होती है लिहाजा इसे अल्लाह के लिए किया जाना चाहिए। दरअसल लोगों को गलत बातें फैलाने का मौका भी हम ही लोग देते हैं, लोगों ने नज़्र के नाम पर ऐसी-ऐसी गैरइस्लामिक बल्कि बेहूदी रस्मों को आम कर दिया है की हमारे मुख़ालिफ़ीन को मौका मिल गया है की वो हक़ को गलत साबित कर सकें। हमारे मुल्क़ में कई तरह की वाहियात और गलत नज़्र की जाती हैं मसलन के तौर पर औरतें कोई एक फल चुनती हैं की फलाँ काम हो गया तो 40 दिन तक फलाँ फल नहीं खाएँगे, जहालत की हद ये है की उस फल को चालीस दिन रोज़ घर में भी लाया जाता है लेकिन खाया नहीं जाता यानी उसे जानबूझकर रख देते हैं और सड़ जाता है तब फेंक देते हैं। तो कहीं कोई नज़्र करता है की फलाँ काम होने तक मैं फलाँ चीज़ नहीं देखूँगा, फलाँ से बात नहीं करूँगा, फलाँ चीज़ नहीं खाऊँगा या आधे दिन तक भूखा रहूँगा वगैरह। याद रखें की नज़्र भी अल्लाह की इबादत है इसलिए इस बात का ख़ास ख़याल रखना चाहिए की ये सही तरह से हो, ना की इसमें वाहियात और गलत रस्म ओ रिवाज़ डाले जाएँ।

मन्नत के नाम पर सबसे ज्यादा खराबी औरतों के ज़रिए आम होती है। समझ नहीं आता की हर दूसरे साल एक नई किस्म की मन्नत इजाद होती है और सबमें फैल जाती है, इसकी वजह भी हम मर्दों की ही गलती है, अव्वल तो हम खुद ही हक़ दीन और फिक़्ह के मसले मसाइल नहीं जानते और दूसरी बात ये की अगर हम जानते भी हैं तो उस इल्म को बीवी-बच्चों तक पहुँचाने में गफ़लत कर बैठते हैं। जदीद-जदीद तरह की नई-नई मन्नतें आम होती हैं हालाँकि ख़याल इस बात का रखा जाना चाहिए की हमारी बेवकूफी और जहालत की वजह से लोग हमारे मुआशरे पर, हमारे दीन पर हँसना शुरू ना कर दें। ये गलत मन्नतें और नज़्र का क़ुरआन, हदीस और मुहम्मद ओ आल ए मुहम्म्द की तालीम से कोई वास्ता नहीं और ये भी इस बात की दलील है की वाकई हक़ीक़ी इस्लाम और मुआशरे में फैला तख़्लीक़ी इस्लाम ना सिर्फ़ अलग हैं बल्कि इनमें ज़मीन ओ आसमान का फर्क़ भी है।

सही नज़्र ओ नियाज़ का तरीका क्या होना चाहिए, ये बताने के पहले मैं क़ुरआन ए करीम की आयत ए करीमा पेश करना चाहूँगा ताकि लोगों को पहले तो ये बात समझ आए की गलत नज़्र नहीं है बल्कि गलत वो है जो नज़्र के नाम पर लोगों ने जहालत आम कर रखी है। अल्लाह त'आला का क़ुरआन ए करीम में इरशाद है -

يُوفُونَ بِالنَّذْرِ وَيَخَافُونَ يَوْمًا كَانَ شَرُّهُ مُسْتَطِيرًا

ये बन्दे नज़र को पूरा करते हैं और उस दिन से डरते हैं जिसकी सख़्ती हर तरफ़ फैली हुई है।

(सूरः दहर की आयत 7)

आयत से इतना तो समझ आ गया होगा की नज़र करना इबादत है, और पहले ही ये भी बता चुका हूँ की नज़र के नाम पर लोगों ने क्या क्या गलत अमल करने शुरू कर दिए हैं। अब बात करते हैं कि नज़र का सही तरीका क्या है?, तो मेरे अपनों, नज़र इबादत है यानी आप अल्लाह रब उल इज़्ज़त से दुआ कर सकते हैं कि, "या अल्लाह मेरा फलाँ काम हो गया तो ये नज़र अदा करूँगा।", अब नज़र में क्या करना चाहिए तो याद रखें, आप नमाज़ की नज़र कर सकते हैं, रोज़े की कर सकते हैं, ये दोनों सबसे बेहतरीन अमल साबित होंगे की मेरा फलाँ काम हो गया तो इतनी रकात नमाज़ या इतने दिन रोज़े रखूँगा। इसके अलावा आप हज की या नबी ओ आल ए नबी की बारगाह में हाज़िरी की भी कर सकते हैं। सबसे बेहतरीन और आसान ये है की आप नमाज़ या रोज़े की नज़र करें। तारीख़ ओ हदीस में अहलेबैत अलैहिस्सलाम से जुड़ा हुआ नज़र का एक वाक्या मौजूद है की जब हुसैन अलैहिस्सलाम को बुखार आया था तो आपके घरवालों ने तीन दिन रोज़ा रखने की नज़र की थी।

कहीं-कहीं नज़र में पान, फूल, मीठा वगैरह रखना ज़रूरी समझा जाता है, मैं ये नहीं कह रहा की नहीं रख सकते लेकिन उसे फर्ज़ समझकर रखना, ना होने पर गुनाह समझना ये गलत है यानी रखने को दीन समझना और शरियत का हुक्म समझना गलत है। कहीं-कहीं, ये रिवाज है की बेवा औरत नज़र की खीर नहीं खा सकती, तो कहीं-कहीं ये भी देखने मिलता है की फलाँ तबर्रुक सिर्फ़ औरतें ही खा सकती हैं वगैरह, ये कहाँ का दीन है?

एक और बात ये की कुछ लोग ख़ास जगहों को ही सब समझ लेते हैं, अच्छी बात है जैसे मस्जिद ए हरम, मस्जिद ए नबवी, मस्जिद ए अक़्सा, रोज़ा ए बारह इमाम, क़ब्र ए चौदह मासूमीन वगैरह, लेकिन कुछ लोग यहाँ तक करने लगते हैं की फलाँ दरगाह पर दुआ क़ुबूल होती है, फलाँ पर नहीं। फलाँ मस्जिद में दुआ क़ुबूल होती है फलाँ में नहीं वगैरह। मेरे अपनों! दुआ की क़ुबूलियत का त'आल्लुक़ नियत से है, मुहब्बत से है, इबादत से है। हाँ कुछ जगह बहुत पाक व मुक़द्दस हैं और हमारे लिए ख़ास भी लेकिन ये समझ लेना की इन जगहों के अलावा कहीं दुआ क़ुबूल नहीं होती, ये भी जहालत है। अल्लाह हम सबको इन जहालत भरी बातों से बचाए।

5. माल को ज़ाया करना हराम है -

हमारे बुज़ुर्ग फरमाया करते थे की माल को ज़ाया करना हराम है यानी अगर किसी शख़्स ने हलाल की कमाई भी की है और कुछ रुपये उसके पास हैं और वो शख़्स उन रुपयों को आग लगा दे और यूँ सोचे की मेरी कमाई थी, हक़-हलाल की कमाई थी, मैंने ही आग लगा दी तो क्या गलत किया, तो जान लो की इस तरह अपना ही कमाया माल भी, जला देना, गलत जगह खर्च करना या फिज़ूल खर्च करना नाजायज़ और हराम है।

जब इस पर फ़िक्र की जाए तो हम पाएँगे की अगर ज़रूरत से ज्यादा फल और सब्जियाँ खरीदी जाएँ की रखी-रखी खराब हो जाएँ तो ये भी माल को ज़ाया करने में शुमार होगा। यहाँ तक अगर कोई जानबूझकर नल को बंद ना करे और पानी की बर्बादी इतनी हो जाए की एक आम इंसान भी उसे पानी की बर्बादी ही समझे तो ये भी माल को ज़ाया करने में ही शुमार होगा। यहाँ तक की अगर घर में पंखा या लाईट भी बेवजह चालू छोड़ा जाए तो ये भी माल को ज़ाया करना ही कहलाएगा जो शरियतन हराम है।

इसी तरह शादी के नाम पर होने वाली फिज़ूल'खर्ची और फिज़ूल रस्में भी बंद कर देना चाहिए। रसूलुल्लाह सल्लललाहु अलैहे व आलिही व सल्लम का फरमान था की निकाह को इतना आसान बनाओ की ज़िना मुश्किल लगने लगे लेकिन अफसोस की उम्मत ने निकाह को इतना मुश्किल बना दिया है की ज़िना आसान हो गया है।
वैसे तो ज्यादातर जगह लड़की वालों पर बेमतलब का बोझ लाद दिया गया है, कभी बारात के नाम पर तो कभी दहेज के नाम पर बेमतलब में पैसा बर्बाद कराया जाता है तो कुछ जगह ये भी देखने को मिलता है की लड़की वाले खुद भी दिखावे के लिए बढ़-चढ़ कर दहेज देते हैं और खर्च करते हैं। सादगी से भरे वलीमे की जगह भी अब दिखावे से भरे फिज़ूल खर्ची के प्रोग्राम ने ले ली है।

याद रखें शरियत, मोमिन के माल को मोहतरम समझती है और मोमिन को चाहिए की अपने माल में से अपने ऊपर और अपने घरवालों के ऊपर खर्च करने में कमी ना करे, ना ही अपने अज़ीज़ और अकरबा पर खर्च करने में कमी करे लेकिन माल को खर्च करना और फिज़ूल खर्च करना, दोनों में बहुत फर्क है। यूँ तो आज के दौर में हर इंसान ही फिज़ूल'खर्ची करता है और गफ़लत की वजह से इसे, गुनाह भी नहीं समझता लेकिन फिर भी इस पर ग़ौर ओ फ़िक्र करने की और खुद में सुधार लाने की सख़्त ज़रूरत है। मर्दों की निस्बत ख़ातून

ज्यादा फिज़ूलख़र्ची करती हैं लिहाज़ा कौम की बहनों को भी जरूरत है की इस पर फ़िक्र करें।

6. उम्मत की बख़्शिश होगी या पकड़ -

एक बात और उम्मत के दरमियान आम की गई है की रसूलुल्लाह सल्लललाहु अलैहे व आलिही व सल्लम, सभी उम्मतियों की मग़फिरत करवाएँगे। हालाँकि मुशरिक, मुनाफ़िक़, काफ़िर भी उम्मत ए रसूल का ही हिस्सा हैं, किसी के मानने या ना मानने से फर्क नहीं पड़ जाता, बेशक ये उम्मत रसूलुल्लाह सल्लललाहु अलैहे व आलिही व सल्लम की ही है और आप मुहम्मद रसूलुल्लाह ही इस उम्मत के सरदार हैं। मैं बस एक बड़ी ही अहम बात आपके सामने रख रहा हूँ, फिर आप खुद सोचकर फैसला कीजिए की इस उम्मत की शफ़ाअत की जाएगी और बख़्शवाया जाएगा या उम्मत की पकड़ की जाएगी।

हज़रत हुसैन अलैहिस्सलाम के सबसे छोटे साहबज़ादे हज़रत अली असग़र मासूम अलैहिस्सलाम को जब तीर मारकर शहीद किया गया और हुसैन अलैहिस्सलाम ने जब तीर को निकाला तो थोड़ा खून आपकी चुल्लू में आ गया, आप इमाम हुसैन अलैहिस्सलाम उस वक़्त मिट्टी और धूल से आलूदा थे, आपके सर मुबारक, चेहरा ए मुबारक और कपड़ों में धूल-मिट्टी लगी हुई थी और आप सबकी लाशों को उठाकर ला चुके थे और अपने हाथों से दफना चुके थे लिहाजा आपके कपड़े और जिस्म पर शोहदा ए करबला का खून भी लगा हुआ था, आप अलैहिस्सलाम ने चुल्लू में आ चुके हज़रत अली असग़र अलैहिस्सलाम के खून को चेहरे पर मला और फरमाया की मैं रोज़ ए हश्र, नानाजान से इसी हाल में मिलूँगा।

एक रिवायत में ये भी बयान होता है की जब अम्मा फातिमा सलामुल्लाह अलैहा तशरीफ़ लाएँगी तो ऐलान ए आम होगा की अपनी-अपनी नज़रों को झुका लो की फातिमा बिन्त ए मुहम्मद सलामुल्लाह अलैहा तशरीफ़ ला रही हैं और जिन्न, इंसान, मलक के साथ साथ तमाम अम्बिया अलैहिस्सलाम भी अपनी नज़रों को झुकाए खड़े होंगे तब फातिमा सलामुल्लाह अलैहा, अपने बेटों या औलादों के मुताल्लिक़ सवाल करेंगी और जब आप सलामुल्लाह अलैहा की औलादों को सामने लाया जाएगा तो हज़रत हसन अलैहिस्सलाम का पारा-पारा हो चुका जिगर दिखाया जाएगा, हुसैन अलैहिस्सलाम इस हाल में दिखाए जाएँगे की आपका सर मुबारक कटा हुआ होगा, अली असग़र का खून से भरा कुर्ता और मासूम सा तीर खाया हुआ गला, अली अकबर का लाशा, कासिम का पामाल बदन, औन ओ मुहम्मद की लाशें, अब्बास अलमदार के कटे बाज़ू दिखाए जाएँगे जिन्हें देखकर फातिमा सलामुल्लाह अलैहा एक आह बुलंद करेंगी और बेहोश हो जाएँगी। फिर आप जब उठेंगी तो अदालत ए खुदा का दरवाज़ा खटखटाकर फरमाएँगी कि ऐ मेरे अल्लाह! देख की मुझ पर किस तरह

से ज़ुल्म किया गया, मेरे गुलशन को किस तरह उजाड़ा गया। फिर अल्लाह का ग़ज़ब और इंसाफ़ क्या होगा, इस पर आप ख़ुद फ़िक्र कीजिए।

अब बहुत सारे लोग इन रिवायतों को गलत साबित करने एड़ी चोटी का ज़ोर लगा देते हैं। ठीक है, रिवायतों को झुठला लो लेकिन इन मुलाक़ातों को कैसे रोकोगे?, जब फ़ातिमा सलामुल्लाह अलैहा, अपने बाबा मुहम्मद रसूलुल्लाह से मिलकर उन्हें बाग़ ए फदक, दरबार, विलायत को ठुकराने के मामले बताएँगी?, जब अमीरुल मोमिनीन हज़रत इमाम अली अलैहिस्सलाम, रसूलुल्लाह सल्लललाहु अलैहे व आलिही व सल्लम को बताएँगे की किस तरह आपके जाने के बाद लोगों ने मुझे काफिर कहा, मुझे बेवतन होने पर मजबूर किया, किस तरह मुझे ठुकराया, किस तरह मुझ पर सितम किए और आख़िर में किस तरह मुझे मस्जिद में शहीद कर दिया?, जब हज़रत हसन अलैहिस्सलाम, रसूलुल्लाह सल्लललाहु अलैहे व आलिही व सल्लम को बताएँगे की किस तरह आपकी उम्मत ने मुझसे खिलाफ़त छीनी, किस तरह मुझे ज़हर देकर शहीद किया।

इसी तरह बारह के बारह इमाम अपने दौर में अपने और अपनी आल और खानदान पर हुए ज़ुल्मों को रसूलुल्लाह सल्लललाहु अलैहे व आलिही व सल्लम के सामने बयान करेंगे और इन्हीं में से एक होंगे हज़रत हुसैन अलैहिस्सलाम जो कभी ख़ुद पर हुए ज़ुल्म तो कभी औन ओ मुहम्मद की शहादत तो कभी अली अकबर ओ अली असग़र की शहादत बयान करेंगे। कभी क़ासिम के लाश को पामाल करने की बात करेंगे तो कभी अब्बास के बाजू कटने की बात करेंगे। रही सही कसर तब पूरी होगी जब रसूलुल्लाह सल्लललाहु अलैहे व आलिही व सल्लम के घराने की बेटियाँ और बहुएँ, बाद ए करबला, उम्मत के किए सुलूक़ को बयान करेंगी और अपने ऊपर हुए ज़ुल्म को रो-रोकर सुनाएँगी।

उसके बाद आप की शफ़ाअत की जाएगी या आपकी पकड़ की जाएगी इस पर सोचना और फ़िक्र करना की कहीं जाने-अनजाने में कुछ ऐसा तो नहीं कर रहे की जिसकी वजह से आपका शुमार भी दुश्मन ए अहलेबैत या दुश्मन ए अहलेबैत के पैरोकारों में होता हो। बेशक, शफ़ाअत तो बस मुहम्मद ओ आल ए मुहम्मद के वफ़ादारों के लिए है। अल्लाहुम्मा सल्ले अला मुहम्मद व अला आले मुहम्मद।

7. हक़ीक़ी इल्म कहाँ से मिलता है -

बेशक अल्लाह के नज़दीक़ सबसे बेहतरीन और क़ुबूल किए जाने वाला दीन इस्लाम है लेकिन वो कौन सा इस्लाम है जो अल्लाह को पसंद है?, अल्लाह का दिया हुआ हक़ीक़ी दीन या हमारा बनाया हुआ तख़्लीक़ी दीन?, हक़ दीन हमें तब ही मिल सकता है जब हमारे पास वो दो वज़नदार चीज़ हों, जिन्हें थामने का हुक्म, अल्लाह और अल्लाह के रसूल सल्लललाहु अलैहे व आलिही व सल्लम ने दिया है यानी क़ुरआन पाक और अहलेबैत अलैहिस्सलाम। जब तक सही किताब और किताब के सही आलिमों को नहीं थामा जाएगा तब तक हक़ दीन समझ नहीं आ सकेगा।

एक मर्तबा एक शख़्स मौला अली अलैहिस्सलाम के पास आया, आने वाला ये देखना चाहता था की मौला अली अलैहिस्सलाम ही हक़ इल्म के वारिस हैं या नहीं। सवाल करने लगा, "या अली! मेरे पास बकरियों का एक झुंड है जिसकी निगरानी के लिए मैंने एक कुत्ता रखा हुआ है जो उन्हें बिखरने से बचाता है, लेकिन अब मुझे एक परेशानी है, मेरी बकरियों में से एक बकरी ने ऐसे बच्चा दिया है जो समझ नहीं आता की कुत्ता है या बकरी मतलब उसमें कुत्ते और बकरी दोनों की सिफ़ात हैं, अगर बकरी है तो पाक है और उसको खाना जायज़ है और अगर कुत्ता है तो नाजिस है और उसको खाना भी हराम है।", मौला अली अलैहिस्सलाम ने फरमाया, "ऐ शख़्स! इसकी बोली को सुनो, अगर कुत्ते की तरह मुँह उठाकर रोए तो कुत्ता है और अगर बकरी की तरह मिमयाए तो बकरी है।", कहने लगा, "या अली! मैं ये करके देख चुका हूँ, कभी वो कुत्ते की तरह रोने लगता है तो कभी बकरी की तरह बोलने लगता है।, मौला अली अलैहिस्सलाम ने फरमाया, "फिर उसे पानी पीते हुए देख, अगर कुत्ते की तरह जुबान से चाटकर पानी पीता है तो कुत्ता है और अगर बकरी की तरह आगे के पाँव पर बैठकर घूँट लेते हुए पानी पिए तो बकरी है।", कहने लगा, "या अमीरुल मोमिनीन! मैं ये कर के भी देख चुका, कभी कुत्ते की तरह जीभ से पानी पीता है तो कभी बकरी की तरह पीता है।", मौला अली अलैहिस्सलाम ने फरमाया, "ऐसा करो, उसे बकरियों के झुंड के साथ लेकर चल, अगर झुंड में घुसकर या झुंड के साथ चले तो समझ जाना बकरी है और अगर निगरानी वाले कुत्ते की तरह, झुंड के बाजू में चले तो समझ जाना कुत्ता है।", कहने लगा, "या अमीरुल मोमिनीन! ये भी करके देख चुका हूँ, कभी तो झुंड के बीच में बकरी की तरह चलता है तो कभी निगरानी वाले कुत्ते की तरह बाजू में किनारे-किनारे चलने लगता है।", अमीरुल मोमिनीन अली अलैहिस्सलाम ने फरमाया, "उसके सामने गोश्त का टुकड़ा डालकर देख, अगर गोश्त को सूँघकर खाता है तो कुत्ता है और अगर सूँघकर मुँह फेर ले तो समझ लेना की बकरी है।", कहने लगा, "या अमीरुल मोमिनीन! मैं ये भी करके देख चुका, कभी तो गोश्त को सूँघकर खाने लगता है तो कभी, मुँह फेर लेता है।", मौला अली अलैहिस्सलाम ने फरमाया, "फिर ऐसा कर की इसे ज़िब्ह करके देख अगर इसके अंदर से एक आँत निकले जैसे की कुत्ते में होती है तो समझ जाना कुत्ता है और अगर इसके अंदर कई आँत निकलें, जैसे की बकरी में होती

हैं तो समझ जाना बकरी है।", ये सुनते ही वो शख़्स मौला अली अलैहिस्सलाम के कदमों में गिरकर कहने लगा, "या अमीरुल मोमिनीन मैंने सब झूठ कहा, ना तो मेरे पास बकरियों का झुंड है, ना ही कुत्ता है और ना ही ऐसा कोई वाक़या ही पेश आया है, मैं तो आपका इम्तिहान लेने की नियत से सवाल किया लेकिन आपने तो जवाब में इल्म का दरिया बहा दिया।

लोगों क्या ये वाक़या सुनकर भी तुम्हारे दिल वारिस ए इल्म ए नबी के लिए गवाही नहीं देते?, अहलेबैत अलैहिस्सलाम पाक हैं फिर भी उन्हें, कुत्ते जैसी नाजिस चीज़ का भी इतना बारीक़ी से इल्म है। पूछने वाले ने सोचा की इन्हें क्या पता होगा इस बारे में लेकिन वो ये भूल बैठा की जिसे ख़ुद अल्लाह ने इल्म आम करने के लिए चुना हो, उसे हर छोटी-बड़ी, हलाल-हराम, ज़ाहिर-बातिन का इल्म सबसे ज्यादा दिया होगा। आज के दौर में देखता हूँ की सैंकड़ों लोग ख़ुदको आलिम बताते फिरते हैं जबकि हक़ीक़त में तो इंसानों की सिर्फ़ तीन किस्म ही मौजूद हैं, आलिम, तालिब ए इल्म और ख़स ओ ख़ाशाक।

आलिम सिर्फ़ मुहम्मद ओ आल ए मुहम्मद हैं यानी रसूलुल्लाह सल्लल्लाहु अलैहे व आलिही व सल्लम, उनकी बेटी फातिमा सलामुल्लाह अलैहा और बारह इमाम अलैहिस्सलाम हैं। तालिब ए इल्म वो हैं जिन्होंने तौहीद ओ रिसालत के बाद, इमामत ओ विलायत की गवाही दी, क़ुरआन ओ अहलेबैत अलैहिस्सलाम को थामा और इनके ज़रिए ही इल्म हासिल करने की कोशिशें कीं। इसके अलावा बाकि सारे लोग ख़स ओ ख़ाशाक में शामिल हैं, जिनकी इल्म की दुनिया में कोई गिनती ही नहीं। अल्लाह से डरने वाले बनें, अपने रसूल के हुक्म को मानें और क़ुरआन व मुहम्मद ओ आल ए मुहम्मद को थाम लें, बेशक ये ही सच्ची और सीधी राह है जिसकी मंज़िल ख़ुदा है।

8. शैतान के ख़ुदा से सवालात -

क़ुरआन और हदीस की रौशनी में आपने ये ज़रूर सुना होगा की जब शैतान को मरदूद कर दिया गया तो उसने अल्लाह से कुछ इख़्तियारात माँगे जिनके ज़रिए वो इंसानों को गुमराह कर सके, जो उसे दे दिए गए। आदम अलैहिस्सलाम ने भी कुछ इख़्तियारात माँगे और ख़ुदा ने तौबा का दरवाज़ा खोल दिया यानी अगर इंसान, बड़े-बड़े गुनाह भी कर ले और फिर अपने रब के सामने रोकर, गिड़गिड़ाकर, सच्ची तौबा कर ले तो अल्लाह रब उल इज़्ज़त उसे माफ़ कर देगा। कितना ही बड़ा गुनाह क्यों ना हो, अल्लाह त'आला का वादा है की अगर इंसान सच्चे दिल से सच्ची नियत से तौबा करे तो माफी ज़रूर मिलेगी। आदम अलैहिस्सलाम ने इतना बड़ा इख़्तियार व इनआम मिलने पर ख़ुदा का शुक्र अदा किया।

फिर शैतान खुदा की जानिब मुड़ा और अर्ज़ करने लगा, "या खुदा! इतना तो बता की तेरे दीन का कुछ लोग पैग़ाम लाएँगे और तेरे दीन के कासिद होंगे। फिर मेरे दीन को कौन आम करेंगे?", अल्लाह त'आला ने फरमाया, "नजूमी, जादूगर, फाल देखने वाले और हाज़िरी बुलाने वाले, तेरे दीन के कासिद होंगे जो तेरे बुरे दीन को आम करेंगे।", शैतान कहने लगा, "या रब! तेरा कलाम कुरआन ए मजीद है, आसमानी किताबें और सफहे हैं, मेरा कलाम क्या है?", अल्लाह त'आला ने फरमाया, "तेरा कलाम झूठ है, जब कोई झूठ बोलेगा तो तेरा कलाम आम करेगा।", कहने लगा, "तेरी किताब कुरआन ए मजीद है और बाकि आसमानी किताबें हैं, मेरी किताब क्या है?", अल्लाह त'आला ने फरमाया, "तेरी किताब दुनियावी अश्शार और गाना-बजाना हैं।", कहने लगा, "तेरा मुअज्जिन होगा, मेरा मुअज्जिन कौन होगा", खुदा ने फरमाया, "आलात ए मौसिकी, तेरे पैगाम को आम करेंगे।", कहने लगा, "या रब! तेरा घर तो काबा और मस्जिद होंगी, मेरा घर क्या होगा?", अल्लाह ने फरमाया, "बाजार तेरा घर होंगे की सबसे ज्यादा बुरे काम वहीं अंजाम दिए जा सकते हैं।", कहने लगा, "मेरा खाना क्या होगा?", अल्लाह त'आला ने फरमाया, "हर नाजिस चीज़ तेरा खाना होगी, और वो जानवर भी की जिसे जिब्ह करते वक़्त, मेरा नाम ना लिया गया हो।", पूछा कि, "मेरा मशरूब क्या है?", अल्लाह त'आला ने फरमाया, "शराब।", कहने लगा, "आखरी सवाल, खुदा त'आला! मेरे शुक्र का ज़रिया क्या है?, यानी लोगों को गुनाह में मुब्तिला करने का ज़रिया क्या है?", अल्लाह ने फरमाया, "औरतें, ये ही तेरे शिकार का ज़रिया हैं।"

हदीस ए मासूमीन में मौजूद है की शैतान कहता है, "मेरे माँ-बाप कुर्बान हों उन औरतों पर की जब मैं नेक आदमियों की लानत से घबरा जाता हूँ, जहाँ भी जाऊँ बस मुझपर लानतें की जा रही होती हैं, तब मुझे पनाह सिर्फ़ और सिर्फ़, बेदीन औरतों के पास ही मिलती है। जब मैं उनके बीच में आकर बैठता हूँ तो देखता हूँ की यहाँ मेरा मकसद किस तरह पूरा हो रहा है। कहीं गीबत की जा रही हैं तो कहीं हसद का इज़हार हो रहा है।"

ये मेरा कौल नहीं है बल्कि इमाम अलैहिस्सलाम का फरमान है, की जब सारे लोग शैतान की मुख़ालिफत कर रहे होते हैं तब भी बेदीन औरतों के पास शैतान सुकून पा लेता है बाकि बेदीन मर्दों की वजह से भी शैतान के कई मुश्किल लगने वाले काम आसान हो जाते हैं।

९. औरत और शैतान -

आईम्मा ए मासूमीन अलैहिस्सलाम फरमाते हैं कि, "नेक मोमिना औरतों का हुस्न, जन्नत की हूरों से भी ज्यादा होगा।", अगर मैं औरत का ज़िक्र करता हूँ तो सबसे पहले तसव्वुर में

अम्मा फातिमा सलामुल्लाह अलैहा आती हैं जिन्होंने बाप का इस तरह साथ दिया की उम्मे अबीहा कहलाईं, शौहर का साथ इस हद तक दिया की अपनी आखरी साँस तक विलायत ए अली अलैहिस्सलाम की हिफाज़त करती रहीं और बतौर माँ, आपने हसनैन करीमैन की शक्ल में दीन ए इस्लाम ही गोद में पाल दिया। आपकी तर्बियत का जुबाँ से ज़िक्र कर पाना मुमकिन नहीं हसनैन करीमैन, हज़रत ज़ैनब और हज़रत उम्मे कुलसुम के किरदार, आपकी बुलंदी की खुद गवाही देते हैं।

लेकिन ये बात भी हक़ है की आज के दौर में नेक मोमिना बहुत कम हैं और बुरी औरतें ज्यादा। बुरी औरतें, शैतान के काम में आसानी पैदा करती हैं। लगभग हर घर का ये आलम है की अब जहालत आम हो चुकी है, कुछ घर ऐसे भी हैं की जहाँ मर्द तो हक़ जानते हैं और घर में बताने की कोशिश भी करते हैं लेकिन औरतें सुनकर लड़ने लगती हैं। चाहे बेवजह बाज़ार में घूमना हो, चाहे शादियों में फिजूल खर्ची और गलत रस्मों को बढ़ावा देना हो या टी. व्ही. पर वाहियात प्रोग्राम देखना हो, इसमें औरतें, मर्दों की निस्बत ज्यादा आगे हैं।

हालात कुछ यूँ हो गए हैं की अगर मर्द किसी बात पर हक़ बयान करता है तो घर का माहौल बिगड़ना शुरू हो जाता है और लड़ाईयाँ शुरू हो जाती हैं। मैंने खुद भी इन दो चीज़ों को सामने होता देखा है पहली तो ये कि अगर बाप ये कह दे की औलाद का दिन में निकाह कर लेना ज्यादा बेहतर है तो घर की औरतों का कहना होता है की नहीं रात की शादी ज्यादा बेहतर है जबकि सुन्नत के मुताबिक भी दिन की शादी बेहतर है, कुरआन की रौशनी में भी दिन की शादी ही बेहतर है और फिज़ूलखर्ची को रोकने के लिहाज से भी दिन में रखी गई शादी में कम खर्च आता है। दूसरी ये की अगर कोई लड़का खुद कह दे की मेरे दिल में निकाह सादगी से करने का ख़याल है, मैं तो बस मुहम्मद ओ आल ए मुहम्मद की दी हुई तालीम के मुताबिक निकाह करना चाहता हूँ तो ये सुनकर सबसे ज्यादा तकलीफ़ माँ और बहन को ही होती है और ज्यादातर घरों में माँ-बहनों के मुँह से ये सुनने मिलता है की हमारा अरमान है की बड़े धूमधाम से शादी करें या दीगर रिश्तेदारों जैसे चचा, बाबा, मामू, खाला के घरवालों का अरमान है की धूमधाम से निकाह करें, क्या किसी के अरमानों को पूरा करने के नाम पर मुहम्मद ओ आल ए मुहम्मद की दी गई तालीम को भूलना या नज़रअंदाज़ कर देना, दुरुस्त है?, इस पर बड़ी फ़िक्र कीजिएगा।

10. सबसे बेहतरीन औरत कौन है? -

ये हदीस सहीह सनद के साथ, कई किताबों में मौजूद हैं, इसमें किसी को इख़्तिलाफ़ नहीं है, हाँ इतना इख़्तिलाफ़ ज़रूर है की कुछ रिवायतों में मिलता है की रसूलुल्लाह सल्लललाहु

अलैहे व आलिही व सल्लम ने फ़ातिमा सलामुल्लाह अलैहा से सवाल किया और बाज़ रिवायतों में ये मौजूद है की रसूलुल्लाह सल्लललाहु अलैहे व आलिही व सल्लम ने अपने सहाबाओं से सवाल किया। रसूलुल्लाह सल्लललाहु अलैहे व आलिही व सल्लम मस्जिद ए नबवी में सहाबाओं के हल्का में तशरीफ़'फरमा थे की आपने सहाबाओं से सवाल किया कि, "सबसे बेहतरीन औरत कौन है?", सहाबाओं ने अपने-अपने इल्म के मुताबिक जवाब देना शुरू किया, हर जवाब पर रसूलुल्लाह सल्लललाहु अलैहे व आलिही व सल्लम, नहीं-नहीं फरमाते रहे।, मसलन के तौर पर कुछ सहाबा रज़िअल्लाह ने कहा की नमाज़ी औरत सबसे बेहतरीन है। तो बेशक नमाज़ी होना, बहुत अच्छी सिफ़त है लेकिन ये सबसे बेहतरीन होने की दलील नहीं।

तब सलमान फारसी उठकर, दर ए फातिमा सलामुल्लाह अलैहा की तरफ़ चल दिए। अब कोई ये ना सोचे की इतने जल्दी जाकर कैसे आ सकते हैं, हज़रत अली अलैहिस्सलाम के घर का दरवाज़ा, मस्जिद के सहन में ही था, इतना करीब की जब रसूलुल्लाह सल्लललाहु अलैहे व आलिही व सल्लम खुत्बा देते तो फातिमा सलामुल्लाह अलैहा, घर में बैठी-बैठी ही सुन लेतीं। बहरहाल, सलमान फारसी रज़िअल्लाह ने दर पर दस्तक दी, बीबी ने पूछा कि, "क्या हाजत है?", सलमान फारसी रज़िअल्लाह ने कहा, "आपके बाबा ने मस्जिद में एक सवाल किया है उसका जवाब पूछने आया हूँ।", अम्मा फातिमा सलामुल्लाह अलैहा ने जवाब दे दिया और सलमान फारसी रज़िअल्लाह, वापिस मस्जिद में आकर बैठ गए। जब आप सलमान फारसी की बारी आई तो आपने जवाब दिया, "बेहतरीन औरत वो है जिसे नामहरम ना देखे और वो नामहरम को ना देखे।" (यानी पर्देदार इतनी हो की नामहरम ना देख सके, और हयादार इतनी हो की वो किसी नामहरम को ना देखे), रसूलुल्लाह सल्लललाहु अलैहे व आलिही व सल्लम ने फरमाया, "सलमान! तुम्हारा जवाब तो सही है लेकिन ये तुम्हारा जवाब नहीं लगता।" सलमान फारसी रज़िअल्लाह ने फरमाया, "जी हाँ, या रसूलुल्लाह! मैं शहज़ादी से पूछकर आया हूँ।", रसूलुल्लाह सल्लललाहु अलैहे व आलिही व सल्लम ने फरमाया, "फातिमा मेरा टुकड़ा है, उसने वही कहा जो मैं कहना चाहता था। बेशक वो वही कहेगी जो मैं कहना चाहता था, बेशक ये औरत सिर्फ़, मुहम्मद ओ आल ए मुहम्मद के इस्लाम में है।"

लेकिन हमारे मुआशरे में, इसे ही बदतरीन, लाइल्म और पुरानी सोच की औरत समझा जाता है। ऐसा माना जाता है की इससे तो गरीब, लाइल्म, पुराने ख़यालात रखने वाला इंसान ही शादी करेगा। जदीदियत की दुनिया का इंसान तो इसे लायक ही नहीं समझेगा। इसके उलट जो बदतरीन औरत हैं, उन्हें ये मुआशरा नेक व आला समझता है। दुनिया के बनाए दीन में वो औरत अच्छी है जो तंग कपड़े, बारीक़ लिबास पहनकर घर से अकेली निकल सके, शौहर

के दोस्तों के साथ इतना घुल-मिलकर बातें कर सके जितना की वो अपने सगे भाईयों से तक नहीं करती, बाज़ारों में आगे-आगे चले और शौहर पीछे-पीछे हो, ऐसी औरतें हमारे तख़्लीक़ी दीन में, तहज़ीब वाली, नेक और पढ़ी-लिखी कहलाती हैं। मुसलमान औरतें अगर फ़ातिमा सलामुल्लाह अलैहा की सीख पर अमल ना भी कर सकती हों तो कम से कम शरियत में बताई गई बातों पर तो अमल करना ही चाहिए।

बहुत से मर्द भी मुझे ऐसे मिले, जो अक्सर मुझसे पर्दे की बात करते नज़र आते हैं जबकि उनके ख़ुद के घर में उनकी बीवी और बेटियाँ ही पर्दे से दूर हैं। किताबों को पढ़ लेना और होता है लेकिन उनपर अमल करना और बात होती है। कुछ लोगों को मेरी बातें कड़वी भी लगेंगी, कुछ को ये पुरानी सोच भी लग सकती है लेकिन हक़ बयान करना मेरा काम है। यूँ तो दुनिया की ज़िंदगी जैसे चाहो गुज़ार लो, अल्लाह तो सबको रिज़्क़ अता करता है चाहे बंदा उसे मानता हो, चाहे उसका इंकार करता हो, ज़िंदगी तो सबकी गुज़र ही जाती है लेकिन असल मसला है सुकून, आख़िरत की कामयाबी और ख़ुदा को पाने का, वो तो फ़क़त, क़ुरआन, मुहम्मद ओ आल ए मुहम्मद सल्लललाहु अलैहे व आलिही व सल्लम की पैरवी से ही हासिल किया जा सकता है।

11. बेदीनी की हद -

एक वाक़्या याद आ रहा है जो लगभग हर मस्जिद में नमाज़ अदा करवाने वाले या आलिम कहे जाने वाले लोगों के सामने कभी ना कभी ज़रूर आता है की अक्सर लोग पेश'नमाज़ और आलिम से दुआ लेने, तावीज़ या वज़ीफे लेने आते हैं। एक दफ़ा एक साहब के पास एक शख़्स आया और कहने लगा, "मैं बड़ी परेशानी का शिकार हूँ, एक बहुत बड़ा मसला है।", साहब सोचने लगे पता नहीं कितना बड़ा मसला है, रिज़्क़ का मसला है या बीमारी का, दुश्मनों ने नुकसान पहुँचा दिया या कारोबार पूरी तरह से बर्बाद हो गया वगैरह। फिर उन साहब ने पूछा, "कौन सा मसला?", वो शख़्स कहने लगा, "बेटी की तरफ से बड़ा परेशान हूँ।", अक्सर बेटी से मुताल्लिक़, ये मसला ही रहता है की बेटी की उम्र शादी के लायक हो गई लेकिन रिश्ते नहीं मिल रहे। वो साहब ने पूछा, "बताइए, क्या हुआ?", वो शख़्स कहने लगा, "मैं अपने दोस्तों के घर जाता हूँ, शादी-ब्याह में जाता हूँ, मेरे दोस्तों की बेटियाँ तो सबसे हँसकर, घुल मिलकर बातें करती हैं, बेतकल्लुफ़ी के साथ उठती बैठती हैं, हाथ मिलाती हैं लेकिन मेरी बेटी गुमसुम सी रहती है, पता नहीं ख़ुदा ने कैसी औलाद अता कर दी। उससे कहता हूँ तो भी किसी से हाथ मिलाना तो दूर, यहाँ तक बात भी नहीं करती, ना ही घर आए लोगों (मर्दों) के सामने निकलना पसंद करती है लिहाज़ा आप कोई ऐसा तावीज़ या वज़ीफा बता दें, जिसे करके मैं उसे सुधार सकूँ।"

बेदीनी की हद ये है की वो शख़्स, वज़ीफ़ा माँग रहा है यानी ना सिर्फ़ वो गैर-मर्दों के बीच औरतों के घुलने-मिलने, हँसने-ठिलठिलाने को सही समझता है बल्कि वो ये भी अक़ीदा रखता है की इसके लिए हमारे इमामों ने कोई दुआ या वज़ीफ़ा बताया होगा। ज़ाहिर सी बात है वो मस्जिद में नमाज़ अदा करने वाले साहब के पास जा रहा है यानी उसे सामरी और जादूगरों के तावीज़ नहीं बल्कि इस्लाम से जुड़े तावीज़ चाहिए वो भी ऐसे घटिया काम के लिए। बहरहाल, उन साहब ने उस शख़्स को जवाब दिया, "मैंने बहुत किताबें पढ़ी हैं लेकिन आज तक मुझे इल्म ए इमाम में ऐसा कोई भी तावीज़ या वज़ीफ़ा नहीं मिला जो बेगैरती, बेहयाई और बेहूदियत को बढ़ाने के लिए इस्तेमाल किया जाता हो और ना ही आज तक किसी ने मुझसे ऐसी वाहीयात चीज़ की ही माँग की है।

मुझे तो हैरानी होती है जब ऐसे बेदीनी की हद तक बढ़ चुके लोग, यजीद पर लानत करते दिखते हैं। क्यों भाई?, यजीद पर लानत किस लिए कर रहे हो?, उसने तो आल ए नबी की घर की बेटियों को दुश्मन जानकर उनके सर से चादर खिंचवाई थी और उन्हें बेचादर सफर करने पर मजबूर किया था। तुम अपने ही घर की औरतों को बीवी-बच्चों को बेचादर, बेपर्दा घुमाते हो तो यजीद पर लानत किस लिए करते हो?, अगर यजीद का कुसूर था तो क्या तुम भी उसी राह पर नहीं चल पड़े?, अगर बेपर्दगी तुम्हारी नज़र में कोई गुनाह ही नहीं है तो तुम कभी अहलेबैत अलैहिस्सलाम की चादर छिनने का ग़म नहीं समझ सकोगे। ज़ैनब सलामुल्लाह अलैहा तो सानी ए ज़हरा सलामुल्लाह अलैहा हैं, तुम तो मासूम सकीना का दर्द तक ना समझ सके। आप आक़ा हुसैन अलैहिस्सलाम की छोटी सी बच्ची हैं, आग लगने की वजह से जली भी हैं, तमाचे खाने की वजह से गाल ज़ख़्मी हैं, कोड़े पड़ने की वजह से पीठ भी जख़्मी है लेकिन आपको सबसे ज्यादा दर्द किस बात का है?, जख़्म लगने का या पर्दा छिनने का?, मेरे अपनों, लबों से ये कहना की हम अहलेबैत अलैहिस्सलाम के गुलाम हैं, आसान है लेकिन उनके दर्द को और तालीम को समझना और फिर अपने दिल की गहराईयों में उतारना बड़ा मुश्किल है। हमें सिर्फ़ जुबान से नहीं बल्कि अपने अमल से भी अहलेबैत अलैहिस्सलाम का गुलाम नज़र आना चाहिए।

12. आशूरा की वो खौ़फ़नाक शाम -

आशूरा के दिन की शाम, जब हुसैन अलैहिस्सलाम का सर कलम कर दिया गया था, आपके बदन को पामाल कर दिया गया था और आपके मुबारक जिस्म पर घोड़े दौड़ाए जा चुके थे, तब यजीदी फौज खेमों की तरफ़ बढ़ी और खेमों में आग लगाने लगी। एक खेमा जलता तो सैयदानियाँ, दूसरे खेमे में चली जातीं और जब दूसरे खेमे में आग लगाई जाती तो आप तीसरे खेमे में चली जातीं। जब आखरी खेमे में आग लगी तो इमाम सज्जाद अलैहिस्सलाम

के हुक्म से सैयदानियाँ जलते हुए खेमे से बाहर आ गईं। हमीद बिन मुस्लिम कहते हैं कि, "जलते खेमों से बाहर आते वक़्त, सैयदानियाँ, वा हुसैना वा अबसा की सदा बुलंद कर रही थीं।

तभी मेरी नज़र एक छोटी बच्ची पर पड़ी जिसके गाल पर तमाचे के निशान थे, जिसके कान से बाली खींचने की वजह से खून बह रहा था और उसके कपड़े में आग लगी थी हालाँकि उसे आग की कोई फ़िक्र ना थी, वो तो बस सीने पर हाथ मार रही थी और कह रही थी, हाय मेरे बाबा! कहाँ हो, हाय मेरे चचा अब्बास कहाँ हो?", रावी आगे कहते हैं कि, "मैंने सोचा मैं आग बुझा दूँ और इस नियत से मैं उस बच्ची की तरफ़ बढ़ा लेकिन उसने मुझे रोक दिया और पीछे हट गई।" और कहने लगी, "ऐ शख़्स मैं फ़ातिमा बिन्त ए मुहम्मद की पोती सकीना हूँ, ग़ैरमर्द मुझे नहीं छू सकता।", हमीद कहते हैं कि, "मैंने कहा की मैं सिर्फ़ आपका कुर्ता पकड़कर आग बुझाऊँगा।" सकीना कहने लगीं, "ऐ शख़्स! तू बड़ा हमदर्द मालूम पड़ता है, मुझे नजफ़ का पता बता दे।", मैंने पूछा, "नजफ का पता जानकर क्या करोगी?", कहने लगीं, "वहाँ मेरे दादा, मुश्किलकुशा ए कायनात, दफन हैं, उनके पास जाऊँगी और कहूँगी की ऐ दादा! आप सबकी मदद के लिए आते हैं, यतीमों की मदद के लिए आते हैं लेकिन आपके हुसैन की यतीमा, तमाचे खाती रही, कोड़े खाती रही, आप अपनी सकीना की मदद के लिए ना आए।"

सोचकर देखिए की कितना ख़ौफ़नाक मंज़र था, सितम जारी था लेकिन हुसैन अलैहिस्सलाम की बेटी, जो उस वक़्त काफी छोटी सी थीं, उन्हें तक पर्दे का ख़याल था। तरह-तरह से अहलेबैत अलैहिस्सलाम पर ज़ुल्म किए गए, सितम ढाए गए लेकिन अफसोस है उम्मत पर की कुछ लोगों ने तो शहादत ए हुसैन अलैहिस्सलाम और करबला का ज़िक्र तक आम करने की कोशिश नहीं की और कुछ लोग ज़ुबान से बस ज़िक्र करते रहे लेकिन करबला के वाक़्ये से कोई भी सीख हासिल ना कर सके, अहलेबैत अलैहिस्सलाम की दी गई तालीम को अपनी ज़िंदगी में ना उतार सके। हाय अफसोस, क्या हम वाकई अहलेबैत अलैहिस्सलाम के गुलाम बन सके?

13. हक़ दीन कहाँ-कहाँ ढूँढ़ते हो? -

मैं उन मुसलमानों की वजह से तो बहुत तकलीफ़ में हूँ जिन्होंने हक़ ए अहलेबैत अलैहिस्सलाम को ही ना समझा, उसे आम करना तो बहुत दूर की बात है लेकिन मैं उन मुसलमानों से भी नाराज़ हूँ, जिन्होंने अली अलैहिस्सलाम की विलायत का इक़रार तो किया लेकिन दीन को सीखने की, समझने की कोशिश तक ना की। यू ट्यूब, फेसबुक, वाट्सएप

और कई साईट्स पर दीन सुनते और पढ़ते रहे लेकिन किताबों से दूरी बनाकर रखी। पैसों के लिए तक़रीर करने वाले मुल्ला और ज़ाकिरों को तो बहुत सुना, उनकी जज़्बाती बातों को ही हक़ समझ बैठे लेकिन कभी उलेमाओं के साथ बैठने की, उनसे बात करने की, उनसे सवाल करने की कोशिश तक ना की।

अगर आपको वाकई इल्म की तलब है और तलाश है तो आपको मौलवियों और सोशल साईट्स की दुनिया से बाहर निकलकर, उलेमाओं और किताबों की तरफ़ आना ही पड़ेगा। कुरआन, हदीस, तारीख को पढ़कर, समझना होगा। आईम्मा ए अहलेबैत अलैहिस्सलाम की फज़ीलत और उनकी तालीम को बयान करने वाली किताबों को पढ़ना और समझना होगा। याद रखिएगा की चार किताबें पढ़कर, बयानबाज़ी करने वाले लोग आपको हक़ तक नहीं पहुँचा सकते।

एक और बात कहना चाहूँगा की यूँ तो आलिम सिर्फ़ चौदह मासूमीन हैं, उनके अलावा इल्म रखने वाले सिर्फ़ तालिब ए इल्म हैं लेकिन फिर भी हमारे मुआशरे में ज्यादा इल्म रखने वालों को भी बोलचाल में आलिम कहा जाता है तो आलिम या तालिब ए इल्म में ऊँचा मकाम रखने वाला, किसी ख़ास फिरके या मसलक़ का नहीं होता बल्कि वो तो इस्लाम का होता है। वो किसी फिरके की क़ैद में रहकर, किसी ख़ास जमात को खुश करने के लिए तक़रीर नहीं करता बल्कि वो बस हक़ बयान करता है। लिहाज़ा, अगर आप वाकई, इल्म के तालिब हैं तो आपको मसलकों की क़ैद से आज़ाद होकर, हक़ तलाशना होगा वरना आप हक़ तक कभी नहीं पहुँच सकेंगे।

14. इमाम सज्जाद अलैहिस्सलाम का कनीज़ से निकाह -

अब बेदीनी का आलम ये है की जब हम कोई भी काम दीन के मुताबिक अंजाम देते हैं तो मुसलमानों को ही ये लगने लगता है की हम दीन के खिलाफ़ या शरियत के खिलाफ़ कामों को अंजाम दे रहे हैं। मसलन के तौर पर अगर कोई शख़्स उम्र में बड़ी औरत से निकाह करे तो लोगों को गलत लगता है, अगर कोई शख़्स किसी बेवा से निकाह करे तो भी लोगों को गलत लगता है, अगर कोई शख़्स किसी तलाकशुदा औरत से निकाह कर ले तो भी लोगों को गलत लगने लगता है। ठीक ऐसा ही मामला है अज़ादारी और मातम के साथ, नज़्र ओ नियाज़ के साथ। अगर कोई मजलिस करने लगे तो ये भी लोगों को गलत लगने लगता है। यानी अब दीन से दूरी इतनी बढ़ चुकी है, लोगों के दिलों से हक़ीक़ी दीन निकल चुका है और तख़्लीक़ी दीन इस तरह जड़ें मजबूत कर चुका है की अब अगर कोई हक़ीक़ी दीन पर चलने की कोशिश करे तो ये उम्मत उसे ही गलत समझती है।

इमाम सज्जाद अलैहिस्सलाम ने अपनी एक कनीज़ को आज़ाद किया और उनसे निकाह कर लिया। जब ये निकाह हुआ तो उम्मत में एक शोर सा उठ गया, लोग तरह-तरह की बातें करने लगे की आल ए नबी होकर एक कनीज़ से निकाह कर लिया, अपने खानदान और घराने का पास तक नहीं रखा वगैरह-वगैरह। एक साहब ने इमाम अलैहिस्सलाम को ख़त लिखकर अपना दुख ज़ाहिर किया और कहा की आपने आल ए रसूल होकर, दीन ओ शरियत से हटकर काम किया है और कनीज़ से निकाह कर लिया?", इमाम सज्जाद अलैहिस्सलाम ने जवाब में तहरीर फरमाया, "अव्वल बात तो ये की ये दीन ओ शरियत के खिलाफ़ काम नहीं और दीन ओ शरियत के मुताबिक किए कामों में डरना कैसा?, क्या आपको नहीं मालूम की रसूलुल्लाह सल्लललाहु अलैहे व आलिही व सल्लम ने बेवा औरतों से निकाह किया है?, या आप ये भूल गए हैं की रसूलुल्लाह सल्लललाहु अलैहे व आलिही व सल्लम ने अपने गुलाम की तलाकशुदा बीवी से निकाह किया था?, क्या आपने कुरआन की ये आयत ना पढ़ी की ईमान वाली कनीज़ औरत मुशरिकीन के मुकाबले में बेहतर है यानी अल्लाह ने भी कनीज़ से निकाह की इजाज़त दी है, फिर आप किस दीन पर हैं की आपको इस निकाह में खामी नज़र आ रही है?

मेरे अपनों! यहाँ सोचने वाली बात तो ये है की जिस उम्मत ने वारिस ए इल्म ए नबी, हक़ बारह इमामों पर भी सवाल उठाए हों, वो उम्मत आपको कैसे छोड़ सकती है?, तो जब भी हक़ दीन को आम करने की कोशिश करोगे आप पर तरह-तरह के इल्ज़ाम लगाए जाएँगे, आपको कदम-कदम पर गलत साबित करने की कोशिश की जाएगी लेकिन फिर भी हक़ आम करते रहें। इमाम सज्जाद अलैहिस्सलाम का भी ये ही दर्स है की हक़ पर डट जाओ और ज़ालिम से टकरा जाओ, शरियत के मामले में किसी की बात ना सुनो, अगर लोग तुम्हारा मजाक़ उड़ा रहे हैं या गलत कह रहे हैं तो उसे भी बर्दाश्त कर लो, यहाँ तक की अगर तुम पर ज़ुल्म भी हो रहे हों तो उन्हें भी बर्दाश्त कर लो लेकिन शरियत के मामले में कोई ढील या नर्मी नहीं होनी चाहिए।

इमाम सज्जाद अलैहिस्सलाम का क़ौल ए मुबारक है कि, "खुदा के नज़दीक बदतरीन शख़्स वो है, जो किसी इमाम को अकीदे के लिहाज से तो माने लेकिन अमल से उनकी पैरवी ना करे।", और इस बात में भी कोई शक नहीं की जो खुदा के नज़दीक बदतरीन है, वो ही रसूलुल्लाह और इमामों के नज़दीक भी बदतरीन होगा और सीरत ए आईम्मा अलैहिस्सलाम पर चलने के लिए ज़रूरी है की सबसे पहले घर की औरतों को दीन की तालीम दिलाना होगी, इसकी भी दो वजह हैं, पहली तो ये की औरतें अगर बेदीन हों तो शैतान का काम आसान

करती हैं, तो औरतों को दीन सिखाने से सबसे पहली फ़तह तो ये होगी की हम शैतान को रोक सकेंगे जिससे दीन आम करने में और अमल में लेने में आसानी होगी। दूसरी बात ये भी है की अगर दीनदार हो तो मर्द की निस्बत, दीन आम करने में ज्यादा आगे नज़र आती है, बेशक मर्द का काम है की वो बाहर निकले और हक़ आम करे लेकिन औरत घर में रहते हुए भी यहाँ आगे इसलिए है क्योंकि वो अपनी नस्लों को हक़ दीन देती है जो अगले दौर में भी आम होता रहता है।

बातिल से टकराने की हिम्मत पैदा करो, करबला से सीख लो। इमाम सज्जाद अलैहिस्सलाम, इब्न ए जियाद और यज़ीद पलीद की आँखों में आँख डालकर बात कर रहे हैं, उन्हें ना क़त्ल किए जाने का ख़ौफ़ है और ना ही जुल्म का डर, उन्हें फ़िक्र है तो बस दीन ओ शरियत को बचाने की और जिंदा रखने की। हमने ज़ुबानों पर तो ज़िक्र ए करबला सजाकर रखा है लेकिन दिलों से पैगाम ए करबला निकलता जा रहा है। हम हर छोटी-बड़ी बात के लिए डरते हैं, ऐसा ना किया तो फलाँ क्या कहेंगे, रिश्तेदार क्या कहेंगे, पड़ोसी क्या कहेंगे वगैरह। आईम्मा ए अहलेबैत अलैहिस्सलाम की तालीम है कि, "अल्लाह से डरो, ये वो ख़ौफ़ है जो तुम्हें हर ख़ौफ़ से आज़ाद कर देता है। जो अल्लाह से डरता है वो किसी और शय से नहीं डरता और जिसे अल्लाह का ख़ौफ़ ना हो, वो हर शय से डरता है।"

15. इमाम सज्जाद अलैहिस्सलाम की इबादत और अज़ादारी -

इमाम सज्जाद अलैहिस्सलाम के विसाल के बाद, लोग आपके ख़ादिमों और कनीज़ के पास गए और सवाल करने लगे कि, "हमें सीरत ए इमाम सज्जाद अलैहिस्सलाम के मुताल्लिक़ कुछ बताओ।", कनीज़ ने पूछा, "तफ़सील से बताऊँ या मुख़्तसर सा?", लोगों ने कहा, "मुख़्तसर-मुख़्तसर सा बता दो।", कहने लगी, "मैं आक़ा की ख़िदमत में तीस साल से हूँ लेकिन ना कभी मैंने उनके लिए दिन का खाना बनाया है और ना ही रात में बिस्तर लगाया है।", लोगों ने कहा, "हम समझे नहीं।", कहने लगी, "मैं तीस साल तक इमाम अलैहिस्सलाम की ख़िदमत में रही, दिन के वक़्त आप रोज़ा रखा करते थे, जिन दिनों में रोज़ा हराम होता है उन दिनों में आप रोज़ा भले ही ना रखते थे लेकिन दिन के वक़्त खाना भी नहीं खाते थे लिहाज़ा मैंने आप इमाम अलैहिस्सलाम के लिए कभी दिन में खाना ना बनाया। रात के वक़्त आप अलैहिस्सलाम इबादत में मशग़ूल रहते तो नमाज़ें अदा करते लिहाज़ा आपके लिए कभी बिस्तर लगाने की नौबत नहीं आई।"

इमाम बाक़िर अलैहिस्सलाम फरमाते हैं कि, "हमारे घर के पीछे एक बाग था जिसमें खजूर के पाँच सौ दरख़्त थे, मेरे बाबा हर दरख़्त के नीचे दो रकात नमाज़ अदा करते थे और फजर

की नमाज़ पढ़ने के बाद तक आपकी इतनी हिम्मत नहीं बचती थी की चलकर आ सकें तो बैठे-बैठे ही बिस्तर तक आ जाते।"

इमाम सज्जाद को यूँ ही ज़ैनुल आबिदीन नहीं कहा जाता बल्कि आप अलैहिस्सलाम ने ऐसी इबादत की है की जिसकी मिसाल मिल पाना मुमकिन नहीं। चाहे बीमारी का आलम हो, जलते हुए ख़ेमे हों, घर का घर लुटने का दर्द हो, अहलेबैत अलैहिस्सलाम की चादर छिनने का ग़म हो, चाहे नाक़ा की पुश्त पर हों या क़ैदखाने में, चाहे बेड़ियों और तौक़ में जकड़े हुए सफर ए शाम में हों, आप इमाम अलैहिस्सलाम ने कभी भी इबादत तर्क नहीं की और हमेशा अपने रब को सजदे करते रहे।

अब अगर बात करें मातम और अज़ादारी की तो इमाम जाफ़र सादिक़ अलैहिस्सलाम फरमाते हैं, "इस उम्मत में इतना कोई नहीं रोया होगा जितना फातिमा सलामुल्लाह अलैहा और इमाम सज्जाद अलैहिस्सलाम रोए हैं। मदीना वालों को मुहर्रम का महीना शुरू होने का पता चाँद देखकर नहीं बल्कि इमाम सज्जाद के घर से आने वाली रोने की आवाज़ों को सुनकर लगता था।"

इमाम अलैहिस्सलाम जब गुज़रते तो कसाई अपने-अपने जिब्ह किए जानवरों और कच्चे गोश्त को ढक देते थे और अगर गलती से खुला रह जाता तो इमाम अलैहिस्सलाम रोने लग जाते और पूछते की क्या ज़िबह करने से पहले इसे दाना-पानी दिया था?, क्या खंजर को तेज़ कर लिया था, इस बात का ख़याल रखा था या नहीं की कोई और जानवर तो नहीं देख रहा?, जब जवाब में कसाई कहते की जी हाँ इमाम अलैहिस्सलाम हम मुसलमान हैं, इन सारी बातों का ध्यान रखते हैं। इमाम अलैहिस्सलाम करबला की तरफ रुख करके रोने लग जाते और फरमाते, "अस्सलाम ओ अलैका या अबा अब्दिल्लाह! ऐ मेरे बाबा, मुसलमान जानवरों को ज़िब्ह करते वक़्त तो शरियत याद रखते हैं लेकिन मेरे बाबा को शहीद करते वक़्त कुछ याद ना रख सके।, रिवायतों में यहाँ तक आता है की जब-जब भी आप इमाम अलैहिस्सलाम वुजु करते तब इस बात पर रोते की मैंने तो पानी से वुजु कर लिया लेकिन मेरे बाबा को वुजु के लिए तक पानी मयस्सर ना किया गया और वो तयम्मुम करके नमाज़ अदा करते रहे।

लोगों ने देखा की इमाम अलैहिस्सलाम नमाज़ अदा कर चुके और बाद नमाज़, आप रोने लगे, लोगों ने पूछा कि, "या इमाम, क्या हुआ, आप रोने क्यों लग गए?", आप इमाम अलैहिस्सलाम फरमाने लगे कि, "ये ही तो वो सज्दा है की जिस सज्दे में मेरे बाबा के ख़ुश्क

गले पर खंजर चलाया गया था।", हज के दौरान खाना ए काबा के सामने गए तो गश खाकर बेहोश हो गए और जब होश में लाया गया तो आप अलैहिस्सलाम ने फरमाया, "ये ही तो वो काबा है की जिसकी इज़्ज़त ओ तहारत को बचाए रखने के लिए मेरे बाबा ने कुर्बानी दी है।", हद तो ये है की जब कभी इमाम अलैहिस्सलाम पानी को देखते तो बेइंतिहा रोते और फरमाते, "हाय, ये वो पानी है की जिससे सभी इंसान, परिंदे, जानवर, दरिंदे तो पी सकते थे लेकिन मेरे बाबा पर हराम करार कर दिया गया था।"

16. बनी इस्राईल की बर्बादी की एक वजह -

अल्लाह रब उल इज़्ज़त ने कुरआन ए पाक में इरशाद फरमाया है -

إِنَّ الدِّينَ عِنْدَ اللَّهِ الْإِسْلَامُ

सच्चा दीन, अल्लाह के नज़दीक सिर्फ़ इस्लाम है।
(सूरः आल ए इमरान की आयत 19 का हिस्सा)

इस्लाम की निगाह में, बदतरीन मजमा वो होता है की जिसमें पर्दे का ख़याल ना रखा जाए यानी वो पर्दा जो शरियत ने हमें दिया है, उसे ठुकरा दिया जाए और उसकी जगह बेपर्दगी आम कर दी जाए। यकीन मानिएगा की अगर उम्मत से सिर्फ़ दो चीज़ छीन ली जाएँ, एक तो पर्दा और दूसरा महरम-नामहरम की तमीज़, तो कौम की बर्बादी के लिए ये दो चीज़ों का छिनना भी काफी रहेगा। जब दुश्मन ए इस्लाम ने हक़ीक़ी इस्लाम को नुकसान पहुँचाना चाहा तो औरतों के दिल में जदीदियत और तालीम के नाम पर धीरे-धीरे ऐसी बेहूदा और वाहीयात बातें डाल दीं की पर्दा खुद बा खुद छूटता चला गया। इस्लाम कभी भी औरतों की तालीम के खिलाफ़ नहीं रहा लेकिन जदीदियत के नाम पर जो हो रहा है, वो सरासर गलत है। ज़्यादातर औरतें अब, ग़ैर-मर्दों से बात करना, गैरों के बीच उठना-बैठना, हँसी-ठिठोली करना और पर्दा ना करना, इन्हें ही जदीदियत और कामयाबी मानकर बैठी हैं। बार-बार औरतों के बेदीन होने का ज़िक्र इसलिए कर रहा हूँ क्योंकि औरतें ही हैं जो हक़ को नस्लों में आगे बढ़ा सकती हैं इसलिए बदलाव लाने के लिए सिर्फ़ मर्दों का हक़ को समझ लेना काफी नहीं होगा बल्कि औरतों को भी हक़ तक लाना हमारी ही ज़िम्मेदारी है।

हदीसों में साफ मौजूद है की इस उम्मत के साथ वो सारे मामले पेश आएँगे जो गुज़िश्ता उम्मतों के सामने पेश आए थे। हदीसों में ये भी आता है की जो बनी इस्राईल में होता था वो ही उम्मत ए मुहम्मद में भी होगा। रसूलुल्लाह सल्लललाहु अलैहे व आलिही व सल्लम ने

अपनी उम्मत को बहुत डराया है, समझाया है और आगाह किया है ताकि वो बनी इस्राईल की तरह गलत राह पर चलने से बचें। मूसा अलैहिस्सलाम के दौर का एक वाक्या है की जब बनी इस्राईल अपने उरूज पर थे, मुल्कों पर मुल्क फ़तह किये जा रहे थे और जब ये लश्कर, मूसा अलैहिस्सलाम की क़यादत में शाम की तरफ चले तो लोगों में डर पैदा हो गया, लोग ये सोचने लगे की हज़रत मूसा अलैहिस्सलाम का मुकाबला किस तरह किया जाए। उन गुनाहगारों के बीच एक आबिद रहता था जिसका नाम बल'अम बिन बऔ'रा बताया जाता है, कुछ कुरआन की तफ्सीरों में बताया गया है की सूरः अल्-आराफ में इसका ज़िक्र बिना इसका नाम लिए किया गया है। बहरहाल, ये शख़्स बड़ा ही आबिद था, इसने खुदा की इतनी इबादत की थी की खुदा ने इसकी ज़ुबान में इतना असर रख दिया था की ये जो दुआएँ करता था वो फौरन कुबूल की जाती थीं।

शाम के कुछ अमीर लोग घबरा गए और कहने लगे की अगर मूसा अलैहिस्सलाम ने यहाँ फ़तह हासिल कर ली तो हम सबको उसकी और उसके खुदा की पैरवी क़ुबूल करना पड़ेगी और शरियत पर चलना पड़ेगा, फिर सारे इकट्ठे होकर आबिद के पास गए और कहा, "तुम्हें हमारे लिए दुआ करनी पड़ेगी की हम मूसा अलैहिस्सलाम को हरा सकें और फ़तह पा जाएँ।", साथ ही साथ उन्होंने आबिद को कुछ पैसे देने का लालच दिया।, आबिद कहने लगा, "नहीं, मैं ऐसा हरगिज़ नहीं कर सकता क्योंकि मूसा, अल्लाह का नबी व रसूल है, उनके खिलाफ़ दुआ करना सही नहीं होगा।", वो लोग वापिस चले गए और आपस में सलाह-मशवरा करके दोबारा वापिस आए क्योंकि उन्हें मालूम था की फक़त ये ही शख़्स हमारी मदद कर सकता है, इस बार उन्होंने अपने साथ सोने के सिक्कों से भरी हुई बोरियाँ भी रखी थीं, सब का सब आबिद के सामने रखकर पूछा, "अब क्या ख़याल है?", बहुत सारा पैसा सामने देखकर उसकी नफ़्स फिसल गई, ईमान चला गया, अब कहाँ की नबूवत, कहाँ की रिसालत, कहाँ का मूसा का एहतराम, दिल से हक़ दीन ही चला गया तो कहने लगा, "ठीक है, मैं दुआ करूँगा।"

आबिद अपने खच्चर पर सवार हुआ और पहाड़ की चोटी की तरफ जाने लगा, जिस चोटी पर चढ़कर दुआ करता था, कुछ दूरी चलकर खच्चर रुक गया, आबिद ने उसे मारना-पीटना शुरू कर दिया लेकिन वो टस से मस ना हुआ। जब आबिद ने पीटने की इंतिहा कर दी तो अल्लाह ने कुछ पल के लिए खच्चर को इंसान की तरह बोलने की या आबिद को उसकी बोली समझने की कुव्वत अता की। खच्चर कहने लगा, "ऐ बल'अम! अल्लाह ने तुझे इतना बुलंद मकाम अता किया है और तेरी ज़ुबान में असर भी रखा है, इस पर अल्लाह का शुक्र कर, अपने ईमान को चंद पैसों के लिए मत बेच और अल्लाह के रसूल मूसा अलैहिस्सलाम के लिए बद्दुआ करने का इरादा छोड़ दे वरना नुकसान उठाएगा।", लेकिन आबिद नहीं माना, यहाँ तक पैदल चलकर ही चोटी पर पहुँचा और मूसा अलैहिस्सलाम के लिए बद्दुआ करने

लगा, तब उसे इल्हाम हुआ की तूने अल्लाह के नुमाइंदे के लिए बद्दुआ करने की जुर्रत की है इस वजह से तेरी तमाम इबादतें फिज़ूल हुईं और अब तेरी कोई दुआ कुबूल नहीं की जाएगी।, फिर वो वापिस आ गया और उन सबको सारा माजरा सुना दिया लेकिन वो पैसों की चमक देख चुका था और पैसों को वापिस जाते देखना उसे गवारा ना था। कहने लगा, "दुआ तो कुबूल नहीं होगी लेकिन एक रास्ता अब भी बाकि है, अगर इस तरीके पर अमल कर लोगे तो तुम्हारा मकसद पूरा हो जाएगा क्योंकि जिस भी उम्मत में ये तरीका रहा है वो तबाह ओ बर्बाद ज़रूर हुई है।", लोगों ने पूछा, "वो क्या तरीका है?", कहने लगा, "तुम मूसा अलैहिस्सलाम के लश्कर के पीछे कुछ बेपर्दा औरतों को भेज दो अगर वो वहाँ जाकर फसाद फैला सकीं और लोगों ने उन्हें अपना लिया यानी किसी ने बेपर्दगी की वजह से उन्हें कुछ ना कहा बल्कि कुबूल कर लिया तो बिना किसी बड़ी साज़िश के तुम आसानी से लश्कर ए मूसा को तबाह कर लोगे, इस तरीके पर अमल के बाद, लश्कर ए मूसा का तबाह व बर्बाद हो जाना यक़ीनी है।

उन लोगों ने कुछ बेपर्दा औरतों को लश्कर ए मूसा अलैहिस्सलाम के पीछे बाज़ारों में भेजा और बनी इस्राईल ने उन्हें अपना लिया, बेपर्दगी और फह्शा का ईमान पर असर ज़रूर पड़ता है लिहाज़ा धीरे-धीरे, बनी इस्राईल की औरतों ने भी पर्दा छोड़ दिया। अब जो लश्कर फ़तह पर फ़तह पाता था, वो शिकस्त पर शिकस्त खाने लगा जो बुलंदियों पर पहुँच चुका था वो, नीचे आने लगा, जो बड़ी-बड़ी हुकूमतों को हरा देते थे, वो खुद पीछे हटने लगे। मूसा अलैहिस्सलाम ने अपने एक ख़ास को हुक्म दिया और वो लश्कर में आया और उसने बेपर्दा औरतों के सामने दो रास्ते रखे की या तो पर्दादार होकर हमारे घरों में आ जाओ या यहाँ से दूर हो जाओ वरना क़त्ल कर दी जाओगी। नेक औरतें, तौबा करके, लश्कर में आ गईं और बाकि भाग गईं या क़त्ल कर दी गईं। फिर ये लश्कर आगे बढ़ा और सारे मुल्क ए शाम पर हुकूमत कायम कर ली, जब फ़तह हो जाने की बात, हज़रत मूसा अलैहिस्सलाम को पता चली तो फरमाने लगे, "बेशक जिस कौम में बेपर्दगी आम हो जाए उसका तबाह व बर्बाद हो जाना यक़ीनी है। जो कौम पर्दे को छोड़ देती है, खुदा उस कौम से अपनी रहमत भी उठा लेता है।

आपने ये हदीस सुनी होगी की जिस घर में बेपर्दा औरत हो, उस घर में फरिश्ते नहीं आते। साथ ही साथ आपने ये हदीस भी सुनी होगी की जिस घर में कुत्ता हो, उस घर में फरिश्ते नहीं आते। अब आप खुद, इन दोनों हदीसों की रौशनी में सोचकर देखें, अल्लाह के फरिश्तों को जितनी नजासत और गंदगी कुत्ते में नज़र आती है उतनी ही बेपर्दा औरत में भी नज़र आती है। अगर अब भी हमने मुआशरे को ना सुधारा तो यकीन मानना की वो ही सज़ा हमें भी मिलेगी जैसी की बनी इस्राईल को मिली थी।

हमारी कौम में कुछ ख़ातून इतनी बहादुर, इतनी जदीद, इतनी निडर और बेबाक पैदा हो चुकी हैं, जिनके लिए ना खुदा का कुरआन मायने रखता है और ना ही मुहम्मद ओ आल ए मुहम्मद का हुक्म ही मायने रखता है। रसूलुल्लाह सल्लललाहु अलैहे व आलिही व सल्लम को इस बात की खबर थी की मेरी उम्मत में ऐसी औरत पैदा होंगी, जिनमें ना खुदा का ख़ौफ़ होगा और ना ही मेरी इता'अत का जज़्बा ही होगा इसलिए आप सल्लललाहु अलैहे व आलिही व सल्लम ने फरमाया कि, "मेरी उम्मत बनी इस्राईल से ऐसे मुशाहिबत रखेगी जैसे की दो तीर आपस में रखते हैं।", ज़रूरत है जल्द से जल्द इस बिगाड़ को दूर करने की और लोगों को हक़ की तरफ लाने की।

17. तीन सिफ़त -

तीन सिफ़त ऐसी हैं जो मर्द में आएँ तो ईमान बन जाती हैं और औरत में आएँ तो कुफ्र हैं यानी मर्द के लिए ये सिफ़त सही हैं लेकिन औरत के लिए गलत। वो तीनों सिफत ग़ैरत, सख़ावत और हुस्न ए खुल्क़ हैं। पहले बात करते हैं ग़ैरत की तो आदमी में अगर ग़ैरत हो की मेरी बीवी पर ग़ैरों की नज़र ना पड़े, मेरी बीवी को दूसरों के यहाँ काम ना करना पड़े वगैरह, तो ये उसके ईमान में इज़ाफा करेंगे, इसके उलट अगर औरत ये ग़ैरत महसूस करने लगे की मेरा शौहर सिर्फ़ घर ही देखे दूसरों के काम ना आए या दूसरों के यहाँ काम ना करे या दूसरा निकाह ना करे वगैरह तो ये सोच, हलाकत का बाइस होगी। फिर बात करें सख़ावत की तो आदमी चूँकि घर का मुखिया है और पैसे कमाना उस पर फर्ज़ है तो घरवालों की ज़रूरत पूरी करने के बाद वो बचे पैसों से लोगों की मदद करे तो उसके लिए ये अमल ईमान में इजाफे की वजह बनेगा, इसके उलट, औरत अगर मर्द के कमाए पैसों को इधर-उधर मदद के नाम पर बिना शौहर की इजाज़त के देने लगेगी तो जल्द ही वो घर को तबाही की ओर ले जाएगी। आखरी में बात करें, हुस्न ए खुल्क़ की तो ये भी मर्द के लिए ईमान में इजाफे का बाइस है।

हुस्न ए खुल्क़ यानी अच्छे अख़्लाक़ वाला वो आदमी कहलाएगा जब दुनिया के साथ-साथ, आपके अपने घरवाले भी आपके अख़्लाक़ की तारीफ करें। दुनिया में ऐसे बहुत लोग हैं की जिनके दोस्त, पड़ोसी और बाहर वाले तो उनके अख़्लाक़ की तारीफ़ करते हैं लेकिन घरवाले, बीवी और बच्चे उनसे नाराज़ रहते हैं। रसूलुल्लाह सल्लललाहु अलैहे व आलिही व सल्लम की हदीस है की तुममें से बेहतर वो है जो घरवालों के साथ सबसे बेहतर हो। पैगम्बर ए इस्लाम हज़रत मुहम्मद सल्लललाहु अलैहे व आलिही व सल्लम ने जब ये फरमाया की मैं तुम सब से ज्यादा बेहतर हूँ तब भी आपने ये बात कही की मैं तुम सबसे ज्यादा बेहतर हूँ क्योंकि मैं, अपने घरवालों के साथ तुम सबके मुकाबले में ज्यादा बेहतर हूँ।

जो शख़्स बेवजह बीवी को तकलीफ़ देता हो, मार पीट करता हो, गाली बकता हो और उसके माँ-बाप पर तंज कसता हो तो ऐसे शख़्स के खिलाफ़ खुद रसूलुल्लाह खुदा के सामने उस औरत की वकालत करेंगे और ऐसे मर्द को सज़ा दिलवाएँगे। हालाँकि इसका मतलब ये नहीं की औरत बेपर्दगी आम करे या बेदीन रहे तब भी उसे समझाना या डाँटना नहीं चाहिए। रसूलुल्लाह सल्लललाहु अलैहे व आलिही व सल्लम ने अपनी बीवियों में से किसी को ना कभी मारा और ना कभी तलाक दिया, साथ ही साथ वो अपनी बीवियों को हक़ भी समझाते रहे और दुनिया ओ आख़िरत में उनके लिए कामयाबी की राह भी बतलाते रहे, बेशक, मुहम्मद ओ आल ए मुहम्मद के रास्ते में ही कामयाबी है।

हम बात कर रहे थे हुस्न ए खुल्क़ की तो औरत, औरतों से अच्छे अख़्लाक़ से पेश आए तो बहुत अच्छी बात है। घरवालों और शौहर से, बच्चों से खुश'अख़्लाक़ी के साथ पेश आए तो बहुत अच्छी बात है लेकिन जिस हुस्न ए अख़्लाक़ को औरत पर हराम बताया वो ये है की अगर घर में शौहर की गैर'मौजूदगी में कोई ग़ैरमर्द दरवाज़े पर दस्तक दे तो उससे नर्म लहज़े में बात नहीं करना चाहिए बल्कि सख़्त लहज़े में बात करना चाहिए ताकि अगर उसके दिल में कोई मर्ज़ है तो वो ख़त्म हो जाए। औरत को चाहिए की वो गैरमर्दों के सामने अच्छे अख़्लाक़ या नर्म रवैया अपनाने से बचे।

एक सहाबा रज़िअल्लाह का वाक़्या मिलता है, जिसे मैं ज्यों का त्यों तफसीर से नहीं लिख रहा बल्कि मुख़्तसर सा बयान कर देता हूँ। कुछ लोगों को इसकी सनद पर एतराज भी है और कुछ के नज़दीक ये वाक़्या सही है हालाँकि इससे सीख बहुत अच्छी मिलती है। एक सहाबा रज़िअल्लाह थे, जो आशिक़ ए अहलेबैत अलैहिस्सलाम भी थे और दर ए अहलेबैत अलैहिस्सलाम के गुलाम भी, रसूलुल्लाह सल्लललाहु अलैहे व आलिही व सल्लम ने उनके मुताल्लिक़ ये तक फरमाया था की मेरा ये सहाबा, हश्र के रोज़, हजारों लोगों की मग़फिरत करवाएगा। इनके बारे में ये भी पढ़ा की जब इनका विसाल हुआ तो खुद रसूलुल्लाह सल्लललाहु अलैहे व आलिही व सल्लम ने इन्हें कंधा दिया और नमाज़ ए जनाज़ा पढ़ाई, सत्तर हज़ार फरिश्ते भी इनके जनाज़े में शामिल हुए। जब ये क़ब्र में उतार दिए गए और रसूलुल्लाह सल्लललाहु अलैहे व आलिही व सल्लम वापिस चले गए तो लोगों ने रसूलुल्लाह सल्लललाहु अलैहे व आलिही व सल्लम से सवाल किया की इनका क़ब्र में क्या मामला बना तो आक़ा सल्लललाहु अलैहे व आलिही व सल्लम ने फरमाया की ये, दुनिया में बहुत नेक था और इसे वो सारे इनआम मिलेंगे जिनका ज़िक्र मैंने किया है लेकिन इसकी क़ब्र तंग कर दी गई है क्योंकि ये अपनी बीवी के साथ बदअख़्लाक़ी से पेश आता था।

तो आदमी को तो ज़रूरी है की घर के अंदर और बाहर दोनों जगह खुश'अख़्लाक़ी के साथ रहे लेकिन औरत से ये कहा गया है की नामहरम से बेरुखी से पेश आए, सख़्त लहज़े में बात करे। अब सोचने वाली बात ये है की जो इस्लाम औरत को नामहरम से नर्मी के साथ बात करने की भी इजाज़त नहीं देता, वो बेपर्दगी के साथ, बाज़ारों में घूमने की और गैरमर्दों के साथ हँसी-ठिठोली की इजाज़त कैसे दे सकता है?

औरत और मर्द में अल्लाह ने फर्क नहीं रखा लेकिन किसी जगह औरत को कुछ सहूलत दी हैं तो किसी जगह मर्द को। कुछ ज़िम्मेदारियाँ मर्द पर डाली हैं तो कुछ ज़िम्मेदारियाँ औरत पर डाली हैं। ज़रूरत है अपनी-अपनी ज़िम्मेदारी निभाने की और एक दूसरे के लिए राह आसान करने की। अल्लाह त'आला हम सबको कहने सुनने से ज्यादा अमल करने वाला बनाए।

18. नामहरम औरत को छूना -

एक वाक्या है, जो काफी बड़ा है लेकिन, मैं अपने अल्फाज़ में मुख़्तसर तौर पर बयान कर रहा हूँ ताकि उसके महफ़ूम से सीख हासिल की जा सके। एक सहाबी थे जो हज़रत अली अलैहिस्सलाम के वफ़ादार थे और इमामत ओ विलायत पर भी ईमान रखते थे, एक दफ़ा मौला अली अलैहिस्सलाम की ख़िदमत में हाज़िर हुए और सलाम अर्ज़ किया, हज़रत अली अलैहिस्सलाम ने जवाब दिया लेकिन मुँह फेर लिया। वो सहाबी रज़िअल्लाह, दूसरी तरफ गए लेकिन हज़रत अली अलैहिस्सलाम ने दोबारा मुँह फेर लिया। वो सहाबी घबरा गए, ग़मगीन हो गए और फरमाने लगे, "या मौला! मैं आप अलैहिस्सलाम के दीदार की तलब लेकर आया हूँ और आप मुझसे नाराज़ लग रहे हैं। या मौला! बताइए मेरी ख़ता क्या है?", मौला अली अलैहिस्सलाम ने फरमाया, "तू नाजिस हो चुका है और ऐसी नजासत, हम अहलेबैत अलैहिस्सलाम से बर्दाश्त नहीं होती।", सहाबी कहने लगे, "मेरे मौला! मैं घर से गुस्ल करके निकला था, जिस्म को पाक साफ़ किया था, यहाँ तक कपड़े भी पाक व साफ़ ही पहने हैं, फिर कैसी नजासत?"

मौला अली अलैहिस्सलाम ने फरमाया, "ये बता की जब तू घर से निकला और रास्ते में था, तो तूने एक औरत से हाथ मिलाया था या नहीं?, तू उसके साथ चला था या नहीं?", वो सहाबी कहने लगे, "वो औरत मेरी चची(चाची) थी, मेरे वालिद का इंतकाल मेरे बचपन में ही हो गया था तबसे लेकर मैं जवान होने तक उन्हीं के घर में रहकर पला-बढ़ा हूँ, इसलिए मैंने चची को देखा तो उनसे हाथ मिलाया और उनके साथ चलने लगा।", मौला अली अलैहिस्सलाम ने फरमाया, "चाची थी तो क्या हुआ, थीं तो नामहरम ही। तूने ये कैसे समझ लिया की आल ए

मुहम्मद, अपने ऐसे मानने वाले को बर्दाश्त कैसे करेंगे जो किसी नामहरम को छूता है?, जब कोई शख़्स, नामहरम को छूता है तो हमें ऐसी तकलीफ होती है, जैसे किसी ने हमारे सर पर तलवार मारी हो, तुम्हारे ऐसे तकलीफ़ पहुँचाने पर, हम अहलेबैत तुमसे कैसे खुश रहेंगे?"

मुझे एक बात समझ नहीं आती की हमारे मुआशरे में, नामहरम से मुराद सिर्फ़ अजनबी औरत क्यों लिया जाता है?, क्या हमारे जान पहचान वाली गैर औरतें, नामहरम नहीं?, क्या हमारे रिश्तेदारों में आने वाली वो औरतें, जिन्हें क़ुरआन और हदीस में हमारे लिए नामहरम व ग़ैर बता दिया है, वो नामहरम नहीं?, ये ही फ़र्क़ है, हक़ीक़ी इस्लाम और तख़्लीक़ी इस्लाम में।

चाहे बात मुहर्रम के जुलूस की हो या शादियों की या किसी भी प्रोग्राम की, ऐसा नहीं है की ताजिये, अलम, के सामने आकर, महरम-नामहरम का कोई फ़र्क़ नहीं बचता या ऐसा भी नहीं है आम दिनों में शरियत के हुक्म और होते हैं और शादी-ब्याह के मौके पर ये हुक्म बदल जाते हैं। कई बार तो देखता हूँ की शादियों या जुलूसों में या किसी प्रोग्राम में खाना खाने के लिए लोगों की इतनी भीड़ होती है की मर्द और औरत चलते फिरते हुए जाने-अनजाने में आपस में मस होते रहते हैं तो कई बार ये भी देखने में आता है की तबर्रुक बाँटने के लिए लड़कों को ही मर्दों के साथ-साथ, औरतों के दरमियान भी भेजा जाता है और हाथों से हाथ मस होते रहते हैं।

सबसे ज्यादा अफसोस तो तब होता है जब हमारी कौम के एक बड़े तबके को, जदीदियत, तालीम और ज़माने के साथ हमकदम होकर चलने के नाम पर ये जहालत, बेपर्दगी और फहशा आम करते हुए देखता हूँ। चाहे मर्द हो या औरत, मैं कभी किसी की तालीम के खिलाफ़ नहीं रहा बल्कि इल्म तो इतना गहरा समुंदर है की अगर इंसान, होश सँभालने से लेकर, मरते दम तक भी सीखता रहे तो कम ही रहेगा लेकिन अफसोस है की लोग शरियत को छोड़कर दुनिया की तलाश में निकलते हैं। लोगों के पास दुनियावी इल्म हासिल करने के लिए तो पैसा भी है और वक़्त भी लेकिन दीनी तालीम सीखने के नाम पर दिन भर में चंद लम्हे निकालना भी नामुमकिन लगता है। हमारी कौम, क़ुरआन ओ अहलेबैत अलैहिस्सलाम को छोड़कर पता नहीं कितना नुकसान उठा चुकी है और अगर अब भी नहीं समझी तो अल्लाह ही जाने की आगे और कितने नुकसान उठाएगी। मेरे अपनों! अल्लाह से डरो और इंसानों के बनाए तख़्लीक़ी इस्लाम को छोड़कर हक़ीक़ी इस्लाम की तरफ लौटो, वो दीन जो खुदा ने तुम्हें दिया है।

19. मकसद ए इमाम हुसैन अलैहिस्सलाम -

जब हम करबला की तारीख़ पर गौर करते हैं तो मालूम होता है की हमारे इमाम अलैहिस्सलाम ने हक़ दीन यानी इस्लाम को बचाने के लिए अपनी और अपने घरबार की क़ुर्बानी दे दी। ये हक़ दीन क्या है?, हक़ दीन यानी सही अक़ीदे, सही ईमान, नमाज़, रोज़े, ज़कात, हज, जिहाद। हक़ दीन यानी पर्दा करना, महरम-नामहरम का फ़र्क़ समझना, हक़ और बातिल का फ़र्क़ समझना, सही और गलत का फ़र्क़ समझना, हलाल और हराम का फ़र्क़ समझना। गलत, गुनाह और बदी की राह से बचना, सही, नेकी और हक़ की राह पर चलने की कोशिश करना, बातिल से टकराना और मज़लूम का साथ देना, अच्छा अख़्लाक़ रखना, एक दूसरे की मदद करना वगैरह। आज बहुत सारे भाई-बहन ऐसे भी हैं जो ये तो याद रखते हैं की इमाम हुसैन अलैहिस्सलाम ने करबला में हक़ दीन इस्लाम के लिए क़ुर्बानी दी लेकिन मकसद ए हुसैन अलैहिस्सलाम से खुद भी दूर हैं।

कभी फुर्सत के लम्हों में बैठकर सोचिएगा की हुसैन अलैहिस्सलाम हक़ीक़ी दीन इस्लाम को बचाने के लिए करबला में ज़ुल्म सहे, जिहाद किए, अपना सबकुछ लुटाया और आख़िर में खुद भी कुर्बान हो गए, वहीं सामने की तरफ़ खड़ी यज़ीदी फौज, मुसलमान नहीं थी?, क्या वो नमाज़ नहीं पढ़ते थे?, क्या वो कलमा नहीं पढ़ते थे?, बेशक, उस फौज के लगभग सभी लोग खुद को मुसलमान बताते थे, अपने दीन को इस्लाम बताते थे। यहाँ तक कोई रसूलुल्लाह के दौर में कलमा पढ़ा हुआ शख़्स था तो कोई ताबाईन के दौर का मुसलमान था लेकिन वो हक़ दीन पर नहीं थे बल्कि तख़्लीक़ी दीन पर थे। कभी इस पर सोचता हूँ तो अजीब सी घबराहट महसूस होती है की यज़ीदियों ने हज़रत हुसैन अलैहिस्सलाम और मकसद ए हुसैन अलैहिस्सलाम यानी हक़ीक़ी इस्लाम को मिटाने की कोशिश की और बेशक वो बहुत बड़े गुनाहगार हैं लेकिन हम भी तो हक़ीक़ी दीन को छोड़कर तख़्लीक़ी दीन की पैरवी में लगे हैं, कहीं ना कहीं ही सही, हम भी तो हुसैन अलैहिस्सलाम के मकसद के खिलाफ़ काम कर रहे हैं और जाने-अनजाने में ही सही, यज़ीदियत को फायदा पहुँचा रहे हैं।

एक बात और कहूँगा कि यूँ तो हर जगह ही गुनाह से बचना चाहिए लेकिन मुआशरे को एक दिन में नहीं बदला या सुधारा जा सकता, इसमें बड़ी मेहनत भी लगती है और वक़्त भी तो हम धीरे-धीरे ही सही, एक बेहतर इंसान और अल्लाह वाला मुसलमान बनने की कोशिश करें। शुरुआत यहाँ से की जाए की कम से कम, हम मुहर्रम या जुलूस या अजादारी या मजलिस ओ तकरीर वगैरह में हक़ीक़ी इस्लाम पर चलना शुरू करें। कोई ये मतलब ना निकाले की मैं ग़म ए हुसैन अलैहिस्सलाम का मुख़ालिफ़ हूँ बल्कि मैं तो इस ग़म को आम करने को बड़ा बेहतर काम समझता हूँ लेकिन शरियत के दायरे कहीं भी, भूलना नहीं

चाहिए, यहाँ पर हक़ दीन पर चलना ज्यादा ज़रूरी है। मसलन के तौर पर शराब पीना बड़ा गुनाह है लेकिन अगर मस्जिद में बैठकर शराब पी जाए तो ये गुनाह और भी बढ़ जाता है बा'निस्बत खुद के घर में शराब पीने के। और काबा के सामने बैठकर शराब पीना और भी बढ़कर गुनाह होगा बा'निस्बत मस्जिद में बैठकर शराब पीने के। ठीक ऐसे ही यूँ तो धीरे-धीरे, हर जगह से तख़्लीकी इस्लाम को निकालना होगा और हक़ीक़ी इस्लाम को बसाना होगा लेकिन शुरूआत में कम से कम दीन से जुड़े कामों में ही सही, हक़ दीन और शरियत का ख़याल रखा जाना चाहिए।

20. शिम्र कौन से इस्लाम पर था? -

दावा तो शिम्र लईन का भी ये ही था की वो दीन ए इस्लाम का पैरोकार है, ईमान वाला है, मुसलमान है। फिर ये कौन सा इस्लाम था की जिसमें रसूलुल्लाह के घरवालों का क़त्ल करना जायज़ था?, जिसमें लाशों की बेहुर्मती करना जायज़ था?, जिसमें छह माह के मासूम बच्चे को मारना जायज़ था?, ये कौन सा इस्लाम था की जिसमें मुसलमान, बातिल की बैयत कर रहा था?, ये कौन से मुसलमान थे की जो चार साल की बच्ची पर, चार साल के बच्चे पर ज़ुल्म ढाने से बाज़ नहीं आ रहे थे?, ये कौन से मुसलमान थे की जिनके नज़दीक़, औरतों से उनकी चादर छीनना जायज़ था?, खेमों में आग लगाना, कोड़े बरसाना, बुरे अल्फाज़ बोलना, पानी बंद करना ये कौन सा इस्लाम था और ये कौन से मुसलमान थे?

जब इमाम हुसैन अलैहिस्सलाम की शहादत हो चुकी थी, खेमे जल चुके थे, अहले हरम, अहलेबैत अलैहिस्सलाम को क़ैदी बनाया जा चुका था और करबला से शाम का सफ़र शुरू हो गया था। बाज़ रिवायतों में है की अहलेबैत अलैहिस्सलाम को पूरे रास्ते पैदल चलाया गया तो बाज़ रिवायत में आता है की जब करबला से निकले तो अहलेबैत अलैहिस्सलाम को ऊँटों पर सवार किया गया। उन्हें राहत पहुँचाने नहीं बल्कि उन पर ज़ुल्म ढाने और अलग-अलग करने की नियत से। इमाम सज्जाद और उनके बेटे बाक़िर अलैहिस्सलाम को हथकड़ी तौक और रस्सियों में जकड़कर पैदल चलाया गया और बीबियों को अलग-अलग ऊँट पर बिठाया गया, ऊँट के ऊपर बैठने के लिए कुछ नहीं रखा गया था बल्कि सबको ऊँट की सख़्त पीठ पर बैठाया गया, हद ये की बीबी सकीना को अलग ऊँट पर बैठाया गया और ऊँटों को तेज़ दौड़ाया गया, जिस वजह से बीबी सकीना कई बार ज़मीन पर गिरीं। ये देखकर शिम्र ने कहा की अब मैं इंतजाम कर देता हूँ की ये ना गिरे और बीबी सकीना को ऊँट की पीठ पर लिटाकर, रस्सियों से बाँध दिया और फिर ऊँट को तेज़ दौड़वाया गया।

जब अगले मक़ाम पर पहुँचे तो बीबी ज़ैनब सलामुल्लाह अलैहा ने देखा की सकीना का जिस्म छिल चुका था और कुर्ती, खून से लाल हो चुकी थी। सकीना बिन्त ए हुसैन सलामुल्लाह अलैहा ने शिम्र को पानी पीते देखा तो कहा कि, "तुम्हारे पास इतने सारे मश्कीज़े हैं थोड़ा सा पानी मुझे भी दे दो।", चाहता तो शिम्र कह देता की मैं तुम्हें पानी नहीं दूँगा या ये पानी तुम्हारे लिए नहीं है लेकिन शिम्र ने उन्हें पास बुलाया और मश्कीज़ा लेकर चल पड़ा, सकीना भी चलने लगीं, फिर शिम्र ने एक-एक करके सारे सिपाहियों को पानी पिलाया, फिर जानवरों को भी पानी पिलाया। सकीना ने पूछा, "हाथ में पानी देगा या मैं कोई बर्तन लाऊँ?", सुनकर शिम्र हँसा और पानी को ज़मीन पर बहाना शुरू कर दिया। सकीना रोईं और उम्र भी उनकी 4 साल के करीब थी यानी बहुत छोटी और मासूम थीं लेकिन फिर भी सब्र कर लिया और अपने विसाल तक इस कदर सब्र करके दिखाया की दुनिया आज तक हैरान है। कभी वक़्त निकालकर सोचना की चाहे सिफ़्फीन हो या करबला, मुसलमानों के दरमियान हुई हर जंग में दोनों फौजों का दावा ये रहता था की मैं हक़ पर हूँ, दीन पर हूँ हालाँकि एक फौज, हक़ीक़ी इस्लाम पर होती थी और दूसरी फौज तख़्लीक़ी इस्लाम पर। हक़ीक़ी इस्लाम पर चलने वाला मुसलमान है जबकि तख़्लीक़ी इस्लाम पर चलने वाला, मुनाफ़िक़ है, चाहे वो अपने आपको मुसलमान कहे और कहलवाये या मोमिन ही क्यों ना कहने लगे और याद रखें मुनाफ़िक़, काफ़िर से भी बदतर होता है।

2

दूसरा बाब

21. मौला अली अलैहिस्सलाम का फौरन जवाब देना -

अल्लाह ने जिसे दुनिया में इल्म आम करने के लिए खुद चुना हो और अल्लाह के नबी ने जिसे शहर ए इल्म का दरवाज़ा कहा हो, उस अली के दर को छोड़कर ये दुनिया और तमाम उम्मत, दर-दर भटकती रही और आज भी लाइल्मी की गिरफ्त में है। मैंने कुछ साल पहले, दो फिरकों को आपस में इस बात पर लड़ते हुए देखा था की कौआ खाना कैसा है?, एक फिरके के मानने वाले का कहना था की हलाल है तो दूसरा उसे हराम बता रहा था और मैं ये सोचकर परेशान हो गया की कुरआन ओ अहलेबैत अलैहिस्सलाम को छोड़ने के बाइस ये उम्मत, जहालत की उस हद तक पहुँच गई है की इसके लिए ये भी बहस का बड़ा मसला है की कौआ खाना हलाल है या हराम।

हमारे इमामों को दीन ओ दुनिया, विज्ञान, गणित, खगोल, भौतिकी, रसायन, भूगोल, फलसफ़ा और लगभग हर चीज़ और हर विषय के मुताल्लिक़ इतना इल्म था जितना हम सोच भी नहीं सकते। मसलन के तौर पर जाबिर इब्न ए हय्यान को ही देख लें, जिन्हें क़दीम कीमिया का बाबा यानी प्राचीन रसायन शास्त्र का पिता (Father of ancient chemistry) कहा जाता है, वो खुद, इमाम जाफ़र सादिक़ अलैहिस्सलाम के शागिर्द रहे हैं। आप अगर मौला अली अलैहिस्सलाम से लेकर इमाम हसन असकरी अलैहिस्सलाम तक के सिखाए इल्म को देखें और समझें तो अक़्लें हैरान रह जाएँगी और इमाम ए क़ायम भी इसी हक़ीक़ी इल्म के वारिस हैं।

एक वाक़्या ज़हन में आ रहा है, जो मौला अली अलैहिस्सलाम के इल्म की बुलंदी को समझने के लिए काफी है, साथ ही साथ इस वाक्ये से ये भी सीख मिलती है की आख़िर क्यों लोगों को इधर-उधर ना भटककर, बाब उल इल्म के ज़रिए ही शहर ए इल्म में दाखिल होना चाहिए। एक शख़्स, मौला अली अलैहिस्सलाम की ख़िदमत में हाज़िर होकर कहने लगा, "मौला! आपसे कोई सवाल करता है तो आप फौरन जवाब क्यों देते हैं?, बेहतर तो ये है की आपको दिल ही दिल में पहले जवाब दोहरा लेना चाहिए और उस पर सोच व फ़िक्र कर लेना चाहिए क्योंकि कोई कितना ही बड़ा आलिम क्यों ना हो, कितना ही माहिर क्यों ना हो लेकिन गलती और चूक तो उससे भी हो सकती है।", मौला अली अलैहिस्सलाम मुस्कुराए और उससे पूछा, "तेरे एक हाथ में कितनी ऊँगलियाँ हैं?", उस शख़्स ने फौरन जवाब दिया, "पाँच", मौला अली अलैहिस्सलाम ने पूछा, "तुमने फौरन क्यों जवाब दे दिया, इस पर सोचा नहीं?", कहने लगा, "मौला, हाथ और ऊँगलियाँ तो मेरे सामने हैं और मुझे इस बारे में यक़ीनी इल्म है और इसके जवाब में कोई शक की गुंजाइश नहीं इसलिए फौरन जवाब दे दिया।", मौला अली अलैहिस्सलाम ने फरमाया, "अल्लाह की अता से, हर शय मेरे सामने ठीक वैसे ही हाज़िर है और नज़र आ रही है, जैसे तेरे सामने तेरा हाथ और ऊँगलियाँ हैं। मुझे अल्लाह की अता से उन सारे सवालों के जवाब पता होते हैं जो लोग मुझसे पूछते हैं और उनमें शक की कोई गुंजाइश नहीं होती इसलिए फौरन जवाब दे देता हूँ।

अफसोस की लोगों ने दुनिया हासिल करने के लिए दीन को सीखना, समझना ही छोड़ दिया और कुछ लोग जो थोड़ा बहुत दीन की तरफ़ झुकाव रखते हैं वो भी तख़्लीक़ी इस्लाम ही सीख रहे हैं और हक़ीक़ी इस्लाम से दूर हैं। वजह सिर्फ़ इतनी की रसूलुल्लाह सल्लल्लाहु अलैहे व आलिही व सल्लम ने जो दो क़द्र वाली चीज़ें हमारे दरमियान छोड़ी थीं और उन्हें थामने का हुक्म दिया था, इस उम्मत ने उन दोनों को ही छोड़ रखा है यानी क़ुरआन ए पाक और अहलेबैत अलैहिस्सलाम को। अल्लाह हम सबको हक़ पर चलने वाला बनाए।

22. वो जवाब जिसने, साइंसदानों को हैरान कर दिया -

बड़े-बड़े अखबारों में, मैगज़ीन में, इल्म से जुड़ी बातें, खोज, रिसर्च वगैरह छापी जाती हैं। रिसर्च पेपर, रिसर्च जर्नल भी पब्लिश किए जाते हैं, आजकल कई ऑनलाइन साइट्स भी हैं जो साइंस से जुड़ी रिसर्च या थ्योरी वगैरह पब्लिश करती हैं। पब्लिश करने वाली और रिसर्च को पूरा करने वाली एक टीम होती है जिसमें उस फन या इल्म के माहिरीन लोग होते हैं। लोग उनसे, उनके रिसर्च से मुताल्लिक़ सवाल भी करते हैं, जिसका जवाब भी वो रिसर्चर देते हैं।

पक्षी-विज्ञान (Ornithology), ये जीव विज्ञान (zoology) की एक शाखा (branch या stream) है, जिसमें परिंदों के बारे में पढ़ा और समझा जाता है। मैंने ये बुज़ुर्गों से सुना है की तकरीबन 20-30 साल पहले, परिंदों और उसके बच्चों के ऊपर किसी का रिसर्च पेपर छपा था, जिस में लिखने वाले साइंसदान ने कुछ बातों के साथ सवाल भी किया था और लोगों से गुज़ारिश की थी कि अगर किसी को इस बारे में इल्म हो तो वो फलाँ पते पर खत लिखकर ज़रूर बताए, साथ ही ये भी बताया था की उसकी टीम के तमाम रिसर्चर, बहुत खोजबीन करने के बावजूद भी जवाब नहीं ढूँढ़ सके।

कई लोगों ने वो रिसर्च पेपर पढ़ा, उसकी इल्मी तहरीर को समझा और तारीफ़ भी की लेकिन किसी ने उसके सवाल का जवाब नहीं दिया। कई दिनों के बाद उस साइंसदान को एक खत मिला, उसने पढ़ा और पढ़कर हैरान रह गया, फिर जवाब के मुताबिक उसने, परिंदों पर अपनी तहकीक जारी रखी और इस नतीजे पर पहुँचा की जवाब सही हैं। वो साइंस का इल्म रखने वाला इंसान, खुद ही खत लिखने वाले को ढूँढ़ते हुए पहुँचा और देखकर हैरान रह गया क्योंकि वो शख़्स उसके तसव्वुर किए हुए शख़्स से अलग था। साइंसदान को उम्मीद थी की कोई बड़ा रिसर्चर होगा लेकिन वो तो एक आम आदमी निकला। बहरहाल दोनों में बातचीत शुरू हुई तो खत लिखने वाले शख़्स ने कहा, "मैं ज्यादा पढ़ा-लिखा शख़्स नहीं हूँ लेकिन कहीं मैंने आपका सवाल पढ़ा था और मैंने कोई ज़ाती तौर पर तहकीक नहीं की लेकिन मैंने इमाम अली अलैहिस्सलाम के खुत्बों की एक किताब में ये ही सवाल पहले पढ़ा था जो इमाम अली अलैहिस्सलाम के दौर के किसी शख़्स ने उनसे किया था और इमाम अलैहिस्सलाम ने उसका जवाब दिया था, मैंने बस ज्यों का त्यों लिखकर आपको भेज दिया।", तो मेरे अपनों, आईम्मा ए अहलेबैत अलैहिस्सलाम को इल्म का वारिस उस खुदा ने बनाया है जो ख़ालिक़ ए अकबर है, ज़ाहिर सी बात है की अल्लाह के बनाए हुए वारिस ए इल्म का मुकाबला, दुनिया की कोई मख़्लूक़ नहीं कर सकती। Ornithology के रिसर्चर के सवाल से जुड़ा वाक्या, मौला अली अलैहिस्सलाम के दौर में मिलता है, तो मैं वो ही वाक्या लिख रहा हूँ।

एक शख़्स ने मौला अली अलैहिस्सलाम से सवाल किया, "या मौला! कौनसे जानवर, बच्चे देते हैं और कौनसे जानवर अंडे देते हैं?", मौला अली अलैहिस्सलाम ने फरमाया, "जो अपने बच्चों को दाना खिलाते हैं, वो अंडे देते हैं और जो अपने बच्चों को दूध पिलाते हैं, वो बच्चे देते हैं। जा एक साल जाकर तहकीक कर फिर मुझे आकर बताना।", वो शख़्स चला गया और एक साल बाद लौटा, इज़्ज़त देने की बाइस उसने सलाम किया और मौला के सामने झुककर अर्ज़ करने लगा, "या मौला! मैंने एक साल तक तहकीक की और आपकी बात को हर लिहाज़ से सही पाया।", मौला अली अलैहिस्सलाम ने फरमाया, "जो दाने को यूँ ही साबुत निगल लेते हैं वो अंडे देते हैं और जो खाने को चबाकर खाते हैं, वो बच्चे देते हैं। जा एक

साल जाकर तहकीक कर फिर मुझे आकर बता की मैंने तुझे सही जवाब दिया या गलत?",
वो शख़्स दोबारा गया और एक साल बाद लौटा, अर्ज़ करने लगा, "या अमीरुल मोमिनीन
अली अलैहिस्सलाम! मैंने तहकीक की और आपकी दूसरी दलील को भी हर लिहाज़ से खरा
पाया।"

मौला अली अलैहिस्सलाम ने फरमाया, "नहीं, और सुन। जिनके कान अंदर की तरफ़ पोशीदा
हैं यानी नज़र नहीं आते वो अंडे देते हैं और जिनके कान बाहर की तरफ़ हैं, वो बच्चे देते हैं।
जा और इस पर फिर एक साल तहकीक कर और फिर मुझे बताना।", सवाल करने वाला
शख़्स, मौला अली अलैहिस्सलाम के कदमों में गिर गया और कहने लगा, "या मौला! मुझे
आप पर यक़ीन है की आप जो बात कह रहे हैं वो हक़ है। मेरी ज़िंदगी अगर क़यामत तक बढ़
जाए और अगर मैं सारी ज़िंदगी भी आपसे ये एक ही सवाल करता रहूँ और आप हर बार एक
नई दलील के साथ इल्म बताते रहें और मैं तहकीक करता रहूँ तो आपकी दलील और बात
हर दफा सही ही निकलेगी।"

तो मेरे अपनों, ये वो सिलसिला ए मासूमीन है, जिसे अल्लाह ने अपने दीन की हिफाज़त
के लिए ख़ल्क़ किया। आईम्मा ए अहलेबैत अलैहिस्सलाम को अल्लाह रब उल इज़्ज़त ने
खुश्की और तरी का, ज़ाहिर और ग़ैब का और तमाम शय का इल्म अता किया। बेशक,
आलिम ए अकबर तो सिर्फ़ मेरा अल्लाह है, जिसका इल्म ज़ाती है और बाकी सबका इल्म
अताई है लेकिन ये ज़हन में रखना चाहिए की अल्लाह ने वारिस ए इल्म मासूमीन को बनाया
है लिहाज़ा उनके पास दूसरों की निस्बत बहुत ज्यादा इल्म है और हक़ीक़ी इल्म है। दूसरों से
लिए इल्म में कमी, ख़ामी या गलती हो सकती है लेकिन वारिस ए दस्तार ए नबी से मिले
इल्म में शक की गुंजाइश बाकी नहीं रहती क्योंकि अल्लाह ने खुद ही इनमें इल्म को समा
दिया है।

23. शैतान और मुहिब्ब ए अहलेबैत अलैहिस्सलाम -

शैतान ने यूँ तो तमाम जिन्नों और इंसानों को गुमराह कर दिया लेकिन जब उसका सामना
मुहिब्ब ए अहलेबैत अलैहिस्सलाम से हुआ तो वो शिकस्त खा गया। शैतान ने सोचा की
अब जब इनका अक़ीदा भी सही है, दीन भी हक़ीक़ी है, इनमें इल्म भी है और मवद्दत
भी, खुदा की बंदगी भी है और रसूलुल्लाह से वफ़ादारी भी, चौदह मासूमीन और इमामों की
मुहब्बत से इनके दिल भी रौशन हैं। ये तो तौहीद, रिसालत, नबूवत, विलायत, इमामत और
किताबुल्लाह सबको थामकर रखते हैं, अब इन्हें कैसे गुमराह किया जाए?, अब जब शैतान,
मुहिब्ब ए अहलेबैत अलैहिस्सलाम के अक़ीदों को नहीं बिगाड़ पाया तो उसने जहन्नुम में

डलवाने के लिए तरह-तरह के पैंतरे आज़माए और आखिरकार जब वो अक़ीदे नहीं बिगाड़ पाया तो उसने पूरा ज़ोर आमाल बिगड़वाने पर लगा दिया।

इमाम अलैहिस्सलाम के वो मुहिब्ब जो शैतान के फरेब से बच गए वो तो साबित'क़दम रहे लेकिन वो मुहिब्ब जो इल्म व मारिफ़त में बहुत पीछे थे, हक़ीक़ी इस्लाम की जगह तख़्लीक़ी इस्लाम के अमल अपना लिए और अफसोस तो ये की उन्हें अनजाने में किए इस गुनाह की खबर भी नहीं इसलिए वो इसे ही दीन समझकर करते जाते हैं।

मिसाल के तौर पर, हर इंसान को अपनी शबीह/चेहरा/तस्वीर पसंद होती है चाहे वो आईने में देखे या किसी तस्वीर में उसे पसंद करता है और खुश होता है लेकिन जब उसी आदमी का कोई कार्टून बना दिया जाए तो उसे दुख होता है। कहने के लिए तो तस्वीर हो या कार्टून दोनों में उसे ही बनाया गया है लेकिन एक चीज़ उसे पसंद आ रही है और दूसरी नापसंद क्योंकि एक में तो उसकी खूबसूरत सी तस्वीर है और दूसरे में उसके चेहरे और जिस्म को बिगाड़कर बनाया हुआ कार्टून। कुछ कार्टून में जिस्म छोटा और चेहरा बड़ा कर दिया जाता है तो कुछ में कोई और बिगाड़ कर दिया जाता है। बहरहाल, इस मिसाल से ये बात समझ आती है की इंसान को खुद अपनी शक्ल और जिस्म भी उसी तरह पसंद आते हैं, जिस तरह वो है और वो उस कार्टून को नापसंद करता है जो है तो उसी का लेकिन बिगाड़ कर दिया गया है, फिर दीन के मामले में इंसान को क्या हो जाता है?, अगर हक़ीक़ी इस्लाम हक़ की तस्वीर है तो तख़्लीक़ी इस्लाम हक़ की बिगाड़ी हुई तस्वीर है और याद रखें हक़ सिर्फ़ तब तक हक़ रहता है जब तक उसे उसकी असल सूरत में पेश किया जाए, उसमें किसी भी तरह की कमी करना या बेशी करना (बढ़ा देना) या बिगाड़ कर देना उस हक़ को बातिल बना देता है।

एक बात और इस मिसाल से समझ आती है कि हक़ परस्त को कार्टून देखकर गुस्सा ही आता है चाहे अपना हो या किसी और का हो लेकिन मुनाफ़िक़ों की पहचान ये है की उन्हें अपना कार्टून देखकर तो गुस्सा आता है लेकिन दूसरों का कार्टून देखकर हँसी आती है। मेरे अपनों, हमारी ज़िंदगी का मकसद ये नहीं होना चाहिए की हम खुद को बेहतर साबित करें और दूसरों को गलत साबित करें बल्कि हमारी कोशिश तो ये होनी चाहिए की हम हक़ को हक़ कह सकें, हक़ को आम कर सकें और हमारे वो भाई-बहन जो हक़ीक़ी इस्लाम को छोड़कर तख़्लीक़ी इस्लाम की ओर चल पड़े हैं उनको नसीहत करें और हमेशा बातिल से मुक़ाबला करते रहें। अल्लाह ने जो इस्लाम अता किया है, वो बहुत ही खूबसूरत है, उसपर चलकर हर कदम पर कामयाबी मिलती है लेकिन लोगों का बनाया तख़्लीक़ी इस्लाम भी लोगों को गुमराह कर रहा है। हमें अल्लाह के दीन पर चलना चाहिए ना की मुल्ला के दीन पर।

दुनिया में लोगों ने दीन का तमाशा बना दिया है, कुछ लोगों ने दीन के नाम पर दुनिया को ऐसा छोड़ा की खुद को सूफी, पीर, बाबा कहकर तस्बीह पकड़ ली और चौबीस घंटे इबादत में लगे हैं, दुनिया और दुनियावालों से ऐसे ग़ाफिल हैं जैसे उन्हें, हुक़ूक़ उल इबाद से छुटकारा मिल गया है, अब उन पर किसी के हक़ अदा करना फर्ज़ ही नहीं बचा। मैं ऐसे कई लोगों को जानता हूँ जो तहज्जुद'गुज़ार हैं, हर वक्त ज़िक्र करते रहते हैं लेकिन उनकी औलादें बेदीन होकर फिर रही हैं क्योंकि उन्होंने अल्लाह-अल्लाह करने में तो वक्त लगाया लेकिन अल्लाह के हुक्मों को ही भुला बैठे। फिर कुछ लोग ऐसे हैं जिन्होंने दुनिया के नाम पर दीन को पूरी तरह भुला दिया है और फिर आते हैं ऐसे लोग जो नमाज़ तो बराबर पढ़ते हैं लेकिन हराम भी कमाकर खाते हैं यानी उनके लिए दीन का मतलब बस नमाज़ पढ़ लेना है।

अफसोस होता है लोगों के हालात देखकर, मुआशरे में अगर वालिदैन का हक़ बयान किया जाए तो सुब्हान'अल्लाह, सुब्हान'अल्लाह की सदाएँ आती हैं और अगर औलाद का हक़ बयान किया जाए तो लोगों को लगता है की ये तो फित्ने फैला रहा है, नया दीन बता रहा है क्योंकि मुहम्मद ओ आल ए मुहम्मद की जगह ये किसी ना'अहल से दीन लेते रहे और अब जब फरमान ए अहलेबैत इनके सामने सुनाया जाए तो इन्हें नया और गलत लगता है। जिस तरह, औलाद पर माँ-बाप के हुक़ूक़ अदा करना फर्ज़ है, ठीक ऐसे ही वालिदैन पर भी औलाद के हुक़ूक़ अदा करना फर्ज़ है। अगर शौहर का हक़ बयान कर दिया जाए तो बीवियों को बुरा लग जाता है और अगर बीवी के हुक़ूक़ बयान कर दिए जाएँ तो सास और ननद को ये गलत लगने लगता है। शैतान ने बहुत लोगों के तो अक़ीदे खराब करा दिए हैं और जिनपर फ़तह हासिल नहीं कर पाया, उनके आमाल खराब करा दिए हैं। अब हक़ीक़ी इस्लाम पर बहुत कम लोग ही साबित'कदम हैं और अब तख़्लीक़ी इस्लाम को ही लोग, दीन ए इस्लाम समझकर चल रहे हैं। अल्लाह हिदायत आम करे।

24. जाबिर इब्न ए अब्दुल्लाह अंसारी का ख़्वाब -

जाबिर इब्न ए अब्दुल्लाह अंसारी को एक ख़्वाब आया और वो परेशान हो गए, मौला अली अलैहिस्सलाम की ख़िदमत में हाज़िर हुए और कहने लगे, "या अमीरुल मोमिनीन अलैहिस्सलाम, मुझे कल रात एक अजीब सा ख़्वाब आया जिसका मतलब मैं नहीं समझ सका।", मौला अली अलैहिस्सलाम ने फरमाया, "अपना ख्वाब बयान करो।", कहने लगे, "मौला मैंने देखा की ज़मीन से आसमान तक एक खूबसूरत कपड़ा लटका है कोई पाबंदी नहीं, कोई पहरेदार नहीं, जो चाहे ले जाए लेकिन मैंने देखा, आने वाले आते हैं और उसमें से एक टुकड़ा काटकर ले जाते हैं, अगर कोई पूरा टुकड़ा ले जाता तो काम भी आता लेकिन लोग

छोटे-छोटे टुकड़े काट रहे थे जिस वजह से वो छोटे टुकड़े किसी काम के नहीं बचे थे और चादर भी बदनुमा और खराब हो गया था।"

फिर मैंने ये देखा कि, "कुछ तंदरुस्त जानवर हैं और कुछ कमज़ोर जानवर हैं, बजाय इसके की कमज़ोर जानवर, तंदरुस्त जानवरों से कुछ फायदा हासिल करें, तंदरुस्त जानवर, कमज़ोर जानवरों का दूध पी रहे हैं। कुछ तंदरुस्त लोग भी हैं और कुछ बीमार लोग भी हैं बजाय इसके की तंदरुस्त लोग बीमार की अयादत के लिए जाएँ, बीमार और कमज़ोर लोग, तंदरुस्तों की ख़ैरियत लेने के लिए जा रहे हैं।"

मौला अली अलैहिस्सलाम ने फरमाया, "ऐ जाबिर! ये ख़्वाब आख़िरी ज़माने के साहिब ए ईमान के बारे में। ख़्वाब में तुमने ज़मीन से आसमान तक जो खूबसूरत चादर देखी वो हक़ीक़ी दीन है और उसे पूरा लिया जा सकता है लेकिन लोग उसके टुकड़े ले जा रहे हैं, जिसे जो हिस्सा पसंद आता है वो बस उतना रख लेता है और बाकि छोड़ देता है। जो तंदरुस्त जानवर और कमज़ोर जानवर देखे वो हाकिम और रियाआ हैं, बजाय इसके की हाकिम, रियाआ की मदद करे (जबकि उसके ख़जाने में कमी नहीं होगी), वो गरीब रियाआ का माल चूसने में लगा रहेगा यानी बेवजह के टैक्स वगैरह के ज़रिए।", फिर मौला अली अलैहिस्सलाम ने फरमाया, "ऐ जाबिर! ये जो सेहतमंद और बीमार लोग देखे ये दरअसल आख़िरी दौर के अमीर (साहिब ए दौलत) और गरीब लोग होंगे। अमीर लोगों को चाहिए की वो गरीब तक खुम्स व ज़कात पहुँचाएँ लेकिन इसके उलट, गरीब को खुम्स व ज़कात लेने के लिए अमीरों के दरवाज़े पर जाना होगा।"

एक बात और ज़हन में आ रही है जिसका ज़िक्र करना बेहतर समझता हूँ। आज भी अगर हम देखें तो साहिब ए दौलत में ऐसे भी कई लोग हैं जो माल को खर्च करने में पीछे नहीं हैं लेकिन लाइल्मी की वजह से वो गलत जगह माल देते हैं। चंदाखोर मौलवियों को बढ़-चढ़कर माल देते हैं लेकिन खुम्स और ज़कात के नाम पर पैसे देने में पीछे हटते हैं। बाज़ दफा तो कई मौलवी आते हैं और यतीम बच्चों के नाम पर चंदा माँगते हैं, यतीमों को देना गलत नहीं है लेकिन चंदा ना देकर यदि आप सही आदमी के ज़रिए खुम्स व ज़कात की नियत से पैसे पहुँचाएँगे तो ये ज्यादा बेहतर अमल होगा। पैसा तो दोनों ही सूरत में खर्च हो रहा है लेकिन अगर खुम्स और ज़कात की नियत से खर्च करेंगे तो इसका सवाब भी मिलेगा। खुम्स दर पर जाकर खुद देना पड़ता है और चंदा माँगने वाले घर-घर आते हैं, इंसान अभी तक ये समझ ही नहीं सका की अगर साहिब ए दौलत हो तो खुम्स और ज़कात देना कितना ज़रूरी है। कुछ हज़रात ऐसे भी हैं जो खुम्स और ज़कात इसलिए नहीं देते क्योंकि दिखावा नहीं कर

पाते इसलिए चंदा दिखा-दिखा कर देते हैं और कुछ लोग ऐसे भी हैं जो सोचते हैं की उन्होंने, ज़कात ना देकर, पैसे बचा लिए। अफसोस की लोगों ने खुम्स और ज़कात ना निकालकर, हलाल के माल को भी खुद हराम बनाकर रखा है।

दीन से दूर होकर लोगों का अक़ीदा ये है कि रसूलुल्लाह सल्लललाहु अलैहे व आलिही व सल्लम और अहलेबैत अलैहिस्सलाम हमारी शफ़ाअत कराएँगे। कुछ लम्हे निकालो और सोचो, क्या हमने खुद को इस लायक बनाया है कि उन लोगों में शामिल हो सकें जिनकी शफ़ाअत मुहम्मद ओ आल ए मुहम्मद करवाएँगे?, हक़ीक़ी दीन को छोड़कर अहलेबैत अलैहिस्सलाम को नाराज़ तो किया जा सकता है लेकिन राज़ी नहीं। बात इसकी भी नहीं की हमसे गलती हुई तो माफी नहीं मिल सकती लेकिन ज़रूरी है सच्ची तौबा करके, हक़ दीन की तरफ़ लौटने की। अल्लाह हम सबको हज़रत हुर्र (हुर) की तरह, हक़ की ओर पलटने की तौफ़ीक़ अता फरमाए और हमारे दिलों से तख़्लीक़ी दीन निकाल दे और हमारे दिलों और अमल में हक़ीक़ी दीन डाल दे।

25. दाढ़ी और मर्द का सोने की अँगूठी पहनना -

अपनी बात शुरू करने से पहले मैं एक वाक़्या बयान करना चाहता हूँ, वाक़्या बड़ा है इसलिए उसे मुख़्तसर सा बयान कर रहा हूँ ताकि आप समझ सकें की दाढ़ी ना रखना और सोने की अँगूठी पहनना कितना बड़ा गुनाह है। एक रिवायत में आता है की सुलह ए हुदैबिया के बाद रसूलुल्लाह सल्लललाहु अलैहे व आलिही व सल्लम ने कई हुकूमतों और कबीलों को क़ासिद के ज़रिए ख़त भिजवाए और इस्लाम की दावत दी। कुछ नसरानी रसूलुल्लाह सल्लललाहु अलैहे व आलिही व सल्लम से मुलाकात के लिए आए, उन्होंने सोने चाँदी के ज़ेवर और अँगूठियाँ पहनी थीं, मुछें बड़ी रखी थीं और उनकी दाढ़ी भी नहीं थी। जब वो रसूलुल्लाह सल्लललाहु अलैहे व आलिही व सल्लम से मुलाकात करने पहुँचे और आपको सलाम किया तो आप सल्लललाहु अलैहे व आलिही व सल्लम ने उनकी तरफ़ से मुँह फेर लिया और ख़ामोश रहे। जब वो बाहर निकले और सहाबाओं से कहा कि हम जंग की नियत से नहीं आए बल्कि हम तो रसूलुल्लाह सल्लललाहु अलैहे व आलिही व सल्लम से मुलाकात करके उनका दीन जानने आए हैं लेकिन उन्होंने तो सलाम का जवाब तक नहीं दिया, आखिर क्या बात है?

सहाबा रज़िअल्लाह ने कहा कि अली बिन अबु तालिब अलैहिस्सलाम के पास चलिए क्योंकि सिर्फ़ वो ही हैं जो मिज़ाज ए नबूवत से वाकिफ हैं। फिर वो सब मौला अली अलैहिस्सलाम के पास आए और आपको हाल सुनाकर पूछा की आख़िर क्यों रसूलुल्लाह सल्लललाहु अलैहे व आलिही व सल्लम ने हमारी तरफ़ से मुँह फेर लिया?, मौला अली अलैहिस्सलाम ने फरमाया,

"क्योंकि अल्लाह के रसूल को आपका चेहरा और हुलिया पसंद नहीं आया।", नसरानियों ने हैरानी से पूछा, "इसकी क्या वजह है?", मौला अली अलैहिस्सलाम ने फरमाया, "आपकी दाढ़ी नहीं है और मूछें बड़ी हैं, साथ ही आपने सोने की अँगूठियाँ भी पहनी हैं।, अब दाढ़ी तो फौरन आ नहीं जाती लेकिन अँगूठियाँ उतारकर जब वो रसूलुल्लाह के पास पहुँचे तो आप सल्ललाहु अलैहे व आलिही व सल्लम ने सलाम का जवाब भी दिया और मुहब्बत से बिठाकर बातचीत भी की।

अब यहाँ ग़ौर ओ फ़िक्र करने वाली बात ये है की जब नसरानी, ईमान कुबूल भी नहीं किए यानी रसूलुल्लाह पर ईमान नहीं रखते थे और दीन जानने की नियत से आए थे तब भी रसूलुल्लाह सल्ललाहु अलैहे व आलिही व सल्लम ने जो रहमातल्लिल आलामीन हैं और सबसे बेहतरीन अख़्लाक़ वाले हैं, वो भी मुँह फेर लिए। अब ज़रा सोचें की आप अगर ईमान वाले होने का दावा करें और सोने की अँगूठियाँ पहनें, बड़ी मूँछ रखें और दाढ़ी ना रखें तो आपका हश्र में क्या मामला बनेगा?, आपकी शफ़ाअत की जाएगी या आपकी तरफ़ से मुँह फेरा जाएगा?, रसूलुल्लाह को आपकी वजह से खुशी होगी या तकलीफ?

पहले बात दाढ़ी पर करूँगा, आदम अलैहिस्सलाम से लेकर मुहम्मद सल्ललाहु अलैहे व आलिही व सल्लम तक हर एक अम्बिया अलैहिस्सलाम ने दाढ़ी रखी है। इमाम मौला अली अलैहिस्सलाम से लेकर इमाम मेहदी अलैहिस्सलाम तक भी सारे के सारे इमाम दाढ़ी वाले ही हैं, फिर मुसलमानों को दाढ़ी रखने में दिक्कतें क्यों हैं?, दाढ़ी अल्लाह को भी पसंद है और रसूलुल्लाह को भी। दाढ़ी मुसलमान की पहचान है और कमज़ कम इतनी दाढ़ी ज़रूर होनी चाहिए की जो नज़र आए, दाढ़ी कितनी रखनी चाहिए इसमें इख़्तिलाफ़ हो सकता है लेकिन दाढ़ी रखना चाहिए या नहीं इसमें कोई इख़्तिलाफ़ नहीं, सारे मसलक इस बात के कायल हैं की दाढ़ी रखना सुन्नत ए रसूल है, सुन्नत ए अम्बिया है, सुन्नत ए इमाम है।

अब कुछ लोग ऐसे भी हैं जो दाढ़ी नहीं रखते यानी एक गलती करते हैं, फिर ऊपर से बड़ी-बड़ी मूँछ भी रखते हैं। चलो मान लिया की जिस काम का दीन ने हुक्म दिया, वो आप नहीं कर सके लेकिन वो काम क्यों कर रहे हो जिससे दीन ने रोका है?, यानी हद है बेदीनी की कि दाढ़ी रखने का हुक्म आए तो रखना नहीं है और मूँछ रखने से रोका जाए तो ज़रूर रखना है, कहीं ऐसा करके आप दीन से बगावत तो नहीं कर रहे?, मेरे मुसलमान भाईयों! तौबा करो, मूँछें रखने से बचो और दाढ़ी रखना शुरू करो।

अब बात करते हैं सोने की अँगूठी पर की जिसका पहनना मर्द के लिए हराम है। दीन सुनने में बड़ा आसान लगता है, दूसरों को समझाने में बड़ा मज़ा देता है लेकिन जब बात अमल की आए तो मैंने बड़े-बड़े दीन के ठेकेदारों के ईमान का जनाज़ा निकलते देखा है, दूसरों को दीन की सौ नसीहतें करने वाले भी अपने मामले में ऐसे चुप्पी साध लेते हैं, जैसे कुछ गलत हो ही ना रहा हो। बेटी की सगाई के नाम पर दामाद को सोने की अँगूठी दी जाएगी, अरे ये कैसा रिश्ता है की जिसकी बुनियाद डल रही है, निकाह पक्का हो रहा है, और हराम चीज़ तोहफे में पेश की जा रही है?, लड़के के घरवाले भी बड़ी ही बेशर्मी के साथ बताते हैं की हमारे यहाँ तो सोने की अँगूठी का रिवाज है लिहाज़ा इतने-इतने ग्राम की अँगूठी देना, जाहिलों तुम्हें शर्म नहीं आती, जो बेशर्मी से बताते हो की हमारे यहाँ, हराम चीज़ें तोहफ़े में ली और दी जाती हैं। अब ये रिवाज इतना आम हो गया है की गरीब घरों की बेटियाँ इसलिए कुँवारी बैठी हैं क्योंकि उनके बाप की इतनी हैसियत नहीं की हराम चीज़ें (सोने की अँगूठी वगैरह) दे सके और शादी में फिज़ूलखर्ची कर सके। अल्लाह के वास्ते ये बेकार के रिवाज बंद कर दो, ये हराम चीज़ों का लेना देना बंद कर दो, दीन दूसरों को बैठकर सुनाने के लिए नहीं है बल्कि अमल में उतारने के लिए है। दूसरों को अगर दीन की दावत भी दो तो अमल से दो, अगर महफिल में जुबान कुछ और कहती है और अमल का मौका आने पर अमल कुछ और ही कहते हैं तो ये मुनाफ़िक़त की निशानी है।

26. मुसलमान और मुशरिकों में मुहब्बत व निकाह -

कुरआन पाक में अल्लाह रब उल इज़्ज़त ने इरशाद फरमाया है -

وَلَا تَنْكِحُوا الْمُشْرِكَاتِ حَتَّىٰ يُؤْمِنَّ ۚ وَلَأَمَةٌ مُؤْمِنَةٌ خَيْرٌ مِنْ مُشْرِكَةٍ وَلَوْ أَعْجَبَتْكُمْ ۗ وَلَا تُنْكِحُوا الْمُشْرِكِينَ حَتَّىٰ يُؤْمِنُوا ۚ وَلَعَبْدٌ مُؤْمِنٌ خَيْرٌ مِنْ مُشْرِكٍ وَلَوْ أَعْجَبَكُمْ ۗ أُولَٰئِكَ يَدْعُونَ إِلَى النَّارِ ۖ وَاللَّهُ يَدْعُو إِلَى الْجَنَّةِ وَالْمَغْفِرَةِ بِإِذْنِهِ ۖ وَيُبَيِّنُ آيَاتِهِ لِلنَّاسِ لَعَلَّهُمْ يَتَذَكَّرُونَ

ख़बरदार मुशरिक औरतों से उस वक़्त तक निकाह न करना जब तक ईमान न ले आयें कि एक मोमिन कनीज़ मुशरिक आज़ाद औरत से बेहतर है वह तुम्हें कितनी ही भली मालूम हो और मुशरेकीन को भी लड़कियां न देना जब तक मुसलमान न हो जायें कि मुसलमान गुलाम आज़ाद मुशरिक से बेहतर है चाहे वह तुम्हें कितना ही अच्छा क्यों न मालूम हो। ये मुशरेकीन तुम्हें जहन्नम की दावत देते हैं और ख़ुदा अपने हुक्म से जन्नत और मग़फिरत की दावत देता है और अपनी आयतों को वाज़ेह करके बयान करता है कि शायद ये लोग समझ सकें।

(सूरः बक़र की आयत 221)

मैं इस मौज़ू पर क्या कहूँ?, क्या लिखूँ?, जबकि अल्लाह रब उल इज़्ज़त ने कुरआन की इस आयत ए करीमा में साफ़ बयान कर दिया है। फिर आख़िर क्या वजह है की हमारी कौम, अब तक गुमराही में मुब्तिला हो?, क्या वजह है की रोज़ कुरआन पढ़कर/सुनकर भी हम सब अल्लाह के हुक्मों से गाफ़िल हो?

बेपर्दगी आम हो रही है, बेहूदियत बढ़ रही है, जदीदियत के नाम पर ग़ैर मर्द और औरत साथ घूम रहे हैं, दीन में तो ये भी इजाज़त नहीं है की निकाह के बिना, ईमान वाली औरत, ईमान वाले मर्द या ईमान वाले मर्द, किसी ईमान वाली औरत के साथ घूमें लेकिन यहाँ तो नज़ारे ही कुछ अलग हैं मुशरिकों के साथ मुहब्बत करना और भागना फिर अपने दीन व ईमान से फिर जाना आम होता जा रहा है। मुसलमान लड़के भी कम नहीं हैं, कहीं गली मोहल्लों में, कहीं चाय पान की दुकान पर खड़े, आवारागर्दी करते नज़र आ जाएँगे। अफसोस की जिस कौम को पैदा ही इसलिए किया गया था की वो लोगों को हक़ की तरफ़ बुलाए और बदी से रोके, उस कौम को अब खुद ही सुधरने की ज़रूरत है।

जब तक बीज में मिट्टी नहीं मिलती, पेड़ नहीं मिल सकता। ठीक ऐसे ही जब तक कुरआन को अहलेबैत अलैहिस्सलाम के साथ नहीं मिलाया जाए तब तक हक़ नहीं मिल सकता। नबी करीम सल्लललाहु अलैहे व आलिही व सल्लम की कही हर एक बात ऐसी है जैसे पत्थर की लकीर, जो ना बदली जा सकती है और ना ही रद्द की जा सकती है और गुमराही से बचने के लिए हुक्म सिर्फ़ कुरआन थामने का नहीं बल्कि कुरआन ओ अहलेबैत अलैहिस्सलाम को थामने का मिला है, मतलब साफ है इन दोनों गिराँक़द्र चीज़ों को थामकर रखना ज़रूरी है, ना की किसी एक को।

यूँ तो दुनिया में एक नहीं बल्कि हज़ारों बिगाड़ और गलत चीज़ें फैली हुई हैं जिनकी वजह एक ही है, इस उम्मत ने अहलेबैत ओ कुरआन को छोड़ दिया लिहाज़ा गुमराह हो गई और हर गलत अमल से बचने का इलाज भी एक ही है, "कुरआन ओ अहलेबैत अलैहिस्सलाम को थाम लो।", अगर इस कौम को तबाह व बर्बाद होने से खुद को बचाना है तो तख़्लीक़ी दीन को छोड़कर हक़ीक़ी दीन पर लौटना ही होगा।

27. मोमिन का ख़ौफ़ और उम्मीद -

मोमिन की पहचान ये है की वो सिर्फ़ अपने परवरदिगार से डरता है और उम्मीद भी सिर्फ़ एक वाहिद खुदा से रखता है। बेशक, मेरा अल्लाह, अव्वलों से ज्यादा अव्वल और आख़िरों

से ज्यादा आख़िर है। हदीस में आता है कि, मोमिन के दिल में इतना ख़ौफ़ होना चाहिए की अगर रोज़ ए हश्र ये ऐलान हो की खुदा ने सबको बख़्श दिया है सिवाय एक बंदे के तो मोमिन ये ख़ौफ़ रखे की सिवाय उसके बाकि सबको बख़्श दिया है यानी सिर्फ़ वो जहन्नुमी है और बाकी सारे जन्नती। ठीक ऐसे ही मोमिन को खुदा से उम्मीद इतनी होनी चाहिए कि अगर रोज़ ए हश्र ये ऐलान हो की खुदा ने सबको जहन्नुम में डाल दिया है, सिवाय एक बंदे के तो मोमिन ये उम्मीद रखे की शायद वो एक वो ही है यानी वो मोमिन खुद है।

आज हमने कुरआन ओ अहलेबैत अलैहिस्सलाम को छोड़ दिया लिहाज़ा दिलों से ख़ौफ़ ए खुदा भी जाता रहा और उम्मीद भी, अब हालात यूँ हो गए हैं की बंदा, खुदा से नहीं डरता और इसी वजह से वो, हर शय और मख़्लूक़ से ख़ौफ़ज़दा है। लोगों ने खुदा से उम्मीद रखना छोड़ दिया लिहाज़ा आज दर दर की ठोकरें खाने मजबूर है। अल्लाह हम सबको तौहीद, रिसालत, नबूवत, विलायत, इमामत और किताबुल्लाह थामने वाला बनाए।

28. शादी में बेवा की बेहुर्मती -

ये बात यूँ तो सब मुसलमान जानते हैं की रसूलुल्लाह सल्लललाहु अलैहे व आलिही व सल्लम ने बेवाओं से निकाह भी किया और उम्मत को नसीहत की कि बेवाओं, तलाकशुदाओं से भी निकाह करो लेकिन अफसोस है प्यारे नबी की गुमराह उम्मत पर की इसने सबसे पहले उन दो बेशकीमती चीज़ों को ही छोड़ा, जिन्हें थामकर रखने का हुक्म था। नतीजतन अब ये उम्मत गुमराह हो चुकी है और जहाँ रहती है, वहाँ के तौर-तरीकों और रस्मों को दीन समझकर अपनाती है। पहले हमारे मुल्क में फैली कुरीतियों की वजह से हनूदों के मज़हब में बेवाओं को अच्छा नहीं समझा जाता था, उन पर तरह-तरह की बंदिशें लाद दी गई थीं और उनका आना अपशगुन समझा जाता था, अफसोस इस बात का कि अब हनूद तो इस कुरीती और बुरी रस्मे ओ रिवाज से बाहर आने की कोशिश कर रहे हैं लेकिन मुसलमानों में कुछ लोगों ने इसे दीन समझकर रखा है।

कुछ जाहिल मुसलमानों के घर में ये होता है की शादियों या खुशी के लम्हों से बेवाओं को दूर रखा जाता है और ये तसव्वुर किया जाता है की उनके होने से काम बिगड़ेंगे या जिस लड़की की शादी है उसकी ज़िंदगी और किस्मत पर गलत असर पड़ेगा, अजीब जहालत भरी सोच है। हमारे प्यारे आका सल्लललाहु अलैहे व आलिही व सल्लम ने औरतों को ऊँचा उठाने, उन्हें हक़ दिलाने के लिए शरियत दी। जब लड़कियों के पैदा होने पर उन्हें क़त्ल किया जाता था, तब रसूलुल्लाह सल्लललाहु अलैहे व आलिही व सल्लम ने बेटियों को रहमत बताया, जब सिर्फ़ बेटे को वारिस समझा जाता था, तब रसूलुल्लाह सल्लललाहु अलैहे व आलिही

व सल्लम ने बेटी को हिस्सा देकर बता दिया की बेटी का भी हक़ है। जाहिल मुसलमान, रसूलुल्लाह की तालीम के खिलाफ़ सारे अमल करते हैं, रसूलुल्लाह का दिल दुखाने वाले काम करते हैं और फिर कहते हैं शादी सुन्नत है। शादी सुन्नत भी तब है, जब रसूलुल्लाह सल्लललाहु अलैहे व आलिही व सल्लम के बताए तरीके पर की जाए।

आख़िर में ये कहूँगा की इस्लाम में वहम/अँधविश्वास की कोई जगह नहीं है लिहाज़ा ऐसी बेहूदा बातों से बचें की फलाँ के आने से ये हो जाएगा, वो हो जाएगा वगैरह। घर की तमाम बेवाओं को भी खुशियों में शामिल करें और उनकी दुआएँ लें, उनका दिल दुखाकर, तुम्हें भी खुशी नहीं मिल सकेगी।

29. दहेज और बेवजह की रस्में -

मुसलमानों में पहले ये रस्म नहीं थी लेकिन अब ये रस्म, नासूर की तरह फैल रही है। निकाह को इतना आसान बनाने का हुक्म था की ज़िना मुश्किल लगे लेकिन अफसोस की लोगों ने निकाह को मुश्किल से मुश्किल कर दिया है। दहेज के नाम पर पूरी घर गृहस्थी का सामान लिया-दिया जाता है। कहीं-कहीं तो लड़के वाले मुँह से माँगकर दहेज लेते हैं, तो कहीं-कहीं लड़की वाले दिखावे के लिए भी दहेज देते हैं, इसका असर गरीबों पर पड़ता है। मुआशरे में दहेज आम हो जाता है और गरीबों की बेटियाँ, पैसों की कमी के चलते, घर में बैठी रह जाती हैं।

शादी में यूँ तो निकाह पढ़ना यानी अहज़ाब कुबूल करवाना, मेहर अदा करना, सादगी से वलीमा करना ये फर्ज़ और सुन्नत अमल हैं और वकील/गवाह की ज़रूरत गवाही के लिए पड़ती है, इनके अलावा निकाह में और कुछ भी ज़रूरी नहीं हैं लेकिन अफसोस की उम्मत ने तरह-तरह की बेफिज़ूल की रस्में बना रखी हैं। गाना-बजाना आम कर रखा है, नाचना, जूते चोरी करना, मेंहदी ले जाना वगैरह तरह-तरह की वाहीयात रस्में होती हैं। जिन मौलानाओं को आलात ए ऐलान और आलात ए मौसिकी में फ़र्क़ नहीं मालूम, जो मुहर्रम में ढोल बजने पर लंबी-लंबी तकरीर करते नज़र आते हैं, वो शादियों में बज रहे बैंड-बाजों को सुनकर बहरे हो जाते हैं।

यहाँ मुसलमान अक्सर ये दावा करते हुए नज़र आते हैं कि, अगर हम करबला के दौर में होते तो इमाम अलैहिस्सलाम का साथ देते। मौला हुसैन अलैहिस्सलाम की जंग शरियत के बिगाड़ के खिलाफ़ भी थी, जो मुसलमान आज आँखों के सामने शरियत में होते बिगाड़ को

देख रहा है, जो अपने पड़ोसियों और रिश्तेदारों को भी नहीं समझा पा रहा, यहाँ तक की घर की औरतों के खिलाफ़ भी नहीं बोल पा रहा, वो क्या खाक, हक़ के लिए जंग करता। या अली या हुसैन का नारा बुलंद करना आसान है, पहली बार काबा के दीदार पर आए आँसुओं के किस्सों को सबको सुनाना भी आसान है, यहाँ तक दीन पर बड़ी-बड़ी बातें करना भी आसान है लेकिन अमल करना बहुत मुश्किल काम है।

बहुत सारे मुसलमान ऐसे भी हैं जो हर वक्त दीन की बातें करते हैं लेकिन उनकी इतनी हिम्मत भी नहीं होती की अपनी ही औलाद की शादी शरियत से कर सकें और घरवालों से इस बात पर लड़ सकें की मैं दीन ओ शरियत के खिलाफ़ नहीं जाऊँगा। शादियों में जब इनकी बेटियाँ बिना पर्दे के फिरती हैं और गैरमर्द देख रहे होते हैं, तब इनकी ग़ैरत कहाँ मर जाती है?, बेवजह की रस्में देखकर, बेफिजूल खर्च देखकर इन्हें दीन याद क्यों नहीं आता?, जब मेंहदी की रस्म में इनकी एक बेटी, दूसरी बेटी के होने वाले शौहर (जिससे उस रस्म के वक्त तक निकाह तक नहीं हुआ होता हालाँकि उसे छूना तो बाद में भी जायज़ नहीं।) का हाथ या ऊँगली पकड़ती है, तब पर्देदारी, महरम-नामहरम की तमीज़ कहाँ खो जाती है। अफसोस के साथ कह रहा हूँ लेकिन मेरा तजुर्बा ये ही कहता है की अब लोगों ने दीन को जिंदगियों से निकाल दिया है। अफसोस की दीन पर दूसरों को बड़ी-बड़ी नसीहतें करने वाले खुद ही अमल के मैदान से फरार दिखाई देते हैं। जो आदमी अपने घर में भी शरियत और हक़ीक़ी दीन के लिए नहीं खड़ा रह सका, वो इमाम ए हुसैन अलैहिस्सलाम के पीछे खड़ा होता?, खुद सोचिएगा इस पर।

30. कोई और दीन ओ शरियत -

अल्लाह रब उल इज़्ज़त ने कुरआन में इरशाद फरमाया -

وَمَنْ يَبْتَغِ غَيْرَ الْإِسْلَامِ دِينًا فَلَنْ يُقْبَلَ مِنْهُ وَهُوَ فِي الْآخِرَةِ مِنَ الْخَاسِرِينَ

और जो इस्लाम के अलावा कोई और दीन तलाश करेगा तो उसका वह दीन हरगिज़ कुबूल न किया जायेगा और वह क़यामत के दिन ख़सारा (सख़्त घाटे) वालों में होगा।
(सूरः आल ए इमरान की आयत 85)

यहाँ पर "कोई और दीन" से मुराद यहूद, नसारा, हनूद वगैरह ही हैं या वो इस्लाम भी शामिल है जो इंसानों ने खुद बना लिया?, तख़्लीकी इस्लाम और हक़ीक़ी इस्लाम में बेहद फ़र्क़ है। अल्लाह का बनाया दीन यानी हक़ीक़ी इस्लाम ही रब को कुबूल है और इस पर चलने वाले

कामयाब हैं इसके अलावा अल्लाह किसी दीन को कुबूल नहीं करता, उस नाकाबिल ए कुबूल दीन में तख़्लीक़ी इस्लाम भी शामिल है। कुरआन में अल्लाह रब उल इज़्ज़त ने इरशाद फरमाया है -

قُلْ إِنْ كَانَ آبَاؤُكُمْ وَأَبْنَاؤُكُمْ وَإِخْوَانُكُمْ وَأَزْوَاجُكُمْ وَعَشِيرَتُكُمْ وَأَمْوَالٌ اقْتَرَفْتُمُوهَا وَتِجَارَةٌ تَخْشَوْنَ كَسَادَهَا وَمَسَاكِنُ تَرْضَوْنَهَا أَحَبَّ إِلَيْكُمْ مِنَ اللَّهِ وَرَسُولِهِ وَجِهَادٍ فِي سَبِيلِهِ فَتَرَبَّصُوا حَتَّىٰ يَأْتِيَ اللَّهُ بِأَمْرِهِ ۗ وَاللَّهُ لَا يَهْدِي الْقَوْمَ الْفَاسِقِينَ

पैग़म्बर आप कह दीजिए कि अगर तुम्हारे बाप दादा, औलाद (बच्चे), बरादरान (भाई बन्द), अज़वाज (बीवियाँ), अशीरा (ख़ानदान) व क़बीला और वह अमवाल (माल-दौलत) जिन्हें तुमने जमा किया है और वह तिजारत जिसके ख़सारा (घाटे) की तरफ़ से फ़िक्रमंद रहते हो और वह मकानात जिन्हें पसन्द करते हो तुम्हारी निगाह में अल्लाह, उसके रसूल और राहे ख़ुदा में जेहाद (जंग) से ज़्यादा महबूब (मोहब्बत) है तो वक़्त का इन्तिज़ार करो यहां तक कि अम्रे इलाही (अल्लाह का हुक्म) आ जाये और अल्लाह फ़ासिक़ (नाफ़रमान) क़ौम की हिदायत नहीं करता है
(सूरः तौबा की आयत 24)

अगर हमारा दावा ये है की हम मुसलमान हैं तो हम सबको ख़ुद के इस्लाम, ईमान, नियत और अमल को कुरआन की इस आयत के मुताबिक देखना चाहिए और फ़िक्र करना चाहिए, क्या हम वाकई मुसलमान हैं या हमने कुरआन ओ अहलेबैत अलैहिस्सलाम से इतनी दूरी बना ली है की अब हम जुबानी तौर पर तो मुसलमान हैं लेकिन हक़ीक़त में, हम सब हक़ीक़ी दीन से दूर, तख़्लीक़ी दीन पर अमल कर रहे हैं। कुरआन पाक की एक और आयत ए करीमा में अल्लाह त'आला ने इरशाद फरमाया -

النَّبِيُّ أَوْلَىٰ بِالْمُؤْمِنِينَ مِنْ أَنْفُسِهِمْ ﷺ

बेशक नबी तमाम मोमिनीन से उनके नफ़्स (जान) की बनिस्बत (मुक़ाबल में) ज़्यादा औला (बरतर, हक़दार) है।
(सूरः अहज़ाब की आयत 6 का हिस्सा)

क्या हमने इस आयत पर अमल किया है?, हम किसकी बनाई शरियत पर चल रहे हैं?, मेरे अपनों! हमने ख़ुदा की, मुहम्मद ओ आल ए मुहम्मद की, दीन ए हक़ की शरियत पर चलना छोड़ दिया है और हम इंसानों की बनाई, शरियत पर चल रहे हैं। अल्लाह की बनाई शरियत

बहुत आसान है लेकिन अफसोस, मौलवियों की बनाई शरियत की वजह से गैर'मज़हब के लोग आज शरियत ए इस्लाम का मज़ाक बनाते हैं क्योंकि गैर'मज़हब के लोग कहाँ से समझेंगे जबकि मुसलमान खुद भी नहीं समझ पा रहा की इस्लाम में शरियत भी दो हैं हक़ीक़ी शरियत और तख़्लीक़ी शरियत। आज तख़्लीक़ी शरियत को लोग दीन ए इस्लाम की शरियत समझते हैं और हँसी उड़ाते हैं मसलन के तौर पर एक बार में तीन तलाक देना वगैरह। इसका हक़ीक़ी शरियत से कोई ताल्लुक़ नहीं है लेकिन तख़्लीक़ी शरियत ने इसे आम कर रखा है। भले ही ऐसे केस कम होते हैं लेकिन जब होते हैं तो उम्मत को इस्लाम के मुताल्लिक़ गलत पैगाम देते हैं। मेरे अपनों हक़ की तरफ़ आ जाओ। शरियत ने कोई ऐसा हुक्म नहीं दिया की जिसपर अमल करना हमारे लिए नामुमकिन हो लेकिन अफसोस की मुसलमानों ने उन हुक्मों पर शरियत को सख़्त कर रखा है जहाँ हक़ीक़ी शरियत ने नर्मी दी थी और जहाँ शरियत सख़्त थी, वहाँ नर्मी दे रखी है बस इसलिए अब शरियत पर चलना नामुमकिन और मुश्किल लगता है जबकि हक़ीक़ी शरियत पर चलना बेहद आसान है। कुरआन ए करीम में अल्लाह रब उल इज़्ज़त ने इरशाद फरमाया है -

لَا يُكَلِّفُ اللهُ نَفْسًا إِلَّا وُسْعَهَا ۚ لَهَا مَا كَسَبَتْ وَعَلَيْهَا مَا اكْتَسَبَتْ

अल्लाह किसी को उसकी वुसअत (ताक़त) से ज़्यादा तकलीफ़ नहीं देता। हर शख़्स के लिए उसकी हासिल की हुई नेकियों का फ़ायदामंद है और उसकी कमाई हुई बुराईयों (गुनाह) उसी के ज़िम्मे है।
(सूरः बक़र की आयत 286 का हिस्सा)

31. शरियत में वहम/अँधविश्वास के लिए जगह नहीं है -

हमारे मुआशरे में अजीब-अजीब से वहम और अँधविश्वास फैले हुए हैं जिनकी शरियतन कोई हैसियत नहीं, वैसे तो औरतें ज्यादा जल्दी इन वहमों का शिकार होती हैं लेकिन मैंने बहुत सारे मर्दों को भी अँधविश्वास से भरी बातें करते देखा है। कोई घर से निकल रहा हो और किसी को छींक आ जाए तो कहा जाता है की थोड़ा रुककर निकलना क्योंकि निकलते वक्त छींक आना नहूसत है। जबकि छींक आना कुदरती चीज़ है और इस्लाम में छींक आने को अच्छा बताया गया है हालाँकि तख़्लीक़ी इस्लाम वाले इसे भी नहूसत मानकर बैठे हैं। अगर बिल्ली सामने से गुज़र जाए तो कहते हैं बिल्ली रास्ता काट गई और अब निकलने से ख़तरा पैदा होगा। ये कौन सा दीन ओ शरियत है?

एक जहालत भरी बात ये भी सुनी है की बुध के रोज़ मरना सही नहीं होता और अगर कोई मर जाए तो अगले चार बुध तक घर में मौत मय्यत होती हैं। जहालत की हद है, अब इंसान मौत

का दिन कैसे टाल सकता है?, अगले चार बुध तक घरवाले डरे सहमे रहते हैं। एक वाक्या याद आ रहा है जो मैंने एक मोअतबर शख़्स से सुना है, वो बताते हैं कि, "बुध के रोज किसी साहब का इंतकाल हो गया और जनाज़े में मैं भी गया। वहाँ उनका बेटा एक थैला लेकर आया था, जब दफना दिया गया तो उसने कब्र के एक कोने से मिट्टी हटाई और थैले में हाथ डालकर एक परिंदा निकाला और कब्र में डालकर दोबारा मिट्टी डाल दी, फिर ठीक ऐसे ही कब्र के बाकी तीन कोनों में भी किया।, मैंने उससे पूछा की ऐसा करने की क्या वजह है तो कहने लगा, आपको मालूम नहीं आज बुध है, मलिकुल मौत अब अगले चार बुध तक मेरे परिवार में किसी ना किसी की रूह लेने आएँगे इसलिए मैंने पहले ही चार जानदार परिंदों की रूहों को पेश कर दिया।", अब ये क्या जहालत है?, मलिकुल मौत को रिश्वत दे रहे हैं या धोखा?, मौत को टाला जा सकता है?, बस ये ही तो फ़र्क़ है, हक़ीक़ी इस्लाम और तख़्लीक़ी इस्लाम में।

एक और वहम/अँधविश्वास, जो शादियों के वक़्त दिखाई देता है, जब निकाह की तारीख तय की जाती है तो अच्छा दिन-बुरा दिन देखा जाता है जबकि इमाम जाफ़र सादिक़ अलैहिस्सलाम का कौल है की अल्लाह का बनाया कोई भी दिन बुरा नहीं होता। अगर हम बात करें शरियत की तो शिया-सुन्नी मसलक में जितने भी फिरके हैं सब इस बात पर मुत्ताहिद हैं की कमर दर अक़रब में निकाह करने से बचना चाहिए लेकिन याद रखें, इसे भी ज्यादा से ज्यादा मकरूह कहा गया है, हराम नहीं, इसके अलावा कोई दिन हराम नहीं। कोई भी नेक और अच्छा काम शुरू करना हो या सफर पर निकलना हो तो उसके लिए अच्छा-बुरा दिन देखना ये हमारा दीन नहीं, मुसलमान के लिए हर एक दिन अच्छा है और उसकी कामयाबी और खुशी का त'आल्लुक़ रब ए काबा की रज़ा से है ना की किसी दिन से। कोई भी दिन नेक या बद नहीं होता, शरियत में ऐसी कोई भी बात नहीं बताई गई लिहाज़ा अपने कामों को मसलन तिजारत, खरीद फरोख़्त, आगाज़ ए सफर, शादी वगैरह तारीख़ को बद समझकर नहीं रोकना चाहिए। ये ही वो बाते हैं जो शरियत के नाम पर फैली हुई हैं, लोग एक-एक दिन का हिसाब लगाते हैं की फलाँ दिन कैसा रहेगा, फलाँ कैसा और बाद में कहते हैं की शरियत बड़ी सख़्त है, अरे नादानों! जो शरियत में है ही नहीं उसे तुम खुद ही खुद के ऊपर बोझ बनाकर रखे हो और नाम शरियत का दे रहे हो तो इसमें किस की गलती है?

मेरे अपनों! अपने आसपास रहने वाले लोगों के अक़ीदों को देखकर अपने अक़ीदे ना बनाओ और ना ही मुल्ला-मौलवियों या ज़ाकिरीन को सुनकर अपने अक़ीदे बनाओ। हमारा दीन, हमारी शरियत वो ही है जो रब ए काबा ने अपने हबीब मुहम्मद सल्लललाहु अलैहे व आलिही व सल्लम के ज़रिए हम तक पहुँचाई, इस एक हक़ दीन व शरियत के अलावा कोई दीन, अल्लाह को कुबूल नहीं चाहे वो इंसानों का बनाया तख़्लीक़ी इस्लाम ही क्यों ना हो। गुमराह हो रही उम्मत को गुमराही से बचाने का एक ही रास्ता है। रसूलुल्लाह सल्लललाहु अलैहे

व आलिही व सल्लम का फरमान ए मुबारक है, "जब तक मेरी उम्मत इन दो गिराँक़द्र चीज़ों को थामकर रखेगी गुमराह ना होगी, एक तो किताबुल्लाह और दूसरी मेरी इतरत ए अहलेबैत।", लिहाज़ा गुमराही से बचना है तो मौलवियों को छोड़ दो और कुरआन ओ अहलेबैत अलैहिस्सलाम को थाम लो।

32. शरियत में बिगाड़ -

हर दौर में ही शरियत में बिगाड़ किए गए। चूँकि कुरआन में बदलाव कर पाना मुमकिन नहीं था इसलिए लोगों ने कुरआन ओ अहलेबैत अलैहिस्सलाम से दूर करने के लिए तरह-तरह की शरियतें बनाई और लोगों के दरमियान आम कीं। लोगों की बनाई शरियत सख़्त है और उस पर चलने की निस्बत दुनिया के हिसाब से चलना आसान लगता है जबकि अल्लाह की बनाई शरियत बेहद आसान है। खुदा का ख़ौफ़ नहीं है उन लोगों को, जिन्होंने हर दौर में हक़ीक़ी दीन ओ शरियत को ठुकराकर, अपना मन पसंद दीन और शरियत बनाई और लोगों के सामने इस्लाम कहकर पेश की। हालाँकि हक़ीक़ी शरियत और तख़्लीक़ी शरियत में उतना ही फ़र्क़ है जितना की इमाम हुसैन अलैहिस्सलाम के बहत्तर और यजीद के लाखों लोगों के दरमियान था यानी एक हक़ है और दूसरा बातिल भले ही दोनों का दावा है की हम इस्लाम के मानने वाले मुसलमान हैं।

कुछ लोगों ने ये भी शरियत का हिस्सा मानकर रखा है की चौदह मासूमीन में से किसी के लिए भी अगर कुछ पढ़ो तो उनके रोज़े की तरफ रुख करना या हाथ से इशारा करना फ़र्ज़ है। वली औलियों की क़ब्रों के मुताल्लिक़ भी लोगों ने ये ही अक़ीदा बना रखा है जबकि ऐसा करना शर्त नहीं है, हाँ अगर रुख उस तरफ कर सकें तो ये मुहब्बतन बेहतर हो सकता है लेकिन शरियतन इसका कोई हुक्म नहीं है।

मुता'अ को लेकर भी लोगों ने ये ही फैला रखा है की फलाँ दौर में ये हराम कर दी गई हालाँकि कुरआन में इसके मुताल्लिक़ एक आयत मौजूद है, जो मंसूख नहीं हुई है यानी आज भी कुरआन का हिस्सा है और मुता'अ को मानने वाले भी पढ़ते हैं और ना मानने वाले भी पढ़ते हैं। अल्लाह रब उल इज़्ज़त का कुरआन ए हकीम में इरशाद है -

وَالْمُحْصَنَاتُ مِنَ النِّسَاءِ إِلَّا مَا مَلَكَتْ أَيْمَانُكُمْ ۖ كِتَابَ اللَّهِ عَلَيْكُمْ ۚ وَأُحِلَّ لَكُمْ مَا وَرَاءَ ذَٰلِكُمْ أَنْ تَبْتَغُوا بِأَمْوَالِكُمْ مُحْصِنِينَ غَيْرَ مُسَافِحِينَ ۚ فَمَا اسْتَمْتَعْتُمْ بِهِ مِنْهُنَّ فَآتُوهُنَّ أُجُورَهُنَّ فَرِيضَةً ۚ وَلَا جُنَاحَ عَلَيْكُمْ فِيمَا تَرَاضَيْتُمْ بِهِ مِنْ بَعْدِ الْفَرِيضَةِ ۚ إِنَّ اللَّهَ كَانَ عَلِيمًا حَكِيمًا

और शादी शुदा औरतें तुम पर हराम है अलावा उनके जो (जेहाद में) तुम्हारी कनीज़ें बन जायें (हराम नहीं हैं) ये ख़ुदा का खुला हुआ (तहरीरी) क़ानून है और इन औरतों के अलावा तुम्हारे लिए (और औरतें) हलाल हैं कि अपने माल(मेहर) के ज़रिये(पाक दामन) औरतों से रिश्ता करो इफ़्फ़त व पाक दामनी के साथ, बदकारी व ज़िना के साथ नहीं, पस जो भी औरतों से मुतअ करे उनकी मुअइयना मेहर दे दे और मेहर मुक़र्रर होने के बाद भी आपस में रज़ामन्दी हो तो कम या ज़्यादा करने करने में कोई गुनाह नहीं है बेशक अल्लाह (हर चीज़ से) वाक़िफ़ और मसलहतों का पहचानने वाला है।

(सूरः निसा की आयत 24)

हालाँकि इस पर बहस नहीं करूँगा वरना बात लंबी खिंचेगी, इसे बयान करने की मुख़्तसर सी वजह ये है की अल्लाह के बनाए कानून को शरियत को ठुकराकर, अगर अपना बनाया कानून और शरियत लोगों पर थोपने की कोशिश की जाएगी तो ये हलाकत और गुमराही का बाइस होंगी। शरियत बड़ी आसान और मुफीद है अगर, समझने वाले में समझने की कुव्वत हो तो वो आसानी से समझ सकता है। अगर शरियत समझ आ जाए तो हर अमल आसान लगेगा चाहे नमाज़ हो या ज़कात या और भी सारे अमल। एक बात और बयान कर दूँ की मौलवियों ने तकरीरों में इस तरह बयान किया है जैसे दीन और दुनिया एक दूसरे से जुड़े ही ना हों मसलन के तौर पर मौलवी कहता है, दीन कमाओ, दुनिया के पीछे ना जाओ और लोग समझते हैं की दीन ओ दुनिया एक दूसरे से जुड़े नहीं जबकि हक़ीक़ी दीन और शरियत को थामकर दुनिया में जीना यानी कुरआन ओ अहलेबैत अलैहिस्सलाम की दी हुई तालीम के मुताबिक दुनिया में ज़िंदगी गुज़ारना ही दीन है।

33. इताअत ए मासूमीन अलैहिस्सलाम -

मेरे अपनों! आपको लगता होगा की इताअत का मतलब होता है नमाज़ पढ़ना, रोज़ा रख लेना वगैरह-वगैरह लेकिन इताअत का मतलब कुछ और ही है, अपने मालिक के, अपने महबूब के हर हुक्म को पूरा करना ही इताअत है। वाक्या बयान कर रहा हूँ एक कबीले के सरदार की हसीन‘तरीन लड़की जुल्फ़ा और यमन के एक हब्शी गुलाम जुबैर का। वो जुबैर जिसका बाप भी गुलाम था और जिसकी माँ भी कनीज़ थी। जुबैर का रंग काला, कद छोटा था, पैसे से गरीब और गुलामी में रहने वाले इंसान थे। रसूलुल्लाह सल्लललाहु अलैहे व आलिही व सल्लम पर ईमान लाए और बाद ए हिजरत, मदीना में बस गए। उस वक्त मदीना में दो तरह के मुसलमान रह रहे थे, एक तो अंसार और मदीना के रहने वाले अमीर लोग और दूसरे हिजरत करके आए वो लोग जिनके पास ज्यादा पैसा नहीं था। एक दफ़ा जुबैर मस्जिद में बैठे हुए थे की रसूलुल्लाह सल्लललाहु अलैहे व आलिही व सल्लम तशरीफ़ लाए और जुबैर से बातचीत करने लगे, आप सल्लललाहु अलैहे व आलिही व सल्लम ने फरमाया,

"ज़ुबैर! तुम निकाह क्यों नहीं कर लेते?", ज़ुबैर कहने लगे, "मैं एक हब्शी ग़ुलाम हूँ जिसके पास ना कद है, ना खूबसूरती और ना पैसा, मुझे कौन बाप अपनी बेटी देगा?", रसूलुल्लाह सल्लललाहु अलैहे व आलिही व सल्लम ने पूछा, "फिर क्या करोगे?", कहने लगे, "आप सल्लललाहु अलैहे व आलिही व सल्लम की ख़िदमत में ज़िंदगी गुज़ारूँगा।"

रसूलुल्लाह सल्लललाहु अलैहे व आलिही व सल्लम ने, ज़ुल्फ़ा के बाप का नाम लेकर कहा की जाओ और उसे पैग़ाम दो की मैंने उसकी लड़की के लिए तुम्हारा रिश्ता भेजा है। ज़ुबैर हैरान और परेशान रह गए की किसी आम इंसान का नाम ले देते तो बात अलग थी, सरदार की बेटी के लिए रिश्ता भिजवा रहे हैं, जिसका बाप किसी बादशाह के रिश्ते का मुंतज़िर है। ऊपर से रात का वक़्त या सुबह-सुबह का वक़्त ना चुनकर, दोपहर का वो वक़्त चुना, जब सरदार का दरबार लगता है।

ज़ुबैर वहाँ पहुँचे और ज़ुल्फ़ा के बाप से कहा, "सरदार! रसूलुल्लाह ने आपकी बेटी के लिए मेरे निकाह का पैग़ाम भेजा है।", सुनकर सरदार को ग़ुस्सा आया और उसने मना कर दिया, तब ज़ुल्फ़ा ने कनीज़ को भेजकर अपने बाबा को अंदर बुलवाया और कहने लगी, "बाबा! आपको चाहिए था की आप ज़ुबैर को रोककर रखते और पीछे से किसी ग़ुलाम को भिजवाकर मालूमात करते।", सरदार ने कहा, "क्या तुम ऐसे आदमी से निकाह करतीं की जिसकी सूरत एक बार देखकर दूसरी बार ना देखी जा सके(यानी बदसूरती की वजह से)?", ज़ुल्फ़ा ने कहा, "क्यों नहीं, अगर रसूलुल्लाह सल्लललाहु अलैहे व आलिही व सल्लम ये ही चाहते हैं तो ज़रूर।"

सरदार, मस्जिद की तरफ चल दिया और जैसे ही दाख़िल हुआ तो रसूलुल्लाह सल्लललाहु अलैहे व आलिही व सल्लम ने उससे रिश्ते के मुताल्लिक़ पूछा, पस उसने तौबा की और रिश्ता तय कर दिया, इस रिश्ते की खबर सुनकर सारे लोग हैरान रह गए। बाज़ रिवायतों में है की आप ज़ुबैर रिश्ता होने से पहले और बाज़ में है की रिश्ते के बाद आप एक जंग में शहीद हो गए। आपके इंतकाल के बाद, हूरें आपसे निकाह करने की मुंतज़िर थीं और ज़ुल्फ़ा के पास भी ढेरों रिश्ते आने लगे, सब आपसे निकाह करने के ख्वाहिशमंद थे।

तो मेरे अपनों! इताअत का मतलब है, अपने आक़ा की हर वो बात मानना जो उनका हुक्म हो, इसमें खुदको अच्छा या बुरा लगने का दख़ल नहीं। खुदा की कसम! जिसने अल्लाह की, रसूलुल्लाह की और उलिल अम्र की इताअत की, वो दुनिया में भी कामयाबी पाएगा और

आख़िरत में भी कामयाबी पाएगा। बेशक, ख़ुदा के दीन में जो कुछ भी कुर्बान करो, उसका सिला बढ़कर ही मिलता है।

34. लश्कर ए इमाम में कौन शामिल होगा -

मेरे अपनों! मोमिन की सबसे बड़ी अलामतों में से एक ! तो ये है की वो इमाम ए क़ायम अलैहिस्सलाम के ज़ुहूर का मुंतज़िर है और साथ ही साथ वो, इमाम अलैहिस्सलाम के लिए मेहनतें भी करता है और अपनी अगली नस्लों को भी इमाम अलैहिस्सलाम के लिए मेहनत करने वाला बनाता है। आज जो लोग, बुजुर्ग सादातों की बेवजह मुख़ालिफ़त करते हैं, उनको हर मौज़ू पर गलत साबित करने की कोशिश करते हैं, जिनसे दीन लेना चाहिए, उन्हें ही नाहक़ पर साबित करने की कोशिश करते हैं, आपको क्या लगता है की ये इमाम मेहदी अलैहिस्सलाम के ज़ुहूर के बाद उनका साथ देंगे या उनकी मुख़ालिफ़त करेंगे?

आज जो लोग खुलकर ये नहीं बता पा रहे की जंग ए करबला में कौन हक़ पर था और कौन बातिल पर था या जो हज़रत हसन अलैहिस्सलाम के क़ातिलों के नाम नहीं बता पा रहे, वो किसके साथ नज़र आएंगे?, जिनमें इतनी हिम्मत भी नहीं की जंग ए जमल, जंग ए सिफ्फ़ीन और जंग ए नहरवान पर खुलकर हक़ और बातिल समझा सकें वो इमाम मेहदी अलैहिस्सलाम के लिए जंग करेंगे?, जिनके पास इतनी अक़्ल भी नहीं की ये सोच सकें की जब आख़िरी इमाम यानी बारहवाँ इमाम यानी इमाम ए क़ायम ही इमाम ए वक़्त हैं, ख़लीफ़ा ए वक़्त हैं तो ऐसा कैसे हो सकता है की पहला इमाम, पहला ख़लीफ़ा, अल्लाह का चुना हुआ नुमाइंदा ना होकर, लोगों का चुना हुआ नुमाइंदा होगा?, यानी जिन्होंने रसूलुल्लाह सल्लललाहु अलैहे व आलिही व सल्लम के ऐलान ए आम के बावजूद मौला अली अलैहिस्सलाम की ख़िलाफ़त, इमामत और विलायत को ठुकरा दिया, जिन्होंने अमीरुल मोमिनीन को अपना अमीर माना ही नहीं और आज भी नहीं मानते, क्या ये लोग इमाम अलैहिस्सलाम के लश्कर में शामिल होंगे?

बेशक, अल्लाह बड़ा रहमान ओ रहीम है। अगर अल्लाह ने अपने हबीब और उलिल अम्र को हुक्म दिया होता और अगर वो यूँ कह देते की मेरे लश्कर में वो होगा जिसने कभी नमाज़ क़ज़ा ना की हो या कभी रोज़े तर्क ना किये हों या कभी गुनाह ए कबीरा ना किया हो तो हम जैसे गुनाहगारों की आस टूट जाती लेकिन अल्लाह और अल्लाह के हबीब ने बड़ा ही आसान सा मेयार रखा है, वो ये की तौहीद ओ रिसालत के साथ-साथ इमामत ओ विलायत का भी जो इक़रार करे, वो इमाम अलैहिस्सलाम का साथी होगा, गुलाम होगा यानी उनके लश्कर का हिस्सा होगा।

यहाँ याद रखने लायक बात ये भी है की करबला में एक ऐसा आदमी भी था जिसने सिफ्फ़ीन में मौला अली अलैहिस्सलाम की तरफ से जंग की थी लेकिन करबला में इमाम हुसैन बिन अली अलैहिस्सलाम के खिलाफ़ आ गया था। वहीं दूसरी ओर हज़रत हुर्र का भी ज़िक्र मिलता है, जो पहले तो यज़ीद की तरफ से आए थे लेकिन बाद में हज़रत हुसैन अलैहिस्सलाम की तरफ से जंग किए। यहाँ नेक और गुनाहगार दोनों ही तरह के लोगों के लिए पैगाम है। अगर कोई नेक है और राह ए इमाम अलैहिस्सलाम पर है तो उसे चाहिए की खुदको साबित'कदम रखे, तौबा करता रहे और अपने इरादे को और मजबूत करता रहे। ठीक ऐसे ही जो गुनाहगार है, उसे चाहिए की मायूस ना हो की अब हमारा कुछ नहीं हो सकेगा, बल्कि आज से ही सच्ची पक्की तौबा करके, इमाम अलैहिस्सलाम के लिए मेहनत करने वाला और ज़िंदगी गुज़ारने वाला बनने की कोशिश करना शुरू कर दे।

इमाम अलैहिस्सलाम के लश्कर में जो लोग होंगे उनकी एक सिफत तो ये है की वो खुदा के दिए हक़ीक़ी दीन पर होंगे, वो हक़ीक़ी दीन जो अल्लाह के रसूल ने हम तक पहुँचाया और क़ुरआन ओ उलिल अम्र ने जिसकी तरफ़ बुलाया, वो हक़ीक़ी दीन इस्लाम, जो अल्लाह को क़ुबूल है यानी लश्कर ए इमाम अलैहिस्सलाम में कोई भी शख़्स ऐसा नहीं होगा जो तख़्लीक़ी इस्लाम का पैरोकार हो। इमाम अलैहिस्सलाम के लश्कर के लोग, हक़ अदा करने वाले होंगे यानी हर रिश्ते में हक़ अदा करेंगे, इसके अलावा भी हुक़ूक़ उल अल्लाह हो या हुक़ूक़ उल इबाद हो, जो भी हुक़ूक़ उनपर डाले गए हैं, उन्हें अदा करने वाले होंगे।

बा'ईमान, नमाज़ी, रोज़ेदार, जक़ात देने वाला, हज करने वाला होना भी शर्त है लेकिन उस तरह जिस तरह लश्कर ए हुसैन अलैहिस्सलाम के लोग थे, ना की उस तरह जिस तरह यज़ीद पलीद की फौज थी। यानी दीन के अरकानों को समझकर करना शर्त है, इल्म और इश्क़ को थामकर ही हक़ तक पहुँचा जा सकता है। नमाज़ तब तक नमाज़ है जब तक तौहीद के लिए पढ़ी जाए, रिसालत के बताए तरीके से पढ़ी जाए, दिल में विलायत ओ इमामत की मुहब्बत रखकर पढ़ी जाए, वरना सर पटकने और सज्दा करने में फ़र्क़ ही नहीं बचेगा। नमाज़ तो दोनों ही अदा करते थे लेकिन हुर्र और हुर्मला में बहुत फ़र्क़ है।

ऐसा नहीं की मोमिन गुनाह नहीं करता लेकिन मोमिन गुनाह ए कबीरा करने से हर हाल में बचता है और गुनाह ए सगीरा हो जाए तो भी फौरन तौबा कर लेता है। दीन ओ शरियत के फराइज़ और वाजिबात को पूरा करता है, सुन्नतों पर अमल करता है। क़ुरआन ओ अहलेबैत

अलैहिस्सलाम को थामकर रखता है। तौहीद, रिसालत और नबूवत के साथ-साथ इमामत और विलायत को भी थामकर रखता है। बुलंद अख़्लाक़, बुलंद किरदार भी मोमिन की पहचान हैं। हमारे सहाबा रज़िअल्लाह और मुहिब्ब ए अली अलैहिस्सलाम इसकी बेहतरीन मिसाल हैं। हज़रत सलमान फारसी, हज़रत मिक़्दाद, हज़रत अबुज़र, हज़रत मालिक ए अश्तर, हज़रत मीसम, हज़रत कम्बर वगैरह से सीखना चाहिए की खुदा का बंदा यानी वफादार ए मुहम्मद ओ आल ए मुहम्मद यानी मोमिन कैसे बना जाता है।

हमें सादातों की ख़ासकर वो सादात, जो अपनी ज़िंदगी, मेहनत ए दीन में लगाकर रखे हैं, जो दीन ओ शरियत का इल्म रखते हैं, उनकी ख़िदमत में रहकर इल्म हासिल करना चाहिए और उनसे ही हक़ीक़ी दीन भी लेना चाहिए, मेरे अपनों! याद रखना, बेशक दीन ए इस्लाम पर चलकर ही सौ फीसद कामयाबी मिल सकती है लेकिन यहाँ दीन ए इस्लाम से मुराद, हक़ीक़ी दीन से है ना की तख़्लीक़ी दीन से।

35. दाढ़ी सुन्नत है या वाजिब -

हमारे मुआशरे में ये बात मशहूर है की दाढ़ी रखना सुन्नत है जबकि एक रिवायत में यहाँ तक आता है की एक कौम पर इसलिए अज़ाब नाज़िल हो चुका है की वो दाढ़ी मूँडते थे। इस रिवायत के अलावा भी अगर हम गौर करें तो पाएँगे की आदम अलैहिस्सलाम से लेकर मुहम्मद सल्लललाहु अलैहे व आलिही व सल्लम तक हर एक अम्बिया अलैहिस्सलाम ने दाढ़ी रखी। हर दौर के वलियों ने दाढ़ी रखी, अमीरुल मोमिनीन, सरदार ए इमामत, मालिक ए विलायत अली अलैहिस्सलाम और बाक़ि इमामों ने भी दाढ़ी रखी यानी इसे सिर्फ़ सुन्नत कह देना सही नहीं होगा, यहाँ तक की इसे बस मुस्तहब समझ लेना भी काफी नहीं, दरहक़ीक़त, दाढ़ी रखना वाजिब है और इस पर भी बड़ी-बड़ी बहस और दलीलें मौजूद हैं, जिन्हें आप शरियत और उसूलों की किताबों में पढ़ सकते हैं, मैं मुख़्तसर सा जितना समझाना चाहता था, लिख दिया हूँ।

गुज़िश्ता उम्मतों में कई कौम ऐसी हैं की अगर हम उनके बारे में पढ़ें तो पाते हैं की अल्लाह रब उल इज़्ज़त ने कई कौमों को जानवरों में तब्दील कर दिया था, कई लोगों को पत्थर में बदल दिया था या बड़ी तबाहियों और अज़ाब में कौम की कौम मिट गई थीं। मुहम्मद सल्लललाहु अलैहे व आलिही व सल्लम, रहमातल्लिल आलामीन हैं और आप अलैहिस्सलाम के आ जाने के बाद से लेकर, आप अलैहिस्सलाम के आख़री इमाम के आने तक ऐसे बड़े अज़ाब टाल दिए गए हैं यानी क़यामत नहीं आएगी लेकिन इसका ये मतलब नहीं की हम खुदको गुनाहों से बरी समझें।

दाढ़ी कितनी रखनी चाहिए इस पर मसलकों के दरमियान इख़्तिलाफ़ है लिहाज़ा आप अपने आलिमों से पूछें और तहकीक करें, मैं यहाँ वो बात बयान कर रहा हूँ जिसपर किसी मसलक को इख़्तिलाफ़ नहीं और वो ये है की दाढ़ी को काटना नहीं चाहिए यानी मूँडना नहीं चाहिए और मूँछों को बढ़ाना नहीं चाहिए। अब दाढ़ी कितनी रखना चाहिए वो आप तहकीक करें लेकिन कमज़कम दाढ़ी को मूँडना यानी शेव करना बंद कर दें और बड़ी मूँछें ना रखें।

36. मकसद ए फातिमा सलामुल्लाह अलैहा -

मैं बात कर रहा हूँ, मकसद ए फातिमा सलामुल्लाह अलैहा की जिसे या तो बड़े-बड़े आलिम आज तक समझ ही नहीं पाए हैं या शायद जानबूझकर छिपाते हैं। मसला ए फदक, जिसे या तो मौलवियों ने बयान ही नहीं किया या फिर महज़ एक ज़मीन का टुकड़ा कहकर, समेट दिया। आपको क्या लगता है रसूलुल्लाह सल्लललाहु अलैहे व आलिही व सल्लम की प्यारी बेटी, जिन्हें पहले ही जन्नत की सरदारी अता कर दी गई थी, वो बार-बार दरबार में सिर्फ़ ज़मीन के लिए मुकदमा लड़ने गईं?

मेरे अपनों! रसूलुल्लाह सल्लललाहु अलैहे व आलिही व सल्लम के विसाल के बाद यानी आपके पर्दा फरमा लेने के बाद, उम्मत ने आप सल्लललाहु अलैहे व आलिही व सल्लम का फरमान ठुकरा दिया। अल्लाह के बनाए खलीफ़ा को ठुकरा कर, उम्मत का चुना खलीफ़ा, सरपरस्त बना लिया गया। वो अली अलैहिस्सलाम जो रसूलुल्लाह सल्लललाहु अलैहे व आलिही व सल्लम की मौजूदगी में भी अमीरुल मोमिनीन कहलाते थे, जिन्हें खुद रसूलुल्लाह ने, अपनी उम्मत का सरपरस्त, मौला, वली और मोमिनों का अमीर बनाया था, उनकी विलायत, इमामत और खिलाफ़त को ठुकरा दिया गया।

फातिमा सलामुल्लाह अलैहा ने दरबार में मुकदमा किया, जब मुकदमा ख़ारिज कर दिया गया तो आपने दोबारा दूसरी दलील के साथ मुकदमा दायर किया। सबूत दिए, गवाह पेश किए, यहाँ तक कुरआन की एक दो नहीं बल्कि तकरीबन चालीस आयतें पेश करके अपनी बात रखी लेकिन आख़िर में आपके दोनों मुकदमे ख़ारिज कर दिए गए और पचास बार दरबार में जाकर, हक़ दलील देने के बावजूद भी फातिमा बिन्त ए मुहम्मद खाली हाथ ही लौटाई गई। मैं, यहाँ इस पर तफ़सीर से नहीं लिख रहा हूँ, अगर आप इसे तफ़सीर से पढ़ना चाहें तो मैं अपनी पिछली एक किताब, "वसी ए रसूल", में इसका ज़िक्र किया हूँ। जैसा की इस किताब का मौज़ू दो इस्लाम है, तो मैं बस उतना ही बयान कर रहा हूँ जितना ज़रूरी

समझता हूँ।

मकसद ए फातिमा सलामुल्लाह अलैहा, महज़ एक ज़मीन का टुकड़ा हासिल कर लेना नहीं था, बेशक फ़दक आपका था और फ़दक ही क्या ये सारी ज़मीन ओ आसमान, क़ायनात ओ जन्नत सब आपकी ही है। अम्मा फातिमा सलामुल्लाह अलैहा, बार-बार दरबार में गईं थीं तो हक़ीक़ी दीन को बचाने। आपने लोगों को याद दिलाया की तुम नबी सल्लललाहु अलैहे व आलिही व सल्लम के पर्दा फरमाते ही हक़ीक़ी दीन को छोड़कर, तख़्लीक़ी दीन की तरफ़ चल दिए हो। हक़ीक़ी मायने में, आप फातिमा सलामुल्लाह अलैहा ने पहले इमाम के लिए जंग लड़ी है, आपने इमामत और विलायत को बचाने के लिए जंग लड़ी है। जब सारे ही लोग मौला अली अलैहिस्सलाम के मुख़ालिफ़ीन बन रहे थे तब आपने "अलीयुन वलीयुल्लाह" के भुला दिए गए पैग़ाम को ज़िंदा किया, आपने ग़दीर के पैग़ाम को आम किया और साबित किया की फ़दक हमारा है, साथ ही साथ, विलायत, इमामत और खिलाफ़त भी हमारी ही है।

लेकिन अफसोस की उम्मत ए रसूल ने, रसूलुल्लाह की प्यारी बेटी को भी झुठलाया, उन्हें उनका हक़ नहीं दिया और अब इंतिहा ये की एक मौलवी ने कुछ साल पहले, अम्मा फातिमा सलामुल्लाह अलैहा को ही ख़ता पर बता दिया यानी बेदीनी इतनी बढ़ चुकी है, तख़्लीक़ी दीन दिलों पर इतना छा गया है की अब हक़ पर चलने वाले सबसे बेहतरीन लोग यानी पंजतन पाक भी मौलवियों को ख़ता पर नज़र आने लगे हैं, जिन्हें खुदा ने ततहीर किया हो उन्हें गलत कहकर, आप क़ुरआन का इंकार कर रहे हैं।

अम्मा फातिमा सलामुल्लाह अलैहा ने दीन ए इस्लाम के लिए बड़ी क़ुर्बानी दी है, हमें चाहिए की मकसद ए फातिमा सलामुल्लाह अलैहा को पहचानें और हक़ आम करने की मेहनत करते रहें, ये ही पंजतन पाक अलैहिस्सलाम से सच्ची मुहब्बत और वफ़ादारी की निशानी है। अल्लाहुम्मा सल्ले अला मुहम्मद व अला आले मुहम्मद।

37. मौला अली अलैहिस्सलाम और आख़िरत -

जब रसूलुल्लाह सल्लललाहु अलैहे व आलिही व सल्लम ने ऐलान ए नबूवत भी आम ना किया था, वो बच्चा (अमीरुल मोमिनीन) उनके साथ रहा करता था, जिसने इस्लाम को क़ुबूल नहीं किया बल्कि वो फितरत ए इस्लाम पर पैदा हुआ, काबे के अंदर पैदा हुआ। रसूलुल्लाह सल्लललाहु अलैहे व आलिही व सल्लम के साथ तब भी नमाज़ अदा की जब नमाज़ उम्मत पर फर्ज़ नहीं की गई थी। जब रसूलुल्लाह सल्लललाहु अलैहे व आलिही व

सल्लम ने ऐलान ए नबूवत किया, तब अली अलैहिस्सलाम ने ही तौहीद ओ रिसालत की पहली गवाही दी और सबसे पहले रसूलुल्लाह का साथ देने वाले मोमिन कहलाए।

जब रसूलुल्लाह सल्लललाहु अलैहे व आलिही व सल्लम पर पत्थरों की बारिश होती तो आप रसूलुल्लाह पर होने वाले हमले रोकने के लिए अली अलैहिस्सलाम मौजूद रहते हालाँकि तब वो कम उम्र के बच्चे थे। काबा में बुत गिराने से लेकर ख़ैबर का दर उखाड़ने तक, बद्र में कुफ़्फ़ार को जहन्नुम रसीद करने से लेकर ओहद में रसूलुल्लाह को बचाकर लाने तक जबकि सब आप सल्लललाहु अलैहे व आलिही व सल्लम को छोड़कर भाग चुके थे, फक़त हैदर ही हैदर नज़र आते हैं।

चाहे बिस्तर ए शब ए हिजरत हो, चाहे निकाह ए बिन्त ए मुहम्मद हो, हर जंग के मैदान में अव्वल, अल्लाह और रसूलुल्लाह से मुहब्बत में अव्वल, इल्म ओ इश्क़ के मैदान में अव्वल, इमामत ओ खिलाफ़त के मैदान में अव्वल, विलायत की बुनियाद, नबियों के गमख़्वार और अल्लाह की तलवार बनकर जो ज़मीन पर नज़र आया वो अली अलैहिस्सलाम हैं।

कभी रसूलुल्लाह ने अबु तुराब कहा, कभी भाई कहा, कभी अपनी नफ़्स कहा, कभी अपना खून कहा, कभी अपना गोश्त कहा तो कभी अमीरुल मोमिनीन कहा। कभी ग़दीर में हाथ बुलंद करके मौला ए उम्मत कहा तो कभी जंग ए तबूक के मौके पर अपना आमिल और जाँनशीन कहा। इनकी जौज़ा को जन्नत की औरतों की सरदारी अता हुई, इनके बेटों को जन्नत के जवान मर्दों की सरदारी अता हुई। ये खुद वलीयुल्लाह हैं, असदउल्लाह हैं, नूरउल्लाह हैं, आयतुल्लाह हैं, वज्हुल्लाह हैं, बाबुल्लाह हैं, ऐनुल्लाह हैं, यदउल्लाह हैं, असदुल्लाह हैं, सैफुल्लाह हैं।

वो अली अलैहिस्सलाम रात के अँधेरों में उठते हैं और अपने रब को ख़ालिक़ ए अकबर को सज्दा करके रोते हैं, गुनाह नहीं करते लेकिन तौबा करते हैं, पाक हैं लेकिन ख़ौफ़ज़दा रहते हैं, अल्लाह राज़ी है लेकिन फिर भी रब को राज़ी करने की फ़िक्र में लगे रहते हैं, अमीरुल मोमिनीन हैं लेकिन खुदको नबी का अदना सा गुलाम समझते हैं। कुर्बान जाऊँ, इमाम ए अव्वल की ज़ात पर। हमारे बारह के बारह इमाम, अल्लाह से डरते रहे, अल्लाह के सामने रोते रहे, अल्लाह को ही अपना रब माना और मनवाया लेकिन आज के दौर में ज़ाकिरों की जज़्बाती तकरीर सुनकर लोगों ने ये मान रखा है की हम तो बख़्शे बख़्शाए हैं।

मेरे अपनों! बेशक मुहम्मद ओ आल ए मुहम्मद, हमारी शफ़ाअत कराएँगे लेकिन क्या हमने खुदको इस लायक बनाया है की हमारी शफ़ाअत कराई जाए?, अफसोस की उम्मत ने इमामों को ही ठुकरा दिया और हम पर भी अफसोस की हमने इमामों को तो थामा लेकिन इमामों की तालीम को जाने अनजाने में भुला दिया। एक अल्लाह को ही अपना रब जानना और मानना, सिर्फ़ एक रब को ही ख़ालिक़ ए अकबर मानना ईमान है। रसूलुल्लाह सल्लललाहु अलैहे व आलिही व सल्लम की रिसालत पर ईमान रखना और तमाम नबियों से मुहब्बत रखना भी ईमान की शर्त है। कुरआन ए करीम और अहलेबैत अलैहिस्सलाम को थामना यानी इनके हुक्मों पर अमल करना ही दीन है।

हमें इजाज़त नहीं की हम दावा ए इश्क़ ए इमाम करें और दीन के फराइज़ और वाजिबात से दूर रहें। हक़ीक़ी दीन पर अमल करने के लिए शरियत ओ तरीकत पर चलना भी ज़रूरी है। इनके बिना हक़ नहीं मिलता। याद रखें की बिना इश्क़ का इल्म, तकब्बुर पैदा करता है और बिना इल्म का इश्क़, कुफ्र तक ले जाता है। हक़ दीन पर रहने के लिए कुरआन और अहलेबैत अलैहिस्सलाम, दोनों को थामना ज़रूरी है। हमें हमारे इमामों से सीखना चाहिए की अपने रब से कैसे मुहब्बत करनी है, कैसे डरना है और कैसे अल्लाह की इबादत में ज़िंदगी गुज़ारना है। अल्लाह रब उल इज़्ज़त, हम सबको कहने-सुनने से ज्यादा, अमल करने वाला बनाए।

38. ग़ैरत ए मर्द ए मोमिन -

ग़ैरत, मोमिन मर्द की सिफ़त में से एक सिफ़त है और इसके बग़ैर इंसान अधूरा है। जब कोई नेक बंदा गुनाह की तरफ़ कदम बढ़ाता है, हराम की तरफ़ कदम बढ़ाता है तो उसका ज़मीर और ग़ैरत उसे ऐसा करने से रोकते हैं। ग़ैरत लफ़्ज़ ख़ास तौर पर सेल्फ रिस्पेक्ट के लिए इस्तेमाल किया जाता है या फिर खुदको या अपनों को गुनाह में देखकर या गुनाह की सोचकर, उस गुनाह से बचने-बचाने या बचाए रखने की फ़िक्र को जो दिल में खुद बा खुद पैदा होती है, ग़ैरत कहते हैं।

कई दफ़ा ग़ैरत का तआल्लुक़ इससे भी होता है की हम अपने मालिक, आक़ा के हुक्मों को पूरा नहीं कर पा रहे। इसकी सबसे बड़ी मिसाल हज़रत अब्बास अलमदार हैं। आप हज़रत अब्बास, हज़रत हुसैन अलैहिस्सलाम के भाई हैं लेकिन खुदको आक़ा हुसैन का गुलाम समझते हैं, जब करबला में आपसे हुसैन अलैहिस्सलाम की बेटी ने पानी लाने की ख्वाहिश ज़ाहिर की तो आप हज़रत अब्बास अलमदार पानी लाने निकले, बेतेग़ लड़ते रहे और आख़िर में शहीद कर दिए गए, आप पानी नहीं ला सके तो आपने वसीयत कर दी की मेरी लाश को

खेमे में ना ले जाया जाए, जंग के बाद जब अहलेबैत अलैहिस्सलाम को क़ैदी बनाया गया और शहीदों के सरों को काटकर नेज़े पर सजाया गया तो हज़रत अब्बास का सर बार-बार गिर रहा था, उन्हें यूँ ग़ैरत लग रही थी की ना पानी ला सके और ना ही नबी की बेटियों और बहुओं की चादर बचा सके।

अफसोस, उम्मत ने हक़ीक़ी दीन को छोड़ दिया और खुदको तख़्लीक़ी दीन में फँसा लिया। अब हालात यूँ हो गए हैं की इंसान के अंदर का ज़मीर मर रहा है और ग़ैरत भी लगभग मर चुकी है। सादात बुज़ुर्ग कहते थे की मर्द की ग़ैरत का अंदाज़ा इस बात से भी लगाया जा सकता है की उसकी बीवी और बेटियाँ कितनी पर्देदार हैं। आज इस्लाम के बताए मुताबिक पर्दे को छोड़कर जदीदियत के नाम पर बिना चादर फिरने वाली लड़कियाँ और औरतें, अपने घर के मर्दों की बेग़ैरती की जीती-जागती निशानियाँ हैं।

अब जब आदमी में इतनी ग़ैरत भी नहीं बची की वो कमज़ कम, घर की औरतों का पदा ही सही करा दे तो दीन के लिए लड़ने की, शरियत के लिए लड़ने की ग़ैरत कहाँ से लाएगा?, हक़ीक़त तो ये है की अब उम्मत के लगभग सभी मर्दों के दिलों से ग़ैरत निकल चुकी है, सिर्फ़ चंद लोग ही ऐसे बचे हैं जिन्हें ग़ैरतमंद माना जा सकता है। अफसोस, ग़ैरत पर तकरीर करने के लिए तो लाख लोग मौजूद हैं लेकिन ऐसे आदमी बामुश्किल से मिलते हैं जिनके अमल से ग़ैरत झलके। मेरे अपनों! खुद के ऊपर फ़िक्र करो, अपने सोए हुए ज़मीर और ग़ैरत को जिंदा करो, याद करो की तुम वो कौम हो जिसे लोगों के फायदे के लिए निकाला गया था की तुम्हें लोगों को हक़ की तरफ़ बुलाना था और बदी से रोकना था लेकिन आज हालात क्या हो गए?, खुद को दोबारा बदलने की ज़रूरत है, कुरआन ओ अहलेबैत अलैहिस्सलाम की तरफ़ लौटने की ज़रूरत है, तख़्लीक़ी दीन छोड़कर हक़ीक़ी दीन पर आने की ज़रूरत है।

39. कुछ औरतें, फातिमा सलामुल्लाह अलैहा के साथ रहेंगी -

कुछ औरतें, आख़िरत में फातिमा सलामुल्लाह अलैहा के साथ होंगी यहाँ तक की जन्नत में दाखिल हो जाएँगी। पहली तो वो, जिसने अपने शौहर का गरीबी के आलम में भी साथ दिया यानी अपने शौहर पर बेवजह और बेफिज़ूल की ख्वाहिशों को पूरा करने का दबाव नहीं बनाया बल्कि उसकी मुफ्लिसी में भी साथ दिया। जिसने शौहर को दुनिया व दौलत के लिए नहीं बल्कि दीन व आख़िरत के लिए थामा था। आज कल लोगों ने तालीम ए अहलेबैत अलैहिस्सलाम को भुला दिया है, रसूलुल्लाह सल्लललाहु अलैहे व आलिहि व सल्लम ने खुद अपनी बेटी से कहा था कि, "मैंने तुम्हारा निकाह उस शख़्स से किया है जो मेरे बाद, दुनिया का सबसे बेहतरीन आदमी है, उसके साथ रहकर दुनिया तो उतनी नहीं मिलेगी लेकिन

आख़िरत बेहतरीन होगी।", लेकिन अफसोस आज बाप, अपनी बेटी के लिए महज मालदार आदमी ढूँढ़ता है, ना की दीनदार।

दूसरी वो हयादार और शर्म करने वाली औरतें भी फातिमा सलामुल्लाह अलैहा के साथ होंगी, जिनमें शर्म इतनी हो की किसी गैर मर्द को ना देखें और ना बात करें और हया इतनी हो की कोई गैर मर्द ना ही उन्हें देख सके और ना ही बात करने की हिम्मत कर सके। माँ-बाप पर फर्ज़ है की अपनी बेटी को आख़िरत दे। बेटी जब तक घर में रहे उस तक हक़ दीन पहुँचाए और जब विदा करे तो ऐसे शख़्स को ढूँढे जो दो आलम में उसका साथ निभा सके, जो दुनिया से ज्यादा उसकी आख़िरत बनाने की मेहनत कर सके। मर्द तो बहुत पहले से ही महरम-नामहरम से जुड़े गुनाहों में मुब्तला थे लेकिन आज-कल औरतें भी महरम-नामहरम की तमीज़ भूलती चली जा रही हैं। शादियों में, प्रोग्राम में सज सँवरकर जाना और तस्वीरें खिंचाना, गैर मर्दों से बात करना अब आम होता जा रहा है, मेरी बहनों! अगर आप वाकई चाहती हैं की आपको रोज़ ए हश्र, फातिमा सलामुल्लाह अलैहा का साथ नसीब हो तो आपको चाहिए की आप नबी की बेटी के बताए रास्ते पर भी चलें।

तीसरी किस्म की औरतें वो हैं, जिन्होंने दुनिया में खुद को चुगली, हसद, बदगुमानी, गीबत से बचाकर रखा और अपनी अगली नस्लों तक हक़ दीन पहुँचाने की मेहनत की। जिन्होंने शैतान के फरेब से खुदको बचाकर रखा और इमाम ए क़ायम अलैहिस्सलाम के लिए मेहनत करती रहीं, जिन्होंने दीन की राह में चलने के लिए शौहर को राहतें दीं, आसानियाँ दीं और अपनी औलाद को यूँ तैयार किया की वो वफ़ादार ए इमाम बनकर उभरा और इमाम के नाम पर ही अपनी ज़िंदगी कुर्बान कर दी। औलाद, अपनी माँ से जितना सीखती है उतना तो बाप से भी नहीं सीखती, अगर मैं कहूँ की माँ ही बच्चे की पहली उस्ताद होती है, तो इसमें कुछ गलत नहीं, बेशक माँ ही औलाद के किरदार की बुनियाद रखती है, उसे तालीम ओ तर्बियत देती है। अफसोस की आज माँएँ अपनी औलाद को दुनिया की कामयाबी हासिल करने में तो मदद करती हैं लेकिन उन्हें एक अच्छा इंसान, एक अच्छा मुसलमान बनाने के लिए मेहनतें नहीं करतीं।

40. फजीलत ए फातिमा ज़हरा -

एक इल्मदार शख़्स, इमाम जाफ़र सादिक़ अलैहिस्सलाम की ख़िदमत में आया और अर्ज़ करने लगा, "मैंने सूरः दहर की तिलावत की, बार-बार तिलावत की, इसमें अल्लाह ने जन्नत और जन्नत में मिलने वाली, अता की जाने वाली हर चीज़ का ज़िक्र किया है लेकिन इसमें हूरों का ज़िक्र नहीं मिलता हालाँकि कुरआन में कई जगह हूरों का तज़किरा मौजूद है।",

इमाम अलैहिस्सलाम ने फरमाया, "ये सूरः, अम्मा फातिमा सलामुल्लाह अलैहा की शान में नाज़िल हुई लिहाज़ा अल्लाह ने हूरों की बात को मक़्फ़ी रखा ताकि फातिमा सलामुल्लाह अलैहा की शान में कोई कमी ना आ जाए।"

अल्लाहु अकबर कसीरन कसीरा, कुर्बान जाऊँ, बिन्त ए मुहम्मद सलामुल्लाह अलैहा की पाकी और बुलंदी पर की जहाँ आपकी शान बयान की जाती है उस आयत में तो दूर, उस सूरः में भी हूरों का तज़किरा नहीं किया जाता।

सूरः दहर का एक अख़्लाक़ी पहलू भी है जो लोगों को समझ नहीं आता। अम्मा फातिमा सलामुल्लाह अलैहा के साथ, आख़िरत में जन्नत जाने की ख़्वाहिश रखने वाली औरतों को चाहिए की इस सूरः को बार-बार पढ़कर समझें। ये एक सूरः अपने आप में नज़्र ओ नज़र का सही तरीका, शौहर की गुर्बत में साथ देने का जज़्बा, सखावत, तक़वा और सिर्फ़ अल्लाह की रज़ा के लिए अमल करना जैसे बहुत सारे ज़ाहिरी और बातिनी मसलों पर रौशनी डालती है।

जब इमाम हुसैन अलैहिस्सलाम बीमार हुए तो आपके घरवालों ने नज़्र की कि हुसैन अलैहिस्सलाम को शिफ़ा मिलने पर तीन रोज़े रखेंगे। इमाम हुसैन अलैहिस्सलाम ठीक हुए और रोज़े पूरे करने का वक़्त आया। आप अली अलैहिस्सलाम एक यहूदी के पास गए और तीन दिन के काम की बात तय हुई बदले में उसने उजरत की रकम या गन्दुम पहले ही अदा कर दी यानी एडवांस में, आप अली अलैहिस्सलाम रकम लेकर घर आए और अपनी ज़ौजा के हवाले कर दी। अब जब इफ़्तारी का वक़्त आया तो दर पर दस्तक हुई एक मिस्कीन आया था, अम्मा फातिमा सलामुल्लाह अलैहा के कहने पर सारा खाना उसे दे दिया गया और घरवालों ने फाका कर लिया।

यहाँ ग़ौर ओ फ़िक्र की बात ये है की घर में दो दिन की और उजरत पहले से रखी है लेकिन चूँकि अभी उसके बदले का काम नहीं किया गया है इसलिए अम्मा फातिमा सलामुल्लाह अलैहा के नज़दीक उसपर हक़ नहीं बनता। अगले रोज़ फिर रोज़ा रखा गया और जैसे ही इफ़्तारी करने का वक़्त आया दरवाज़े पर दस्तक हुई, एक यतीम खड़ा था, आप फातिमा सलामुल्लाह अलैहा के कहने पर सारा खाना उसे दे दिया गया। ऐसे ही जब तीसरा रोज़ा हुआ और इफ़्तार का वक़्त होने को था तब दरवाज़े पर दस्तक हुई और क़ैदी को खड़ा पाया, तीसरे दिन का खाना भी उसे ही दे दिया गया। तब अल्लाह रब उल इज़्ज़त ने कुरआन में आयतें

नाज़िल कीं और इरशाद फरमाया -

$$\text{يُوفُونَ بِالنَّذْرِ وَيَخَافُونَ يَوْمًا كَانَ شَرُّهُ مُسْتَطِيرًا}$$

$$\text{وَيُطْعِمُونَ الطَّعَامَ عَلَىٰ حُبِّهِ مِسْكِينًا وَيَتِيمًا وَأَسِيرًا}$$

$$\text{إِنَّمَا نُطْعِمُكُمْ لِوَجْهِ اللَّهِ لَا نُرِيدُ مِنكُمْ جَزَاءً وَلَا شُكُورًا}$$

ये बन्दे नज़र को पूरा करते हैं और उस दिन से डरते हैं जिसकी सख़्ती हर तरफ़ फैली हुई है। ये उसकी मोहब्बत में मिसकीन (मोहताज), यतीम और असीर (क़ैदी) को खाना खिलाते हैं।

हम सिर्फ़ अल्लाह की मर्ज़ी की ख़ातिर तुम्हें खिलाते हैं वरना न तुमसे कोई बदला चाहते हैं न शुक्रिया।

(सूरः दहर की आयत 7,8,9)

यहाँ सीखने समझने लायक नसीहत ये है की शौहर की गुरबत में कैसे साथ दिया जाता है और तक़वे की हद ये है की काम करने के पहले ही तीन दिन की उजरत दी जा चुकी है यानी काम एक दिन किया है लेकिन मेहनताना तीन दिन का दे दिया गया है इस शर्त पर की अगले दो दिन भी काम करोगे। ये शरियतन जायज़ है, लेकिन फिर भी फातिमा सलामुल्लाह अलैहा ने उस हिस्से में से लेना गवारा नहीं किया। याद रखें, दुनिया में ही फातिमा सलामुल्लाह अलैहा के सिखाए रास्ते पर चल पाना आसान नहीं है, आख़िरत की तो बात ही अलग है। अगर कौम की बहनों को लगता है की वो शौहर को हराम के रास्ते पर ले जाकर भी कामयाबी पा सकती हैं तो वो गलत हैं। मेरे अपनों! दुनियावी भूख भले ही बर्दाश्त कर लेना लेकिन हराम का एक लुकमा भी कभी ना खाना।

3

तीसरा बाब

41. बदलते हुए दौर में बदलती हुई तख़्लीक़ी शरियत -

आज लोगों ने दुनिया को इस कदर हावी करके रखा है की अब माल कमाना ही मकसद बचा है, किसी को इस बात की फ़िक्र नहीं की माल हराम है या हलाल। मसलन के तौर पर बैंक से जुड़ी नौकरियाँ हराम हैं क्योंकि इनमें सूद का लेन-देन होता है। याद रखें शेयर मार्केट में या तिजारत में सही जगह पैसा लगाना, जहाँ नफ़ा-नुकसान दोनों सूरत पेश आने का इम्कान हो वहाँ कुछ शर्तों और उसूलों के साथ पैसा लगाया भी जा सकता है लेकिन बैंक, जिनमें खुले तौर पर ही सूद का काम होता है वहाँ पैसा लगाना या काम करना हराम है मगर अफसोस की लोग दुनिया के थोड़े से फायदे के लिए, आख़िरत में बड़ा नुकसान उठाने तैयार हैं।

जन्नत में जाने से पहले पुल सिरात पर आराम से गुज़रने, आख़िरत में फातिमा सलामुल्लाह अलैहा का साथ पाने की एक मंज़िल और है। जो औरत अपने शौहर की बदअख़्लाक़ी, गुस्से, बदज़ुबानी पर सब्र कर लेती है और हक़ दीन व ईमान को थामकर रखती है तो वो भी अम्मा फातिमा सलामुल्लाह अलैहा की साथी होगी। इसका ये मतलब नहीं की शौहर को छूट दे दी गई है की बीवी से बदज़ुबानी और बदअख़्लाक़ी के साथ पेश आए, उसे ताना दे। ताना देना, मोमिन का दिल दुखाना और बदअख़्लाक़ी के साथ पेश आना, बड़े गुनाहों में से एक गुनाह है। अगर आपके दोस्त, रिश्तेदार और पड़ोसी आपसे राज़ी हों लेकिन आपके घरवाले आपसे राज़ी ना हों तो ये अल्लाह के हुज़ूर आपकी पकड़ की वजह बनेगा, लिहाज़ा तौबा करें और खुदको हक़ पर जमाए रखने की कोशिश करते रहें।

कुछ लोग औरतों को गाली देना, गुनाह ही नहीं समझते और बीवी की गलतियों को बार-बार बताकर, गलतियों पर ताने दे-देकर ये समझते हैं की हम तो बहुत बेहतर इंसान हैं की सारी बातें सीधे बोल देते हैं जबकि मोमिन का दिल दुखाना अपने आप में बड़ा गुनाह है, चाहे वो बीवी का दिल दुखाओ या किसी और मोमिन भाई-बहन का। अगर ज़रूरत पड़े तो लड़ाई रोकने के लिए झूठ बोलना या झूठी तारीफ़ कर देना भी शरियतन जायज़ करार दिया गया है। किसी का मज़ाक बनाना या किसी को नीचा दिखाने की कोशिश करना भी बहुत गलत बात है।

ज़ुल्म का सिर्फ़ ये मतलब नहीं होता की किसी के साथ मारपीट की है बल्कि बदज़ुबानी और बदअख़्लाकी भी ज़ुल्म का ही हिस्सा हैं। अगर कोई शौहर अपनी बीवी से बुरी तरह से पेश आता है तो औरत उसकी शिकायत करके सज़ा दिलवा सकती है और चाहे तो उससे तलाक भी ले सकती है हालाँकि तलाक वो हलाल अमल है जो अल्लाह को पसंद नहीं लिहाज़ा पहले तमाम कोशिशें रिश्ते को बचाने के लिए करना चाहिए और तलाक को आख़िरी रास्ते की तरह रखना चाहिए की अगर सुलह का कोई रास्ता ही ना बचा हो तब तलाक ली जाए। मेरे भाईयों! इस बात से डरो की कहीं वो गुनाह जिन्हें तुम गुनाह तक नहीं समझते, वो ही तुम्हें जहन्नुम तक ना ले जा लें।

42. पर्दा करने वाली औरतों को पिछड़ा समझना -

इस्लाम ने औरतों को पर्दे का हुक्म दिया है लेकिन अफसोस की अब पर्दा करने वाली औरतों को पिछड़ा और लाइल्म समझा जाता है। कोई उन्हें पुराने ख़्यालात का समझता है तो कोई उन्हें पिछड़े इलाके का समझता है। कुछ हद तक गरीब मुसलमानों के घर में तो पर्दादारी मौजूद है, इसका ये मतलब नहीं की पैसे वाले मुसलमानों के घर जहालत है, बल्कि यूँ कहना चाह रहा हूँ की पैसे वालों की निस्बत गरीब लोग, पर्दे के ज्यादा पाबंद नज़र आते हैं। दुनियावी तालीम और पैसा हासिल करते ही ज्यादातर मुसलमान फर्ज़ और वाजिब को इस तरह छोड़ देते हैं जैसे इन पर सारे फर्ज़ और वाजिब माफ कर दिए गए हों यानी इन्हें पैसे मिल गए, ऊँचे ओहदे मिल गए, रहने का तौर-तरीका आला हो गया, हाई स्टेटस हो गया तो अब इन्हें वो अमल करने में भी शर्म महसूस होने लगी जिनका हुक्म खुद ख़ालिक़ ए अकबर ने दिया है।

ये बेहद शर्मनाक है लेकिन हकीक़त है की फैशन और जदीदियत के नाम पर लोगों ने अपने जिस्म की नुमाइश शुरू कर दी है, औरतों ने तक अपना पर्दा हटा दिया है, गैर मर्दों के साथ उठना-बैठना, घूमना-फिरना, फख़्र का बाइस समझा जाता है। आलिमों को सरेआम

बेइज़्ज़त किया जाता है, कुछ लोगों का ये कहना होता है की हमारी नियत खराब नहीं, त'आज्जुब की बात है की जो अमल ही अल्लाह ने हराम करार दे दिया हो, वो नियत से हलाल कैसे हो सकता है?, मसलन के तौर पर कोई शराब को दवा के तौर पर, नेक नियत से, मस्जिद में बावुजु बैठकर, बिस्मिल्लाह पढ़कर पीना शुरू करे और बाद में अल्हम्दुलिल्लाह कह दे तो क्या शराब हराम नहीं रहेगी?, या इसका गुनाह और ज्यादा होगा?

कुछ लोगों को जब समझाया जाता है तो आलिमों से कहते हैं, आप खुदा ना बनें, अल्लाह हश्र में फैसला करेगा। अरे नादानों, अल्लाह अपने वादे से, आयतों से पीछे हटने वाला नहीं है, वो अपनी बातों से नहीं मुकरता। कभी कुरआन उठाकर देखो, हदीस ए रसूलुल्लाह उठाकर देखो, कौल ए बारह इमाम उठाकर देखो, उसमें पहले ही सब बता दिया गया है, अब अगर उसके खिलाफ़ कोई काम करता है तो हक़ीक़ी दीन के आलिमों को चाहिए की उसे हक़ समझाएँ, लेकिन अफसोस की अब अक्सरियत, बहस की तो शौकीन है लेकिन हक़ इल्म सीखने की तलब नदारद है। दूसरों की बात सुनकर तो मुसलमान हराम छोड़ने तैयार हैं की फलाँ अमेरिकन रिसर्चर ने कहा है की शराब हराम है लेकिन आलिम की बात सुनकर उन्हें लगता है की अरे, ये तो पुराने ख़्यालात का इंसान है।

मेरे अपनों! चाहे आज का दौर हो, आज से चौदह साल पहले का दौर हो या क़यामत के करीब का वक़्त हो, हर दौर में फैसले खुदा, रसूलुल्लाह और उलिल अम्र के बयान किए इल्म और हुक्म की बिना पर ही लिए जाएँगे। ये कुरआन जिस दौर में नाज़िल हुआ है, तब से लेकर रोज़ ए क़यामत तक और यहाँ तक हौज़ ए कौसर और जन्नत तक भी नहीं बदला जाएगा। आपको इख़्तियार है, इस्लाम को मानने का या छोड़ने का लेकिन बदलने की इजाज़त आपको नहीं। खुदा के हक़ीक़ी दीन को छोड़कर खुद अपना बनाया तख़्लीक़ी दीन थामना और हक़ शरियत को छोड़कर, अपनी बनाई शरियत पर चलना, आपको दो आलम में तबाह ओ बर्बाद करने के लिए काफी हैं। ज़रूरत है सच्ची तौबा करके हक़ दीन की तरफ़ लौटने की।

43. हक़ीक़ी मुसलमान कौन है? -

यूँ तो कलमा पढ़कर जिसने अपनी जान व माल को महफूज़ कर लिया, कलमा पढ़कर जो ईमान ले आया वो मुसलमान माना जाता है लेकिन हक़ीक़ी मुसलमान कौन है?, ज़ाहिर सी बात है की जब इस्लाम ही दो तरीके के मौजूद हैं हक़ीक़ी इस्लाम और तख़्लीक़ी इस्लाम तो मुसलमान भी दो तरीके के होंगे, पहले तो हक़ीक़ी मुसलमान और दूसरे वो मुसलमान जो खुदको मुसलमान तो कहते हैं, बताते हैं लेकिन उनके खुद के अमल हक़ीक़ी इस्लाम के

उलट नज़र आते हैं। मैं बात करूँगा हक़ीक़ी मुसलमानों की क्योंकि मेरी किताब का मक़सद, हक़ आम करना है ना की गलत पर ज़्यादा तवज्जो देना। अब कुछ लोगों को लगेगा की मैंने, उन मुसलमानों का ज़िक्र ही नहीं किया जो तख़्लीक़ी इस्लाम पर चलते हैं तो पता कैसे चलेगा की दोनों में फ़र्क़ क्या है? तो मेरे अपनों! करबला की तारीख़ में यज़ीदी ख़ेमा देख लें, कई सहाबा और ताबाईन और उनकी औलाद कहलाने वाले लोग यज़ीद की पैरवी में हज़रत इमाम हुसैन अलैहिस्सलाम से जंग करते हुए दिख जाएँगे।

बहरहाल, हम बात कर रहे हैं हक़ीक़ी मुसलमान की, तो हक़ीक़ी इस्लाम पर चलने वाला हक़ीक़ी मुसलमान है और जिस मुसलमान के दिल में ईमान सही तरीके से दाख़िल हो जाए और उसकी जुबान और अमल से ईमान झलकने लगे वो मोमिन है। रसूलुल्लाह सल्ललल्लाहु अलैहे व आलिही व सल्लम ने फरमाया, "लम यद ख़ुलि-ल ईमानु फी रजुलिन हत्ता युहिब्बुल अहलेबैत", यानी तुम्हारे दिल में इस्लाम उस वक़्त तक दाख़िल हो ही नहीं सकता जिस वक़्त तक मेरे अहलेबैत की मुहब्बत दिल में दाख़िल ना हो जाए।

तो हक़ीक़ी मुसलमान, दीन ओ शरियत के हर एक फर्ज़ और वाजिब पर अमल करता है, साथ ही साथ, सुन्नत ए मासूमीन अलैहिस्सलाम पर भी अमल करता है, क़ुरआन ओ अहलेबैत अलैहिस्सलाम को थामकर रखता है और सबसे ख़ास बात ये की वो ख़ुशी के मौके पर, ग़म के मौके पर और दरमियानी हालात में यानी चाहे खुश हो, दुखी हो या नॉर्मल हो, वो हर हाल में अपने दीन को थामकर रखता है।

ऐसे भी लोग मौजूद हैं जो नॉर्मल दिनों में तो दीन पर अमल करते हैं लेकिन खुशी के मौके पर पर्दा छोड़ देते हैं, शादियों में बेहयाई फैलाते हैं। ग़म के मौके पर दीन और इबादत को छोड़ देते हैं, ये भी हक़ीक़ी मुसलमान ना होने की दलील है। हक़ीक़ी इस्लाम को थामकर रखो, बेशक ये ही कामयाबी का एक वाहिद रास्ता है।

44. मेंहदी और दुल्हन की मुँह दिखाई की जहालत भरी रस्म -

अपने मुल्क में मैंने ऐसी वाहीयात रस्में होते खुद देखी हैं और पड़ोसी मुल्कों में भी कई वाहीयात रस्में हैं जो शादियों का हिस्सा बन गई हैं, त'आज्जुब की बात तो ये है की इन रीति-रिवाजों को, रस्मों को जब तक अदा ना कर दिया जाए तब तक लोगों को ऐसा लगता है जैसे शादी ही अधूरी रह गई हो, किताब में पहले भी बताया है की शादी का सही तरीका क्या है और उसमें फर्ज़, वाजिब, सुन्नत वगैरह क्या हैं। अब मैं दो ऐसी रस्मों की बात करना चाहता हूँ

जो बेहद ही वाहीयात और जहालत से भरी हुई हैं, मेंहदी और दुल्हन की मुँह दिखाई। मेंहदी में, दुल्हन की बहन, दूल्हे और दूल्हे के दोस्त, रिश्तेदारों के बीच जाकर, कहीं दूल्हे को मेंहदी लगाती है, कहीं मिठाईयाँ खिलाती है और उससे भी बढ़कर बात ये की गैरमर्दों से बातचीत, हँसी ठिठोली करना, उनके सामने, बेपर्दा रहना आम बात है। खुद को दीनदार समझने वाले बाप भी लड़कियों की जहालत को रस्म और मज़ा-मौज समझकर ऐसे हवा में उड़ा देते हैं, जैसे कोई बड़ी बात ही नहीं। अल्लाह उन गुनाहों को माफ़ करता है जो अनजाने में हो जाएँ लेकिन सालों से दीनदार बनकर बैठने वाले, दूसरों को दीन की बातें बताने वाले, हक़ जानते हुए भी ये गलत रस्म करते हैं और फिर जब जानबूझकर किए गुनाह पर ढोंग करके माफी माँगते होंगे तो शायद शैतान भी इनकी मक्कारी देखकर हैरान रह जाता होगा।

दूसरी जहालत भरी रस्म है, दुल्हन की मुँह दिखाई, जो बीवी घर की इज़्ज़त है, जो बहु घर की ज़ीनत है, उसे शौहर और सास, खुद ही ग़ैर-मर्दों के सामने सजाकर बिठा देते हैं और फख़्र से कहते हैं की ये मुँह-दिखाई की रस्म है। मेरे अपनों! ज़्यादा नहीं तो ना सही, ज़रा सी तो शर्म बाकि रखो। कुरआन ओ हदीस में पर्दे का साफ़ हुक्म आ जाने के बाद, ये कौनसी शैतानी रस्म तुमने इजाद कर रखी है?

एक बात और बता दूँ की हर बार गलत शौहर या सास ही नहीं होती, आजकल लड़कियों को खुद भी बेपर्दगी बड़ी पसंद होती है। निकाह के दिन अलग, वलीमे के दिन अलग और मुँह-दिखाई के लिए अलग, मेकअप करने वाली ख़ातून बुक की जाती है और लड़की सज-सँवर के, बैठ जाती है और आते-जाते हुए सैंकड़ों ग़ैरमर्दों की नज़र उस पर पड़ती है, नज़र क्या पड़ती है वो खुद ही अपना दीदार कराने, मुँह-दिखाई कराने के लिए बैठी होती है। इतना गुनाह करके शुरू हुआ रिश्ता, दुनिया में तो कामयाब लग सकता है लेकिन आख़िरत में सिवाय अफसोस और अज़ाब के और कुछ हासिल ना होगा। हर नेक अमल की शुरूआत खुद से होती है, अपनी और अपनी औलादों की शादियों में ये फिजूल की रस्मों को बंद करें और करवाएँ। निकाह सादगी से करें, जैसा की हक़ीक़ी इस्लाम में हुक्म आया है।

45. दो किस्म के आलिम -

मैंने इस किताब का नाम ही दो इस्लाम रखा है यानी अल्लाह रब उल इज़्ज़त ने तो एक ही दीन दिया था लेकिन लोगों ने एक दीन खुद बना लिया, लिहाज़ा अब दुनिया में दो इस्लाम मौजूद हैं, हक़ीक़ी इस्लाम और तख़्लीक़ी इस्लाम। कुछ लोग कहेंगे की दूसरे गिरोह को जिसने खुद ही अपना दीन बना दिया है उसे, हम मुसलमान ही नहीं मानते, तो मेरे अपनों! मेरे या आपके मानने से कुछ नहीं होता, वो भी खुदको मुसलमान कहते हैं और दुनिया उन्हें

इसी नाम से पहचानती है।

बहरहाल, अब चूँकि दीन दो तरह के हैं, तो उसके मानने वाले मुसलमान भी दो तरह के होंगे, शरियत भी दो तरह की होंगी और आलिम भी दो तरह के होंगे। इस मौजू पर थोड़ी लंबी बात खिंचेगी लेकिन मैं, उन तमाम सवालों के जवाब लिखने की कोशिश करूँगा जो कभी ना कभी आपने ज़रूर सुने होंगे। सबसे पहले बात करते हैं दो तरह के आलिमों की तो इस्लाम में बाद ए नबी सल्लललाहु अलैहे व आलिही व सल्लम से ही दो तरह के आलिम हुए हैं। एक तो वो जिन्होंने मौला अली अलैहिस्सलाम को अमीरुल मोमिनीन माना और दूसरे वो जिन्होंने अमीरुल मोमिनीन अली अलैहिस्सलाम को काफ़िर कहा। आज भी आपको कई ऐसे आलिम मिल जाएँगे जो अबु सुफियान, मुआविया जैसे लोगों को ना सिर्फ़ मुसलमान बल्कि सहाबा तक साबित करते हैं, वहीं दूसरी ओर हज़रत अबु तालिब बिन अब्दुल मुतालिब को काफ़िर साबित करने के लिए बेफिज़ूल में बड़ा ज़ोर लगाते हैं।

आपको ये जानकर भी त'आज्जुब होगा की हज़रत हुसैन अलैहिस्सलाम के साथ कई आलिम खड़े हुए और करबला में अपनी जानों की कुर्बानियाँ पेश कीं, वहीं दूसरी ओर कई आलिमों ने ही आप सिब्त ए रसूल हुसैन अलैहिस्सलाम को बागी कहा, वाजिबुल क़त्ल कहा और आपके क़त्ल को जायज़ ठहराते हुए, सर कलम करने का फ़त्वा तक दिया। मैं उन्हें आलिम नहीं मानता लेकिन वो खुदको आलिम ए दीन कहते हैं, उनके मानने वाले, उन्हें आलिम ए दीन कहते हैं और हक़ीक़त तो ये है की आज भी उन्होंने सारी दुनिया में, खुद को मुसलमान के नाम से मशहूर कर रखा है। इसलिए मैं भी उनकी हक़ीक़त उजागर करते हुए साफ़ लिख रहा हूँ की हर मुसलमान, मुसलमान नहीं होता, हक़ीक़ी मुसलमान वो है जो हक़ीक़ी दीन को थामा हो। मेरे मुल्क की सर ज़मीं में पैदा हुए सैयद ख्वाजा मोईनुद्दीन चिश्ती रहमातुल्लाह अलैह साफ फरमा गए हैं, "दीन अस्त हुसैन।", यानी हुसैन ही हक़ दीन हैं, अफसोस की लोग आज तक ये ही नहीं समझ सके की ख्वाजा साहब ने कहा क्या है, उसे कुबूल करना, ना करना तो बहुत दूर की बात है।

रसूलुल्लाह सल्लललाहु अलैहे व आलिही व सल्लम के दुनिया से पर्दा फरमा लेने के फौरन बाद से ही अगर देखा जाए तो आलिम ए दीन दो तरह के मिलेंगे। पहले तो वो जिन्होंने खलीफ़ा ए वक़्त यानी उम्मत के चुने हुए खलीफ़ा के लिए नौकरी की चाहे खलीफ़ा ए अव्वल का दौर हो या इस्लाम के ज़ाहिरी, सातवें खलीफ़ा का दौर हो यानी यज़ीद पलीद का (अब फिर कुछ लोगों के दिल में ये सवाल आएगा की मैंने यज़ीद पलीद को सातवाँ खलीफ़ा क्यों कहा, तो इसमें मेरी गलती नहीं है, ये ही हक़ीक़त है, मुसलमानों ने इमाम हुसैन अलैहिस्सलाम का

हक़ खाकर, यज़ीद पलीद जैसे बदज़ात को अपना खलीफ़ा बनाया था और उसे बैयत भी दी थी।) या और बाद के खलीफ़ाओं का दौर हो।

दूसरे आलिम ए दीन वो जिन्होंने, हर दौर में अपने वक़्त के इमाम को थामा और उनकी ख़िदमत में रहकर दीन हासिल किया, इल्म हासिल किया और क़ुरआन ओ अहलेबैत अलैहिस्सलाम को थामकर ही ज़िंदगी गुज़ारी, साथ ही साथ, लोगों तक हक़ पहुँचाया। ग्यारहवें इमाम के बाद, बारहवें इमाम का दौर आया, ग़ैबत ए सुग़रा का दौर रहा, ग़ैबत ए कुबरा का दौर चल रहा है और जल्द ही ज़ुहूर ए इमाम भी होना बाकि है, लेकिन लोग ये भूल गए की इमाम ए क़ायम पैदा हो चुके हैं, मौजूद हैं, बस ज़ुहूर बाकि है। उनका दौर चल रहा है और उनके नायब और उनके अहलेबैत के बहुत लोग, आप इमाम अलैहिस्सलाम के लिए मेहनत करने में लगे हैं। तो बारहवें इमाम की ग़ैबत के बाद भी, हक़ीक़ी आलिमों ने क़ुरआन ओ अहलेबैत, चौदह मासूमीन और अपने दौर के सादातों को कभी नहीं छोड़ा।

यज़ीदी आलिम की एक सिफ़त ये है की वो शरियत के मुताबिक तो फैसला देता है लेकिन हालात को नहीं समझ पाता। क़ुरआन की एक आयत को नज़र में रखकर फैसले सुनाता है लेकिन ये भूल जाता है की ईमान, एक आयत से नहीं बनता बल्कि क़ुरआन की हर एक आयत से बनता है। क़ुरआन की एक आयत अगर कोई राज़ बयान करती है तो दूसरी आयत उसका खुलासा बयान करती है। एक आयत अगर इशारा करती है तो दूसरी आयत तफ़सीर बयान करती है। हक़ीक़ी दीन के आलिम, पहले किसी भी मसले को क़ुरआन ओ अहलेबैत की तालीम से परखते हैं, फिर ही फैसला देते हैं और उनके फैसले से हक़, क़ुरआन, हदीस और क़ौल ए मासूमीन अलैहिस्सलाम की खुशबू भी साफ़ महसूस की जा सकती है।

मैं ये बात करना तो नहीं चाहता क्योंकि लोगों को हक़ सुनकर बड़ी तकलीफ होती है लेकिन जहाँ ज़रूरत हो वहाँ हक़ बयान करना ज़रूरी भी हो जाता है चाहे लोगों का दिल दुखे या वो मुझे दुश्मन ही क्यों ना मानने लगें। मुझे इसमें कोई शक नहीं की क़ुरआन अल्लाह की किताब है, ना ही इस बात पर कोई शक है की क़ुरआन की हिफाज़त खुद अल्लाह कर रहा है। मेरा अक़ीदा है की क़ुरआन जैसा आया था, वैसा ही मौजूद है और उसमें एक नुक्ता की भी हेर-फेर नहीं की गई, ना ही की जा सकती है, लेकिन ये भी हक़ीक़त है की क़ुरआन अपनी असल सूरत में नहीं।

तीसरे खलीफ़ा के दौर में लोगों के पास रखे क़ुरआन को लाकर मिटाया गया बाज़ रिवायतों में यहाँ तक आता है की जलाया गया, उसके बाद, उसे नए सिरे से जमाया गया यानी आयतें तो नहीं बदली गईं लेकिन आयतों की जगह ज़रूर बदली गई, सूरतें आगे पीछे की गई, क़ुरआन को पारा-पारा किया गया और दलील ये दी गई की इस तरह क़ुरआन पढ़ने में आसानी होगी। यानी अल्लाह का नाज़िल किया तरीका सही नहीं था और किसी इंसान का जमाया तरीका ज्यादा सही होगा?

अब कुछ लोग कहेंगे की इससे क्या फ़र्क़ पड़ गया?, क़ुरआन तो वो ही है। बेशक क़ुरआन वो ही है और इससे उन लोगों को तो कोई फ़र्क़ नहीं पड़ा, जो बस क़ुरआन को पढ़ने को सवाब समझते हैं लेकिन ज़रा उन बंदों से पूछिए, जो तालिब ए इल्म हैं, जो क़ुरआन की एक-एक आयत को गहराई से पढ़ते हैं, समझते हैं फिर उन्हें हदीस और तारीख़ से मिलाकर समझने की कोशिश करते हैं, उन्हें क्या दिक्कत पेश आ रही है?, खुदा की कसम! इस बात को पढ़ तो सब लेंगे लेकिन इस बात को उस गहराई से सिर्फ़ वो ही समझेगा जिसने, हक़ की तहकीक की होगी।

अब सोचने वाली बात ये है की जब क़ुरआन को ही पारा-पारा कर दिया गया। आयतों को बदल नहीं सकते थे तो आयतों की जगह ही बदल दी, तो और क्या-क्या नहीं हुआ होगा?, जब छटवाँ खलीफ़ा यानी मुआविया और सातवाँ खलीफ़ा यानी यज़ीद हुक़ूमत करने लगा तो सैंकड़ों सहाबाओं को, हक़ीक़ी दीन के आलिमों को मारा-मरवाया गया और यज़ीद पलीद ने जो करबला में किया, वो किसी से छिपा नहीं है। फ़िक्र इस बात पर की जानी चाहिए की जिस खलीफ़ा ने, हज़रत हुसैन अलैहिस्सलाम और आल ए रसूल को क़त्ल तक करवा दिया था, जिसने नबी के घराने की बहु-बेटियों को बेचादर सफ़र करने पर मजबूर किया था, जिसने मासूमों को भी नहीं छोड़ा, औरतों-बच्चों पर जुल्म की इंतिहा कर दी, इमाम सज्जाद अलैहिस्सलाम और इमाम बाक़िर अलैहिस्सलाम (जो उस वक़्त छोटे थे), सकीना जैसी मासूम बच्ची को क़ैद में रखा, ऐसे खलीफ़ा और उसके पैरोकारों ने हदीस और तारीख़ में बदलाव नहीं कराए होंगे?, अहलेबैत अलैहिस्सलाम की शान में आई हदीसों को और तारीख़ी वाक़्यों को नहीं मिटवाया होगा?, खुद की, खुदके बाप-दादा और बाप-दादा के साथियों की झूठी फ़ज़ीलतें नहीं गढ़वाई होंगी?

आज बात-बात में दलीलें माँगी जाती है की फ़ज़ीलत ए अहलेबैत अलैहिस्सलाम की, शान ए चौदह मासूमीन की, बारह इमामों के मक़ाम की दलीलें पेश करो। सुनो अब दलीलें, इमाम नसाई जो शियाओं के नहीं बल्कि सुन्नियों के बड़े मुहद्दिस हैं (अहले सुन्नत हदीस के

जानकारों को या लिखने वालों को मुहद्दिस समझते हैं, इसलिए मुहद्दिस लफ़्ज़ इस्तेमाल कर रहा हूँ।), उन्हें मस्जिद में पीट-पीटकर शहीद किया गया और वजह क्या थी?, वजह ये थी की आपने, अली अलैहिस्सलाम से मुहब्बत में नबी सल्ललाहु अलैहे व आलिहे व सल्लम की कुछ सहीह हदीस सुना दी थीं। अहले सुन्नत वल जमात के ज़्यादातर लोग चार इमामों को मानते हैं यानी अबु हनीफ़ा, शाफई, मालिक, अहमद बिन हम्बल, वैसे तो इन पर भी दो अलग-अलग तरह के नज़रिए मिलते हैं, पर उस बारे में यहाँ बात नहीं करूँगा, मेरा मकसद बस इतना बताना है की ऐसा बताया जाता है की इन चार लोगों पर भी, ज़िक्र ए अहलेबैत की बिना पर शियाअत का फ़त्वा लगाया गया था। अब ये बात उनकी कर रहा हूँ जिन्होंने मुआविया को गलत नहीं कहा या खुलकर उसकी मुख़ालिफ़त नहीं की, उन्हें भी शिया राफ़ज़ी कहा गया, तो सोचिए की खुलकर अली अलैहिस्सलाम का हक़ बयान करने वालों, बाग ए फ़दक पर बयान देने वालों, इमाम अलैहिस्सलाम का साथ देने वालों के साथ क्या सुलूक किया गया होगा।

कुछ लोग कहते हैं की सैयद/सादात/आग़ा/ शरीफ़ या अल्वी वगैरह यानी औलाद ए ज़हरा और औलाद ए अली अलैहिस्सलाम, अरब में कम हैं और बाकि हर मुल्क में सैयद हैं यानी वो इस तंज में कहते हैं जैसे औलाद ए अली बची ही नहीं है और लोगों ने झूठा लकब लगा लिया जबकि हकीक़त तो ये है की खुद हज़रत अली अलैहिस्सलाम को मदीना छोड़ना पड़ा, हज़रत हसन अलैहिस्सलाम के लाशे पर तीर मारे गए, हज़रत हुसैन अलैहिस्सलाम की कब्र मुबारक भी उस मुल्क में नहीं है, जिस मुल्क में, उनके प्यारे नाना, अम्मा और भाई की मुबारक कब्रे हैं। सादात आज से नहीं, चौदह सौ साल पहले से ही बेवतन हो चुके हैं। इसकी भी दो वजह रहीं, पहली वजह तो ये की साथ में ना के बराबर लोग रहे तो दुश्मनों से लड़ना मुमकिन नहीं था और बेवजह ऐसी जगह रहने की इजाज़त नहीं है जहाँ हक़ दीन पर चल पाना मुमकिन ना हो यानी ऐसी जगह से हिजरत कर सकें तो करना चाहिए और खुद रसूलुल्लाह सल्ललाहु अलैहे व आलिहे व सल्लम ने भी की जैसा की क़ुरआन की आयत में भी मौजूद है। दूसरी वजह ये की दूसरे मुल्कों में जाकर, हक़ीक़ी दीन को फैला सकें क्योंकि मुसलमान तो कई मुल्कों में थे लेकिन ज़्यादातर तख़्लीक़ी दीन वाले थे ना की हक़ीक़ी दीन के पैरोकार।

मेरे अपनों! बड़ी मुश्किल से ये दीन हम तक पहुँचाया गया है, इसको हम तक पहुँचाने के लिए हमारे इमामों ने जो मेहनत की हैं और क़ुर्बानी दी हैं, वो तो बयान कर पाना ही नामुमकिन है, जंग ए अली अलैहिस्सलाम से लेकर, सुलह ए हसन तक, करबला ए हुसैन ने लेकर सफ़र ए सज्जाद तक और इमाम बाक़िर अलैहिस्सलाम से लेकर इमाम हसन असकरी तक, सभी ने बहुत बड़ी-बड़ी क़ुर्बानियाँ दी हैं और अब ये दौर ए इमाम क़ायम अलैहिस्सलाम है, जिसमें क़्याम किया जाएगा। इमाम अलैहिस्सलाम की तालीम को आम करने के लिए, मुहिब्ब ए

अहलेबैत अलैहिस्सलाम ने भी बहुत बड़ी-बड़ी कुर्बानियाँ पेश की हैं। मीसम तम्मार ने दार का मिम्बर आबाद किया है तो कभी अबा-वहाब ने बहलोल बनकर ज़िंदगी काटी है।

चाहे वो हज़रत सलमान, हज़रत अबुज़र, हज़रत मिक़्दाद, हज़रत मालिक ए अश्तर, हज़रत अम्मार जैसे सहाबा रज़िअल्लाह हों या हज़रत हुसैन इब्न ए रूह, हज़रत अब्दुल क़ादिर, हज़रत ख्वाजा मोईनुद्दीन, हज़रत निज़ामुद्दीन, हज़रत शहबाज़ कलंदर, हज़रत शेख़ सद्दूक़ जैसे अल्लाह के महबूब बंदे और औलाद ए अली हों, सबने अपने-अपने दौर में हक़ आम किया है। यूँ तो हमारे मुल्क में पहले से ही कुछ लोग मौजूद थे जो हज़रत मुहम्मद सल्ललाहु अलैहे व आलिही व सल्लम को अपना नबी तस्लीम कर चुके थे और इस्लाम को मानते थे लेकिन मुहम्मद बिन कासिम के जीत जाने के बाद से ही मुसलमानों की तादाद में थोड़ा और इज़ाफा हुआ लेकिन वो मुसलमान तख़्लीक़ी इस्लाम पर चलने वाले थे, कभी मदार शाह ने, कभी निज़ामुद्दीन औलिया ने, कभी शहबाज़ कलंदर ने हक़ आम किया। मेरे ख़्वाजा मोईनुद्दीन चिश्ती रहमातुल्लाह आलेह ने तो अपने दौर में कहा था "दीन अस्त हुसैन", जबकि उस दौर में अली अलैहिस्सलाम का नाम लेने वालों को शिया, राफज़ी, तफ्ज़ीली कहकर पुकारा जाता था। एक बात और वाज़ेह कर दूँ की हज़रत अब्दुल क़ादिर जीलानी रहमातुल्लाह के नाम से, मुआविया की शान में झूठी बातें बयान की जाती हैं और जिस किताब का हवाला दिया जाता है, उसमें बिगाड़ मुमकिन है और ये भी मुमकिन है की ये किताब किसी और ने लिखकर आपके नाम से मशहूर कर दी हो। जितना मैंने हज़रत अब्दुल क़ादिर जीलानी रहमातुल्लाह आलेह के अशआरों को पढ़ा और समझा है, मेरे अक़ीदे के मुताबिक वो खुद फ़क़त अहलेबैत अलैहिस्सलाम के इश्क़ और ग़ुलामी में सरशार रहने वाले बंदे थे।

अब बात करते हैं दलीलों की रावियों की तो दो बात ज़हन में ज़रूर रखें।बहुत सारे मुहिब्ब ए अहलेबैत अलैहिस्सलाम ऐसे भी गुज़रे हैं, जिन्होंने कुछ साल, इमाम अलैहिस्सलाम की ख़िदमत में रहकर ज़िंदगी गुज़ारी और बाद में इमाम अलैहिस्सलाम ने ही उन्हें वतन छोड़कर जाने का हुक्म दे दिया। जब उन लोगों ने और रुकने और सीखने की इजाज़त चाही तो इमाम अलैहिस्सलाम ने फरमाया कि, "नहीं! अब यहाँ से चले जाओ क्योंकि तुम अब, हुकूमत की नज़र में आ चुके हो, अनकरीब तुम पर हमले होंगे और तुम वो भी खो दोगे जो तुमने सीखा है। ये वाक़्या किसी एक इमाम के दौर में नहीं बल्कि हर एक इमाम अलैहिस्सलाम के दौर में पेश आया है। हुकूमत से बचते-बचाते, मुहिब्ब ए अहलेबैत अलैहिस्सलाम ने थोड़ा-थोड़ा सीख-सीखकर, बड़ी मुश्किल से हक़ीक़ी दीन हम तक पहुँचाया है। इसकी बड़ी क़द्र की जानी चाहिए।

कई बार मुहिब्ब ए अहलेबैत के आलिमों को गलत इल्ज़ाम लगाकर गिरफ्तार किया जाता था, उन पर तरह-तरह से जुल्म किए जाते थे। जब उन आलिमों को एहसास होता की अब गिरफ्तार किया जाएगा तो अपनी लिखी किताबें, दूसरों के हवाले करते और कभी इतनी मोहलत भी ना मिलती तो कहीं ज़मीन में गाड़ देते। बाज़ दफ़ा, वो आलिम 10-15 साल बाद रिहा किए जाते और छिपकर, उसी जगह पहुँचते, जहाँ किताबें गड़ाई थीं, उन्हें निकालते और देखते की किताब फट रही है, गल गई है, पन्ने फट रहे हैं, कहीं रावीयान का नाम नहीं बचा, कहीं हदीस ही पूरी नहीं बची, कहीं किताब ही पूरी गल चुकी है। अल्लाह बड़ा बुलंद मकाम दे उन आलिमों को की इसके बावजूद उन्होंने बुढ़ापे में दोबारा, अपनी ही पहले की लिखी किताबें जो खराब हो चुकी थीं, उन्हें दोबारा समझा, तहकीक की, सफ़र किए, फिर से रावीयान और उनके घरवालों से मिले और किताब लिखी। मेरे अपनों! यज़ीदी दीन के आलिम अगर शैतान से बदतर हैं तो हुसैनी दीन के आलिम, खुदा और मुहम्मद ओ आल ए मुहम्मद तक पहुँचने की राह हैं, उनकी वक़्त रहते क़द्र कर लेना और उनसे हक़ इल्म हासिल कर लेना ही समझदारी है और निजात है। अल्लाहु अकबर कसीरन कसीरा। अल्लाहुम्मा सल्ले अला मुहम्मद व अला आले मुहम्मद।

46. दीन ए खुदा और जाली अहदीस -

आज हर तरफ़ से एक शोर बुलंद होता है, फलाँ हदीस में ये बयान हुआ है, फलाँ हदीस में वो बयान हुआ है। फलाँ शख़्स की तारीफ़ में ये हदीस आई है वगैरह-वगैरह और जब बात अहलेबैत अलैहिस्सलाम की आती है तो दलीलें माँगी जाती हैं, ऐसा नहीं की फजीलत ए अहलेबैत अलैहिस्सलाम में एक भी हदीस मौजूद नहीं लेकिन ये भी हकीक़त है की जितनी हदीस बयान की गई, उतनी मौजूद नहीं।

एक और फ़िक्र करने वाली बात ये है की इमामों के नाम से यानी उनकी रिवायत से भी बहुत सी जाली हदीसें मौजूद हैं। किसी भी मौज़ू पर या किसी शख़्स की झूठी तारीफ़ में, लिखने और लिखवाने वालों ने अपनी तरफ़ से लिखकर, उसे इमामों से मंसूब कर दिया है।

एक हकीक़त जिसे मौलवी, आम करने से डरते हैं। वो ये है की हुकूमत के दिल में हमेशा से ही अहलेबैत अलैहिस्सलाम के लिए बुग्ज़ रहा है और क़ातिल ए अहलेबैत, दुश्मनाने अहलेबैत अलैहिस्सलाम से मुहब्बत रही है। अफसोस! हक़ ए अहलेबैत अलैहिस्सलाम को छीनने वाले, खाने वाले, दबाने वाले, रज़िअल्लाह बनकर बैठे हैं और रसूलुल्लाह सल्लललाहु अलैहे व आलिही व सल्लम को गोदी में पालने वाले, उनके मुहाफिज़, सरकार अबु तालिब

को काफिर ठहराया जाता है।

हर दौर में हुक्मरानों ने आलिम ए दीन यानी आलिम ए तख़्लीक़ी दीन की एक जमात तैयार की, जिसका काम ही ये था की वो झूठी हदीसें बनाए, अहलेबैत अलैहिस्सलाम की शान में आई हदीसों को मिटाए और रद्द करे और साथ-साथ इमामों की तरफ मंसूब करके, अपनी पसंद की बातें और पसंदीदा शख़्स की तारीफ लिख सके। हर दौर में हुकूमत ने अपना एक नुमाइंदा ऐसा भी तैयार किया जिसे दौर के इमाम के सामने खड़ा किया गया तो कुछ मुनाफ़िक़ ऐसे भी तैयार किए जो इमामों के सामने तो खुदको हक़ीक़ी दीन पर चलने वाला साबित करते रहे लेकिन इमाम अलैहिस्सलाम के पर्दा फरमाते ही उनके नाम से झूठी हदीस बयान करने लगते। इस पर अगर ग़ौर करें तो हैरान रह जाएँगे की कितनी मुश्किल से हक़ दीन हम तक आया है। कभी इमाम हसन अलैहिस्सलाम ने बड़ी सूझबूझ के साथ, मक्कारों से सुलह करके मुसलमानों को बचाया और दीन को आम होने की मोहलत दी तो कभी इमाम हुसैन अलैहिस्सलाम ने कुर्बानी ए अज़ीम पेश कर के दीन आम किया बल्कि यूँ कहूँ की जब हर तरफ़ सिर्फ़ तख़्लीक़ी दीन फैल गया था, हक़ीक़ी दीन का पता ही नहीं था तब हक़ीक़ी दीन जिंदा किया।

अगर हम हर दौर के इमाम अलैहिस्सलाम के क़ौल को देखें तो सभी इमामों ने किसी ना किसी के बारे में ये फरमाया है की फलाँ से हदीस मत लेना वो मेरे बाबा पर बोहतान कसता है, फलाँ से हदीस मत लेना की वो मेरे दादा की तरफ़ झूठी हदीस मंसूब करता है वगैरह। एक दौर ऐसा आया की हक़ीक़ी दीन पर चलने वाले मोमिन, हदीस लेने में तक डरने लगे और जब तक तहकीक ना हो जाए किसी ऐसे शख़्स से भी हदीस ना लेते जो खुदको इमाम अलैहिस्सलाम का पैरोकार बताता था, जब पूरी तसल्ली हो जाती तब ही हदीसें लेते।

आज के दौर तक भी ये चला आ रहा है, मौलवियों को भी मालूम है की अली अलैहिस्सलाम के गुलामों को भड़काना, बहकाना आसान नहीं इसलिए वो खुदको पहले तो मौलाई साबित करते हैं, इसके लिए वो फज़ीलत ए चौदह मासूमीन भी पढ़ते हैं और जब आपको ये यकीन आ जाए की ये मौलवी तो अली अलैहिस्सलाम का गुलाम है तब वो असल रंग में आते हैं और उन सबकी तारीफ़ में कसीदे पढ़ते हैं जिन्होंने कभी ना कभी 14 मासूमीन में से किसी ना किसी को तकलीफ दी हो। अगर उन्हें लगता है की इसमें भी कामयाब ना होंगे तो इमाम अलैहिस्सलाम की तरफ़ मंसूब कर-करके बयान करने लगते हैं की इमाम अली अलैहिस्सलाम ने फलाँ शख़्स की शान में ये कहा, इमाम बाक़िर अलैहिस्सलाम ने फलाँ शख़्स के दिफा में यूँ कहा वगैरह। अफसोस इस उम्मत पर की वो ये भूल गई की ये चौदह

के चौदह मासूमीन, मुहम्मद हैं। इनकी बातें एक-दूसरे को काटती नहीं हैं। ऐसा हो ही नहीं सकता की जिनसे फ़ातिमा सलामुल्लाह अलैहा नाराज़ हों उनसे कोई और मासूमीन राज़ी हो जाए या जिनसे अली अलैहिस्सलाम ने जंग की हो उस शख़्स को कोई और इमाम सही माने।

47. अहलेबैत अलैहिस्सलाम की मुहब्बत का झूठा दावा -

जब शैतान ने देखा की अली अलैहिस्सलाम के गुलामों और मुहिब्बों को हक़ से दूर नहीं किया जा सकता, इन्हें क़ुरआन ओ अहलेबैत अलैहिस्सलाम से जुदा करना लगभग नामुमकिन है तो उसने एक बड़ी साज़िश रची। शैतान ने अपने पैरोकार मुनाफ़िक़ों को मुहिब्ब ए अहलेबैत अलैहिस्सलाम की सफ़ों में दाख़िल करना शुरू किया। इतना तो ये पहले ही समझ चुके थे की अली अलैहिस्सलाम के गुलामों के दिलों से मवद्दत ए अहलेबैत अलैहिस्सलाम नहीं निकाली जा सकती इसलिए इन्होंने उल्टी तरकीब अपनाई और अहलेबैत अलैहिस्सलाम की मुहब्बत में हद से आगे बढ़ाने का काम किया। अहलेबैत से इश्क़ की यूँ तो कोई हद नहीं होती लेकिन अगर इसे, तौहीद ओ रिसालत से बढ़कर पेश किया जाने लगे तो ये हक़ीक़ी मवद्दत नहीं बल्कि हराम मुहब्बत में शुमार होने लगती है।

अली अलैहिस्सलाम के मानने वालों का खुला और ज़ाहिर अक़ीदा है की सिर्फ़ एक अल्लाह ही वाहिद रब है, वो अल्लाह ही ख़ालिक़ ए अकबर है और सारी कायनात का मालिक है। वो ही मालिक ए यौमिद्दीन है, वो ही रब उल आलामीन है। बाद ए ख़ुदा सबसे अफ़ज़ल, हमारे प्यारे आक़ा मुहम्मद सल्लललाहु अलैहे व आलिही व सल्लम हैं और बाद ए रसूल हम, आल ए रसूल को मानते हैं, पंजतन पाक को, चौदह मासूमीन को, बारह इमाम को और अहलेबैत अलैहिस्सलाम को मानते हैं। खुद को अली अलैहिस्सलाम का शिया बताने वाले कुछ लोग, अली अलैहिस्सलाम को खुदा कहते हैं, हालाँकि वो नुसेहरी हैं और शिया-सुन्नी दोनों ही उन्हें खुद से अलग मानते हैं लेकिन कुछ लोग ऐसे भी मौजूद हैं जो ये अक़ीदा रखते हैं की खुदा ने सिर्फ़ दुनिया बना दी है बाकि सारा निज़ाम चौदह मासूमीन चला रहे हैं यानी ये ही ज़िंदगी देते हैं, औलाद देते हैं, रिज़्क़ देते हैं, माँ के शिकम में औलाद को बानाते हैं और मौत देते हैं, ये ही हिसाब लेंगे और ये ही जन्नत-जहन्नुम तक़सीम करेंगे। ऐसे अक़ीदे भी दुरुस्त नहीं और ये हरगिज़, अली अलैहिस्सलाम के गुलामों के अक़ीदे नहीं हो सकते।

अली अलैहिस्सलाम के मानने वाले, तौहीद ओ रिसालत को सबसे ऊपर रखते हैं, उसके बाद विलायत ओ इमामत को मानता हैं। क़ुरआन ओ अहलेबैत अलैहिस्सलाम, दोनों को थामकर रखने का हुक्म है और वो दोनों को थामकर रखते हैं। एक बात और बता दूँ की,

गुमराह भी दोनों तरह के मौजूद हैं, कुछ तो ऐसे हैं जो कुरआन को थामे हैं लेकिन अहलेबैत अलैहिस्सलाम से दूर हैं, वहीं कुछ ऐसे भी हैं जो अहलेबैत अलैहिस्सलाम को तो थामे हैं लेकिन कुरआन से दूर हैं। एक और बात मैं समझाने की कोशिश कर रहा हूँ, इस पर फ़िक्र कीजिएगा, कुरआन इल्म है और मवद्दत ए अहलेबैत इश्क़ है, इन दोनों को थामना ज़रूरी है, बिना इल्म का इश्क़, कुफ्र तक ले जाता है और बिना इश्क़ का इल्म तकब्बुर तक ले जाता है। हक़ तब ही मिलता है जब हम इल्म और इश्क़, दोनों को एक साथ थामकर रखें। मेरे अपनों! मवद्दत ए अहलेबैत अलैहिस्सलाम के नाम पर भी हक़ से दूर करने वालों से बचना उतना ही ज़रूरी है, जितना की यज़ीदियों के मकर व फरेब से बचना ज़रूरी है।

बेशक वो अल्लाह ही ख़ालिक़ ए अकबर है जिसने कुरआन दिया और मुहम्मद ओ आल ए मुहम्मद को ख़ल्क़ किया। सिर्फ़ वो रब ही वाहिद रब है, अहद है की जिसे मासूमीन भी सजदा करते हैं। तमाम हम्द उस अल्लाह के लिए हैं जो अर्श व कुर्सी, ज़मीन ओ आसमान और जिन्न ओ इन्स से पहले मौजूद था। ना इन्सानी वाहिमों से उसे जाना जा सकता है और ना अक्ल ओ फ़हम से उस का अंदाजा ही हो सकता है। उसे कोई सवाल करने वाला, दूसरे साइलों से ग़ाफिल नहीं बनाता और ना बख़्शिश ओ अता करने से उसके यहाँ कोई कमी आती है। वह आँखों से देखा नहीं जा सकता और ना किसी जगह में उसकी हदबंदी हो सकती है। मेरे अपनों! तौहीद, रिसालत और विलायत को थामकर रखो। कुरआन ओ अहलेबैत को थामकर ही हक़ तक पहुँचा जा सकता है।

48. मुहिब्ब ए अहलेबैत और ज़ईफ हदीस -

तारीख़ में कई दौर ऐसे भी गुज़रे हैं की मुहिब्ब ए अहलेबैत अलैहिस्सलाम बड़ी मुश्किल से दीन को बचाकर, सीखकर आगे पहुँचा पाए। उन दौर में तहकीक कर पाना मुमकिन नहीं था इसलिए आलिमों ने हदीसों को जमा करने पर ज्यादा मेहनत की और ये सोचा की आगे चलकर या हुकूमत से बचकर जब मुमकिन होगा तब हदीसों की सनद जाँच ली जाएगी, उनपर तहकीक कर ली जाएगी और हुआ भी ये ही, आलिमों ने हदीसों को जमा किया, किताब की शक्ल दी और बाद में तहकीक करके उन्हें सहीह और ज़ईफ हदीस में बाँट दिया। कई बार तहकीक में पता चला की जिन्हें पहले के आलिम, रावी समझते थे, वो झूठा निकला और इस तरह उसकी रिवायत को रद्द कर दिया गया या ज़ईफ मानकर अलग कर दिया गया। यहाँ गौर करने वाली बात ये भी है की हर तालिब ए इल्म को हदीसों को समझना चाहिए और उनपर तहकीक करना चाहिए।

इल्म का समुंदर बड़ा गहरा होता है, किसी एक फिरके की किताबों को पढ़कर, उस एक फिरके को ही हक़ जानना और बाकि मसलकों और उनकी किताबों को गलत जानना भी लाइल्मी है। एक सच्चे तालिब ए इल्म का काम ये होना चाहिए की ज्यादा से ज्यादा वक़्त, इल्म सीखने में और तहकीक करने में लगाए। हर एक मसलक को जानने और समझने की कोशिश करे और हक़ीक़ी इल्म हासिल करता रहे। सौ फीसद सही तारीख़ तो कहीं नहीं मिल सकती क्योंकि हुक्मरानों ने अपने मुताबिक तारीख़ गढ़वाई होती हैं, ठीक ये ही मामला हदीसों का भी होता है की हुक्मरानों ने अपनी पसंद की जाली हदीस गढ़वाई होती हैं और नापसंदीदा सहीह हदीसों को मिटवाया होता है लेकिन फिर भी हक़ के कुछ मानने वाले अपनी जानों पर खेलकर हर दौर में हक़ आम करते हैं। कुरआन ही वाहिद ऐसी किताब है जिसमें शक की कोई गुंजाइश नहीं। लिहाज़ा हमें चाहिए की हम तारीख़ और हदीसों को, कुरआन पाक की रौशनी में पढ़ें और समझें। कुरआन ओ अहलेबैत को थामकर, सफ़र जारी रखें।

49. मसले मसाइल और आलिमों का अपनी गलती सुधारना -

अच्छे आलिम की ये पहचान है की वो दीन के मसलों पर अपनी निजी राय नहीं देता बल्कि जो भी कहता है कुरआन ओ हदीस की रौशनी में कहता है, सिर्फ़ वो ही बात बताते हैं जो कुरआन ओ अहलेबैत अलैहिस्सलाम के नज़दीक़ सही हो। फिर भी याद रखें की हमारे दीन के अच्छे आलिम भी मासूमीन नहीं हैं। कई बार ऐसा भी होता है की आलिमों से जाने-अनजाने में गलत फत्वे भी निकल जाते हैं या वो गलतबयानी कर देते हैं या किसी मसले-मसाइल पर गलत राय दे देते हैं लेकिन हक़ीक़ी आलिम की पहचान ये है की जैसे ही उसे इस बात का एहसास होता है, वो फौरन तौबा करके, अपनी कही बात से रुजू करता है और तहकीक के बाद, कुरआन और तालीम ए अहलेबैत की रौशनी में अपनी राय रखता है।

बेशक पैरवी और मानने के लायक तो सिर्फ़ ख़ुदा है, चौदह मासूमीन हैं और कुरआन है, इनके ही हुक्मों को मानना दीन है लेकिन एक आम मुसलमान के लिए दीन और शरियत की बारीकियों को समझना आसान नहीं होता इसलिए उसे ज़रूरत पड़ती है ऐसे आलिमों की जो किसी मसलक के लिए नहीं बल्कि हक़ीक़ी दीन के लिए मेहनत करते हों। हर इंसान को चाहिए की वो लगातार इल्म हासिल करता रहे, आलिमों के साथ वक़्त गुज़ारे और आलिमों को चाहिए की वो तहकीक के बाद, कुरआन और तालीम ए चौदह मासूमीन की रौशनी में हक़ आम करते रहें।

उन मसलकी आलिमों से बचना चाहिए जो कुरआन ओ अहलेबैत से हटकर, अपने पीर बाबाओं के कौल को हुज्जत बनाकर, मसले-मसाइल बताते हैं, बाबाओं के कौल को दलील

समझते हैं, खुदके मसलकी आलिमों की लिखी किताबों को दलील समझते हैं। ऐसे जाहिल! दीन ए इस्लाम के लिए नहीं बल्कि अपने मसलक (तख़्लीक़ी दीन) को बचाने के लिए कोशिशें करते नज़र आते हैं। मेरे अपनों! याद रखना, जितना ज़रूरी ये है की हम हक़ीक़ी इस्लाम के आलिमों के साथ वक्त गुज़ारें, उतना ही ज़रूरी ये है की हम तख़्लीक़ी इस्लाम के आलिमों के मकर व फरेब से खुदको बचा सकें।

50. मुजतहिदीन के दरमियान इख़्तिलाफ़ -

तीन बातें हमेशा ज़हन में रखना चाहिए पहली तो ये की सिर्फ़ एक किताब ही ऐसी है जिसमें शक की कोई गुंजाइश नहीं, वो है क़ुरआन और दूसरी बात ये की ऐसा नहीं की मासूमीन ने कोई बात गलत कही है लेकिन लोगों ने उनकी कही बातों को छिपाया है या उनकी तरफ मंसूब करके झूठी हदीसें गढ़ी हैं। तीसरी बात ये की, ज़रूरी नहीं की हुक्मरानों की वजह से ही बिगाड़ आया है, कई बार ये भी होता है की इंसान, भूल-चूक की वजह से, याददाश्त में कमी की वजह से भी गलतियाँ कर जाता है और ये ही गलतियाँ, मुजतहिदीन में इख़्तिलाफ़ की अहम वजह बनती हैं।

कुछ रावीयान ऐसे भी होते हैं जो किसी मुजतहिदीन के नज़दीक़ तो सच्चे हैं लिहाज़ा वो मुजतहिदीन उनसे रिवायत लेता है और सहीह मानता है, वहीं दूसरे मुजतहिदीन की नज़र में वो ही रावी सही नहीं होता तो वो उसकी हदीसें भी कुबूल नहीं करता और इस तरह मुजतहिदीन के दरमियान इख़्तिलाफ़ पैदा होता है।

लोगों को यूँ लगता है की चौदह मासूमीन ने किसी भी अमल से जुड़े मसले एक साथ बताए होंगे जबकि ऐसा नहीं है। इस बात को बड़ी ही आसानी से समझा जा सकता है, क़ुरआन में अगर आप देखें तो आपको वुजु और नमाज़ का मसला एक साथ लिखा नहीं मिलेगा बल्कि अलग-अलग आयतों में मौजूद मिलेगा और उसे जब तक हदीस के साथ मिलाकर नहीं देखा जाए तब तक समझ नहीं आएगा। अब नमाज़ का मसला भी अगर देखा जाए तो सज्दा कैसे करें, सज्दे में क्या पढ़ें, सज्दों के दरमियान क्या पढ़ें, सज्दे में कौन-कौन से आज़ा को ज़मीन से छिलाएँ वगैरह सबके अलग-अलग जगह मसले-मसाइल बयान हैं, अलग-अलग रावीयान की हदीस हैं और उसपर अलग-अलग मुजतहिदीन अपने इल्म और तहक़ीक की बिना पर क़ुरआन ओ हदीस की रौशनी में अपनी राय रखते हैं।

कभी-कभी किसी हदीस के दो रावीयान होते हैं और दो मुजतहिदीन उस पर तहकीक करते हैं, दोनों मुजतहिदीन के नज़दीक़, दोनों रावीयान सही और सच्चे होते हैं। अब याददाश्त की वजह से किसी रावी ने हदीस के दो लफ्ज़ कम कह दिए और दूसरे ने दो लफ्ज़ ज़्यादा कह दिए, अब किसी मुजतहिदीन के नज़दीक़ पहली रिवायत सही है तो किसी मुजतहिदीन के नज़दीक़ दूसरी रिवायत सही है।

वैसे तो इतना इल्म सीखना हर बालिग़ मर्द और औरत पर फर्ज़ है की हलाल और हराम का फ़र्क़ समझ सके, कुरआन और हदीस ए चौदह मासूमीन को समझ सके लेकिन कुछ लोग हर दौर में ऐसे भी होना चाहिए जो हक़ीक़ी दीन के आलिम ए दीन बनें। ये मुमकिन नहीं है की हर आदमी कुरआन ओ हदीस ओ तारीख़ को लेकर तहकीक करता रहे क्योंकि दुनियावी निज़ाम के लिए भी काम करने वाले लोग चाहिए लेकिन दुनिया के काम करने वालों को भी ज़रूरत है की कोई उन्हें हक़ीक़ी इल्म और तख़्लीक़ी इल्म का फ़र्क़ समझा सके और हक़ राह पर चलने में मदद कर सके। अब आलिमों/मुजतहिदीन के दरमियान मौजूद इख़्तिलाफ़ पर गौर ओ फ़िक्र करना सही है लेकिन बेहतर है की पहले उन अमल से जुड़े मसलों को समझा जाए जो हर मुसलमान के लिए जानना, समझना और अमल करना ज़रूरी हैं। एक मुसलमान के नाते आपको दीन पर अमल करना ज़रूरी है, तारीख़ ओ हदीस पर जो इख़्तिलाफ़ मौजूद हैं, उनपर बहस से बचना बेहतर है। हाँ पहले उन मसलों को समझें जिनपर अमल करना ज़रूरी है, उसके बाद अगर वक़्त हो तो उन मसलों की भी तहकीक करें जिनपर इख़्तिलाफ़ मौजूद हैं।

51. तयम्मुम पर इख़्तिलाफ़ -

कुरआन करीम में अल्लाह रब उल इज़्ज़त ने इरशाद फरमाया -

يَا أَيُّهَا الَّذِينَ آمَنُوا لَا تَقْرَبُوا الصَّلَاةَ وَأَنْتُمْ سُكَارَىٰ حَتَّىٰ تَعْلَمُوا مَا تَقُولُونَ وَلَا جُنُبًا إِلَّا عَابِرِي سَبِيلٍ حَتَّىٰ تَغْتَسِلُوا ۚ وَإِنْ كُنْتُمْ مَرْضَىٰ أَوْ عَلَىٰ سَفَرٍ أَوْ جَاءَ أَحَدٌ مِنْكُمْ مِنَ الْغَائِطِ أَوْ لَامَسْتُمُ النِّسَاءَ فَلَمْ تَجِدُوا مَاءً فَتَيَمَّمُوا صَعِيدًا طَيِّبًا فَامْسَحُوا بِوُجُوهِكُمْ وَأَيْدِيكُمْ ۗ إِنَّ اللَّهَ كَانَ عَفُوًّا غَفُورًا

ईमान वालों ख़बरदार नशे की हालत में नमाज़ के क़रीब भी ना जाना ताकि जो कुछ मुँह से कहो उसे समझो भी और जनाबत (बड़ी नजासत) की हालत में भी मगर ये कि (मस्जिद के) रास्ते से गुज़र रहे हो जब तक ग़ुस्ल न कर लो और अगर बीमार हो या सफ़र की हालत में हो और किसी के पैख़ाना निकल आये, या औरतों से सोहबत की हो और पानी न मिले तो पाक सूखी मिट्टी से तयम्मुम कर लो इस तरह कि अपने चेहरों और हाथों पर मसह (मस करना) कर लो बेशक ख़ुदा बहुत (बड़ा) माफ़ करने वाला और बख़्शने वाला है।

(सूरः निसा की आयत 43)

कुरआन पाक की सिर्फ़ इस एक आयत में ही तयम्मुम का ज़िक्र मौजूद है और लफ्ज़ "सईदा" आया है। अब अलग-अलग मुजतहिदीन और आलिमों के नज़दीक़, तयम्मुम का मसला भी अलग-अलग है। कुछ आलिमों ने इसका मायना मिट्टी ही लिया है और कुछ आलिमों ने ज़मीन की ऊपरी सतह लिया है, जिन्होंने ज़मीन की ऊपरी सतह लिया है, उनके नज़दीक मिट्टी के अलावा पत्थर और रेत भी तयम्मुम के लिए इस्तेमाल किए जा सकते हैं। इस मसले पर अगर गौर किया जाए तो हम पाएँगे की मिट्टी को तयम्मुम के लिए सबसे सही मानना हर लिहाज़ से बेहतर है और इसपर किसी को ऐतराज नहीं लेकिन मसला तब आता है जब कोई सहरा में हो और वहाँ मिट्टी की जगह सिर्फ़ रेत ही रेत नज़र आ रही हो या पत्थरीली जगह पर हो, जहाँ सिर्फ़ पत्थर ही पत्थर मौजूद हों। ये बात बताने का मकसद भी सिर्फ़ इतना है की इख़्तिलाफ़ हर जगह हैं, कुरआन की आयत पर इख़्तिलाफ़ नहीं है तो आयत के तर्जुमे और तफ़्सीर में भी इख़्तिलाफ़ हैं इसलिए ज़रूरी है की हर मसले पर तहकीक की जाए और आलिमों से मसले समझे जाएँ।

52. जुबान-भाषाओं का फ़र्क़ और इख़्तिलाफ़ -

सबसे पहले तो ये बात ज़हन में रखें की पहले अरबी जुबान को लिखते वक़्त नुक़्ता, ज़बर, ज़ेर वगैरह यानी मात्राएँ नहीं लगाई जाती थीं और जब जोड़ी गईं तो उसकी वजह से भी लफ्ज़ अलग-अलग तरह से लिए और समझे गए। अरबी के बाद, दीन से जुड़ी किताबें, फारसी और उर्दू में लिखी गईं या ट्रांसलेट की गईं और कई लफ्ज़ ऐसे भी रहे जो अरबी और उर्दू या उर्दू और फारसी दोनों में मौजूद थे लेकिन उनके मायने अलग अलग थे लिहाज़ा इस वजह से भी इख़्तिलाफ़ पैदा हुए। तारीख़ को लेकर भी इख़्तिलाफ़ रहे और लोगों ने अपने अपने नज़रिए और राय रखीं और लिखीं, जिस वजह से भी इख़्तिलाफ़ पैदा हुए।

पहले बात करते हैं लफ्जों की वजह से हुए इख़्तिलाफ़ की तो हकीम का मायना अरबी में समझदार आदमी है जबकि उर्दू में डॉक्टर के लिए इस्तेमाल होता है। कमर का मायना अरबी में चाँद है लेकिन उर्दू में waist के लिए इस्तेमाल होता है। फ़कीर लफ्ज़ अरबी में गरीब के लिए तो उर्दू में पाक वली सिफत इंसान के लिए इस्तेमाल होता है। ग़रीब लफ्ज़ का अरबी में मायना अजनबी होता है लेकिन उर्दू में मुफ़लिस के लिए इस्तेमाल किया जाता है। हजामत लफ्ज़ का मायना, बाल कटाना भी है तो खून बहना/बहाना भी। ठीक इसी तरह उर्दू और फारसी के लफ्ज़ों में भी फ़र्क़ मौजूद है। शादी लफ्ज़ का इस्तेमाल उर्दू में निकाह के लिए किया जाता है लेकिन फारसी में इसका मायना खुशी से लिया जाता है। लफ्ज़ "नज़रिया" को

Theory और Ideology दोनों तरह से लिया जाता है। लफ्ज़ "दौलत", कहीं पैसे और संपत्ति के लिए, कहीं हुकूमत के लिए तो कहीं राज्य के लिए भी इस्तेमाल किए जाते हैं और भी इस तरह के कई लफ्ज़ रहे जो लोगों के समझने या ट्रांसलेशन करने में या समझाने में गड़बड़ हो गए या चूँकि दोनों मायने ही सटीक बैठ रहे थे तो किसी ने कुछ मायना ले लिया, किसी ने कुछ और इस तरह भी इख़्तिलाफ़ पैदा हो गया।

अब कुछ इख़्तिलाफ़, तारीखों पर भी हैं जैसे रसूलुल्लाह सल्लललाहु अलैहे व आलिही व सल्लम की पैदाइश का दिन पीर माना जाता है लेकिन तारीख में इख़्तिलाफ़ है। आपकी वफ़ात की तारीख़ में भी इख़्तिलाफ़ है। ठीक इसी तरह अम्मा फातिमा सलामुल्लाह अलैहा की वफ़ात की तारीख़ पुरानी किताबों में मौजूद नहीं बल्कि रसूलुल्लाह सल्लललाहु अलैहे व आलिही व सल्लम की वफ़ात से आपकी वफ़ात होने के दरमियान दिनों की तादाद बताई गई है और चूँकि रसूलुल्लाह सल्लललाहु अलैहे व आलिही व सल्लम की वफ़ात की तारीख़ में ही इख़्तिलाफ़ है तो अम्मा फातिमा सलामुल्लाह अलैहा की वफ़ात की तारीख़ में भी इख़्तिलाफ़ मौजूद है।

तारीख़ या लफ्ज़ों की बुनियाद पर ऐसे कई इख़्तिलाफ़ मौजूद हैं जिनसे कोई ख़ास फ़र्क़ नहीं पड़ता, हक़ीक़ी दीन के आलिमों के दरमियान भी अपनी-अपनी तहकीक के हिसाब से इख़्तिलाफ़ हैं लेकिन अब बात करते हैं कुछ ऐसे इख़्तिलाफों पर जिन्हें जानबूझकर बनाया गया और इन इख़्तिलाफों पर हक़ीक़ी दीन के तमाम आलिम साथ और तख़्लीक़ी दीन के आलिम अलग नज़र आते हैं। मसलन के तौर पर ईमान ए सरकार अबु तालिब, हक़ ए फदक ए फातिमा, हक़ ए खिलाफ़त, हक़ ए इमामत, करबला वगैरह-वगैरह।

ये इख़्तिलाफ़, किसी लफ्ज़ या तारीख़ की वजह से नहीं बने बल्कि हक़ को दबाने और छिपाने के लिए जानबूझकर बनाए गए हैं। तारीख़ और लफ्ज़ों के मायनों की वजह से पैदा हुए इख़्तिलाफ़ को तो नज़रअंदाज़ किया जा सकता है, अपने मो'अतबर आलिम से या खुद ही थोड़ी तहकीक करके समझा जा सकता है लेकिन ये जानबूझकर पैदा किए गए इख़्तिलाफों को समझना, बेहद ज़रूरी है क्योंकि ये भी हक़ीक़ी दीन और तख़्लीक़ी दीन का फ़र्क़ वाज़ेह करते हैं।

53. जल्द शादी करने की ताकीद -

हमारे मुआशरे में एक ऐसी तख़्लीक़ी रस्म भी है जो हक़ीक़ी शरियत से टकरा रही है, वो है शादियों में देरी करना। अगर घर में बेटी है तो बेटा बड़ा भी हो तो उसकी शादी, बेटी के बाद कराने का रिवाज है, अगर बड़ी बहन का किसी वजह से निकाह नहीं हो पा रहा है तो छोटी बहन या छोटे भाई का भी निकाह नहीं कराया जाता। ये कौन सी शरियत है, जिसमें बड़े भाई-बहन की शादी ना होने तक छोटे भाई-बहन की शादी नहीं की जा सकती?, मसलन के तौर पर अगर किसी के दो बेटे हैं और बड़ा बेटा नफ़्स पर क़ाबू रखता है या कैरियर बनाने की मेहनत की वजह से निकाह नहीं कर रहा या किसी बीमारी की वजह से कुछ साल निकाह नहीं करना चाहता तो छोटे भाई का निकाह क्यों रोका जाए?

एक बात और देखने को मिलती है की माँ-बाप ख़ुद आगे बढ़कर औलाद का निकाह नहीं करवाते और अगर औलाद ख़ुद से निकाह की बात करे तो उसे नफ़्स पर क़ाबू करने की सलाह देते हैं, मेरे अपनों! बेवजह निकाह वाजिब लगने के बावजूद ना करके अपने ही नफ़्स से हर रोज़ क्यों टकराना?, जबकि निकाह का रास्ता खुला है। बड़े ही अफसोस के साथ ये बात कह रहा हूँ लेकिन हक़ीक़त तो ये ही है की आजकल के दुनियावी जदीदी सोच रखने वाले माँ-बाप, ख़ुद ही अपनी औलादों को गुनाह के रास्तों पर चलने पर मजबूर करते हैं।

अगर आपके दो बेटे हैं और बड़े बेटे को भूख नहीं लगी जबकि छोटे बेटे को भूख लगी है तो क्या इस बिना पर उसे खाना नहीं दिया जाएगा की पहले बड़ा भाई खाना खा ले, फिर तुम खाना?, अफसोस होता है मुआशरे पर और लोगों की सोच पर जहाँ लड़का-लड़की, गैर औरत-गैर मर्द के साथ घूमते हैं, गलत काम करते हैं लेकिन मुआशरे को फ़र्क़ नहीं पड़ता लेकिन कोई अल्लाह का बंदा या बंदी गुनाह से बचने के लिए अगर निकाह की बात कर दे तो उसे इस तरह से देखा जाता है जैसे उसने ज़िना की बात कर दी हो। रसूलुल्लाह सल्लल्लाहु अलैहे व आलिही व सल्लम ने तो हुक्म दिया था की निकाह को इतना आसान कर दो की ज़िना मुश्किल लगने लगे लेकिन उम्मत ने निकाह को इतना मुश्किल कर रखा है की ज़िना उससे आसान हो गया है।

दूसरे मज़हबों और उनकी तहज़ीब में ये बात मौजूद है की जब तक बड़े भाई/बहन का निकाह ना हो, तब तक छोटे भाई/बहनों का रिश्ता नहीं कराया जाता लेकिन मज़हब ए इस्लाम में ऐसे किसी रस्म ओ रिवाज की जगह नहीं। कई बार ये भी देखने में आता है की अगर बड़ी बेटी को अच्छे रिश्ते नहीं आ रहे तो छोटी बेटी के लिए आया हुआ अच्छा रिश्ता भी ठुकराया दिया जाता है। ये डर भी रहता है की छोटी बेटी की शादी पहले हो गई तो बड़ी बेटी की शादी फिर कभी नहीं हो सकेगी और इसके ज़िम्मेदार वालिदैन के साथ-साथ, पूरा मुआशरा भी

है और ऐसे हालात बनने-बनाने के ज़िम्मेदार भी हम ही हैं, हमने ही क़ुरआन ओ अहलेबैत अलैहिस्सलाम को छोड़कर, तख़्लीक़ी शरियत को थाम रखा है।

पहले तो ये रस्म, सगे भाई-बहनों तक ही सिमटी हुई थी लेकिन अब ये बढ़कर इतनी आम हो गई है की अब बच्चे को अपने सगे भाई-बहन के साथ-साथ चचा-बाबा, मामू-फूफी-खाला वगैरह की औलादों की शादी होने तक भी इंतजार करना पड़ता है। अगर आप मुसलमान हैं तो तक़दीर पर ईमान रखते होंगे और अगर तक़दीर पर ईमान रखते हैं तो ये भी मानते होंगे की अगर बड़ी बेटी की तक़दीर में रिश्ता है तो इससे फ़र्क़ नहीं पड़ता की छोटी बेटी या छोटे बेटे की शादी पहले हुई या बाद में और अगर उसकी तक़दीर में रिश्ता ही नहीं है तो चाहे आप दस और लोगों की भी शादियाँ रुकवा दें लेकिन फिर भी उसे रिश्ता नहीं मिल सकेगा।

आख़िर में बस इतना कहूँगा की वबा की तरह फैली इस रस्म को आसानी से और जल्दी ख़त्म नहीं किया जा सकता लेकिन कमज़ कम आप खुद में इस बात का अहद कर सकते हैं की अगर इस तरह के हालात आपके सामने आएँगे तो आप अपनी औलाद के साथ गलत ना करके, उसके साथ इंसाफ करेंगे और गुनाहों से बचने में, खुद को साबित कदम रखने में उसकी मदद करेंगे।

54. जहन्नुम की तरफ ले जाने वाले चार अमल -

मौला अली अलैहिस्सलाम और बाकि सभी इमामों ने चार बदतरीन अमल बयान किए और फरमाया की जो भी ये चार काम करेगा वो जहन्नुम में डाला जाएगा। प्यारे आक़ा रसूलुल्लाह सल्लललाहु अलैहे व आलिही व सल्लम की भी हदीस मौजूद है की मेरी उम्मत में ऐसा बदतरीन दौर भी आएगा जहाँ औरत ये चार बदतरीन काम करेगी और शौहर उसे उन बदतरीन कामों को करने की इजाज़त दे देगा।

पहला काम है तफरी यानी घूमना-फिरना, बीवी शौहर से तफरी की इजाज़त माँगेगी और शौहर इजाज़त दे देगा। दूसरा काम है शादियों में जाना, बीवी शादियों में शरीक होने की इजाज़त माँगेगी और शौहर इजाज़त दे देगा। तीसरा काम है जंग में शरीक होना, बीवी अपने शौहर से जंग में शरीक होने की इजाज़त माँगेगी और वो दे देगा और आख़िर में चौथा काम है बारीक लिबास पहनना, बीवी अपने शौहर से बारीक लिबास माँगेगी तो शौहर खुद लाकर दे देगा।

हदीस में यहाँ तक बयान हुआ है की ये मेरी उम्मत का सबसे बदतरीन दौर होगा। अब सोचने और गौर ओ फ़िक्र करने की बात ये है की ना ही घूमना-फिरना हराम है और ना ही शादियों में शामिल होना हराम है। यहाँ तक ज़रूरत आने पर जंग की नौबत आ जाए तो भी औरत जंग में शरीक हो सकती है हालाँकि ये तब कर सकती है जब ये ही आखिरी रास्ता बचा हो, इस पर इख़्तिलाफ़ भी है बहरहाल बारीक लिबास को अगर छोड़ दिया जाए या ऊपर के दो कामों पर ग़ौर किया जाए तो हम पाएँगे की घूमना-फिरना और शादियों में शरीक होना तो पहले से ही होता आ रहा है फिर इसे बदतरीन दौर की निशानियों में क्यों रखा गया?

दरअसल बात ये है की अब तफरी और घूमने-फिरने के नाम पर बेहयाई आम होती जा रही है, शादियों के नाम पर पर्दा छूटता जा रहा है और महरम-गैरमहरम की तमीज़ भी ख़त्म होती जा रही है। हमेशा पर्दे में रहने वाली खातूनें भी, घूमने-फिरने के नाम पर और शादियों के नाम पर पर्दे को छोड़ देती हैं और गैरमर्दों के साथ ना सिर्फ़ बातें बल्कि हँसी-ठिठोली करती हुई भी नज़र आती हैं। याद रखें ऐसे शौहर-बीवी, दोनों की सख़्त पकड़ होगी।

55. एक बुज़ुर्ग आबिद का वाक़्या -

वैसे तो ये हिकायतें लिखी और सुनाई इसलिए जाती हैं ताकि लोग नसीहत हासिल करें, इनके सहीह होने या ना होने की कोई दलील नहीं होती फिर भी लोगों को गफ़लत से बेदार करने के लिए सुनाई जाती हैं। ऐसा ही एक वाक़्या बयान किया जाता है, किसी दौर में एक बुज़ुर्ग था जो बड़ी इबादतें करता था और जाना-माना आबिद था, एक रोज़ उसने खुदा से अपनी इबादतों के मुताल्लिक पूछा की क्या मेरी इबादतें कुबूल हो रही हैं, जवाब आया, नहीं तेरी इबादतें रोक दी गई हैं, यहाँ ज़हन में रखें की तौबा का दरवाज़ा अब भी खुला है, इबादतें रद्द नहीं की गईं बल्कि उनकी कुबूलियत रोकी गई है। बहरहाल, उस आबिद ने इबादतों के कुबूल ना होने की वजह पूछी तो जवाब आया इसकी वजह तुम्हारी बीवी का एक शादी में जाना था।

वो आबिद घर आया और बीवी से उस शादी में शरीक होने के मुताल्लिक पूछने लगा जिसकी इजाज़त उसने खुद दी थी तो बीवी कहने लगी, उस शादी में मुझसे बहुत गलतियाँ हुई थीं, जैसे बेपर्दगी, गैरमर्दों से थोड़ी बातचीत, दुल्हन के नज़दीक गाना-बजाना वगैरह और इन बेफिज़ूल के कामों की वजह से मेरी नमाज़ भी कज़ा हो गई थी। दोनों ने सच्ची तौबा की और खुदा ने उन्हें माफ भी किया। मेरे अपनों! हमें भी ज़रूरत है की हम बेफिज़ूल के कामों से बचें।

यहाँ पर दो बातें और बताना चाहूँगा की बाजा यानी आलात ए मौसिकी बजाना जायज़ नहीं बाकि नात ओ हम्द पढ़ना या जंग में जाँबाज़ों की हिम्मत में इजाफा करने के लिए नज़्म पढ़ना या शादी में दायरा ए शरियत में रहते हुए बिना बाजे के अच्छी नज़्म पढ़ना हराम नहीं लेकिन उसकी आवाज़ गैरमर्दों तक नहीं जाना चाहिए बाकि नाच-गाना-बजाना हराम है और चूँकि शरियत का ख्याल नहीं रखा जाता इसलिए कोशिश ये करनी चाहिए की इस तरह के कामों से मुकम्मल तौर पर बचा जाए। एक बात और की अपनी शादी के मौके पर या शादी के बाद भी कुछ दिनों तक रोज़मर्रा से हटकर थोड़े रंगीन और अच्छे दिखने वाले कपड़े पहनने में भी हर्ज़ नहीं लेकिन ख़्याल इस बात का रखा जाना चाहिए की गैरमर्द की निगाह ना पड़े, मर्द भी इस तरह से रोजमर्रा से हटकर कपड़े पहन सकता है।

वैसे तो शरियत के दायरे में रहते हुए खुशी की नज़्में भी पढ़ना हराम नहीं लेकिन मेरे नजदीक तो बेहतर ये है की खुशी के मौके पर भी कुरआनख्वानी करना, मीलाद शरीफ़ पढ़ना जिसमें नात-हम्द व सलाम पढ़ना सबसे बेहतर है। फज़ीलत ए अहलेबैत में लिखी मनक़बत पढ़ना ज्यादा बेहतर अमल होगा।

56. मूसा अलैहिस्सलाम को रब की नसीहतें -

जब मूसा अलैहिस्सलाम, कोह ए तूर पर गए और रब से ऐसी नसीहतें करने के लिए गुज़ारिश की जो उम्मत तक पहुँचा सकें तो जवाब आया, "ऐ मूसा! जब तक मेरे ख़जाने ख़त्म होने का यकीन ना आ जाए तब तक रिज़्क़ के लिए परेशान ना होना यानी रिज़्क़ की फ़िक्र ना करना। जब तक तुम्हें ये यकीन ना हो जाए की तुम्हारे ऐब और खताएँ बख्श दी गई हैं, दूसरों में ऐब, गुनाह और बुराइयों को मत तलाशना। जब तक तुम्हें शैतान के मरने का यकीन ना हो जाए उसकी तरफ से मुतमईन ना बैठना यानी हर वक़्त शैतान के फरेब से बचना और उसके बरगलाने से डरना की वो किसी भी वक़्त, किसी भी सूरत में आकर तुम्हारे ईमान पर हमला कर सकता है और करता रहेगा, वो किसी के भी ईमान को चुराकर ले जा सकता है।"

शैतान तो अम्बियाओं और मासूमीन को भी बहकाने की कोशिश करता है जबकि उनपर उसका ज़ोर नहीं चल सकता। तआज्जुब होता है इंसान की सोच पर की जब वो दुनिया की ज़रा सी दौलत पाता है तो अपना रहन-सहन और पहनावा बेहतर करता है, पैसे को हिफाज़त से रखने के लिए बैंक, तिजोरी, वगैरह बनाता है और दिन-रात माल में इजाफ़ा करने और जमा माल की हिफाज़त करने की कोशिश करता है लेकिन अफसोस की दौलत से करोड़ों गुना बल्कि बेहिसाब, बेशकीगती ईमान की तरफ से ग़ाफिल है, ना ही ईमान को बढ़ाने की

फ़िक्र करता है और ना ही ईमान की हिफाज़त ही करता है और इसका फायदा शैतान बखूबी उठाता है। हमें अपनी ज़िंदगी के आख़िरी लम्हे तक भी, शैतान से जंग जारी रखनी है, उसे इतनी मोहलत नहीं देनी है की वो हमारे ईमान को चुरा सके। अल्लाह हम सबको हक़ दीन पर जमाए रखे और शैतान के मकर व फरेब से बचाए।

57. शरियत में निकाह की ताकीद -

एक हदीस में यूँ भी आता है की जिसने निकाह किया उसने आधे दीन को बचा लिया, ये इसलिए भी कहा गया है क्योंकि निकाह होने से इंसान बहुत सारे ऐसे गुनाहों से बच जाता है जिनसे बगैर निकाह बच पाना बहुत ही मुश्किल है। हर चीज़ की हिफाज़त का अपना एक अलग तरीका है, मसलन के तौर पर बच्चों को बचाना, माल को बचाना, जान को बचाना वगैरह, ठीक ऐसे ही उन नफ्साती ख्वाहिशों से जिनसे ज़िना की तरफ झुकने का डर हो, उनसे खुदको बचाने का भी अपना अलग तरीका है और वो है निकाह। अगर जिस्म ओ दिल में नफ़्साती ख़्वाहिशें बढ़ रही हैं तो ज़रूरी है की शरियत के बताए तरीके पर अमल किया जाए। कुछ लोगों का ये मानना भी होता है की बीवी-बच्चों को कौन खिलाएगा यानी उनका रिज़्क़ कहाँ से आएगा, ये भी अल्लाह से बदगुमानी करने की मानिंद है क्योंकि रिज़्क़ देने का ज़िम्मा अल्लाह का है और वो अपनी हर मख़्लूक़ को रिज़्क़ अता करता है।

निकाह करो अगर तुम फ़कीर हो, तो अल्लाह तुम्हें गनी कर देगा, जिसने गुरबत या पैसे की कमी की वजह से शादी नहीं की उसने रब से बदगुमानी की। रसूलुल्लाह सल्लललाहु अलैहे व आलिही व सल्लम और हमारे इमामों ने निकाह को पसंद फरमाया है और अल्लाह ने भी नस्लों को चलाने का, आगे बढ़ाने का ज़रिया निकाह को ही मुकर्रर कर रखा है। अगर सवाब के लिहाज़ से भी देखें तो ये वो नेक काम है जिससे कई ज़िम्मेदारियाँ जुड़ी हैं तो इसमें सवाब भी बहुत मिलता है।

जब औलाद जवान होती है, चाहे मर्द हो या औरत, उसमें निकाह की या नफ़्साती ख़्वाहिश भी पैदा होती है अगर उसे निकाह की तरफ नहीं मोड़ा गया तो वो ज़िना की तरफ़ झुक जाएगा और इसके ज़िम्मेदार उसके माँ-बाप और वो औलाद खुद होगी। कुछ लोग ऐसे भी होंगे जो हश्र के रोज़ अपना नामा ए आमाल देखेंगे तो उसमें ज़िना का गुनाह लिखा हुआ पाएँगे और अल्लाह से इस गुनाह के मुताल्लिक़ पूछेंगे तो जवाब आएगा की तेरे बेटे या बेटी ने इस गुनाह को अंजाम दिया था, उसकी शादी की उम्र हो गई थी लेकिन तुम उसका निकाह ना करवाकर उसे गुनाह की तरफ ढकेल रहे थे लिहाज़ा तुम्हें भी इसका अज़ाब दिया जाएगा। याद रखें, मोमिन पाँच कामों में बड़ी जल्दबाज़ी करता है यानी जल्द से जल्द इन कामों को करने की

कोशिश करता है, नमाज़ अदा करने में, मुर्दे को दफ्नाने में, कर्ज़ की अदायगी में, तौबा करने में और बेटी का निकाह करने में।

निकाह की उम्र हो जाने के बाद, जवानों की रातों की इबादत में जो सवाब है, वो ही सवाब शादीशुदा लोगों की नींद में बताया गया है यानी हर तरह से निकाह की तरफ झुकाया गया है। निकाह करना कई फसादों और गुनाहों से बचाता है लिहाजा हमें चाहिए की अपनी औलादों का निकाह जल्द से जल्द कराएँ।

58. हज़रत बिलाल की शादी का वाक्या -

एक सहाबी की बेटी शादी के काबिल हो गई तो वो रसूलुल्लाह सल्लललाहु अलैहे व आलिही व सल्लम के पास मशवरा माँगने के लिए आए तो सहाबी और सहाबी के बेटे कहने लगे की आप तो हमारे खानदान और रुत्बे के बारे में, हमारी दौलत के बारे में जानते हैं और हम अपनी बराबरी में शादी करना चाहते हैं, रसूलुल्लाह सल्लललाहु अलैहे व आलिही व सल्लम ने फरमाया, "बिलाल से शादी कर दो।", वो सहाबी उठकर चले गए, अगले दिन फिर आकर ये पूछा लेकिन जवाब ये ही मिला की बिलाल से कर दो। वो सहाबा चले गए और चंद रोज़ के बाद फिर से आए और ये ही सवाल किया लेकिन फिर भी ये ही जवाब मिला की बिलाल से कर दो। वो सहाबा ने एक बार फिर अपने माल ओ ज़र और रुत्बे के बारे में बताया, रसूलुल्लाह ने मुस्कुराकर फिर फरमाया, "अगर किसी जन्नती मर्द से निकाह कराना चाहते हो तो तुम्हें बिलाल से बेहतर रिश्ता नहीं मिलेगा।"

तआज्जुब की बात है की हज़रत बिलाल रज़िअल्लाह बड़े ही आला मकाम के सहाबा हैं लेकिन चूँकि हब्शी गुलाम थे इसलिए लोग उन्हें बेटी देने में डर रहे थे और कुछ ऐसा ही हाल आज के मुआशरे में भी मौजूद है। लोग लायक लड़का मिलने के बावजूद भी उसके रंग, कद, रुत्बे, माल, नौकरी, खानदान वगैरह में कमी निकालकर रिश्ता तय नहीं करते, इस बात से किसी को फ़र्क़ ही नहीं पड़ता की लड़का या लड़की दीनदार हैं या नहीं?, उन्होंने कुरआन ओ अहलेबैत अलैहिस्सलाम को थामा है या नहीं?, अफसोस की अब लोग अल्लाह वालों को ठुकराकर, दुनियादार लोगों को अपनी औलाद के लिए चुनते हैं यानी उस शख़्स को ठुकरा देते हैं जो आख़िरत तक साथ देने वाला है।

59. मुआशरा और फिज़ूल खर्च -

अपनी बात शुरू करने से पहले, ये याद दिलाना चाहूँगा की हम अक्सर ये कहकर खुदको बरी समझ लेते हैं की मुआशरा ही खराब है लेकिन दर हक़ीक़त ये मुआशरा, हम और आप से ही मिलकर बना है यानी अगर हम खराब रहेंगे तो मुआशरा खराब रहेगा और हम सही रहेंगे तो मुआशरा भी सही रहेगा। अगर हम अपनी जिंदगियों में दीन ओ शरियत दाखिल कर लें तो मुआशरा भी दीन ओ शरियत पर आ जाएगा और अगर हम ही दीन ओ शरियत से दूरी बना लें तो मुआशरा भी अपने आप ही दीन ओ शरियत से दूर हो जाएगा। अफसोस की बात है लेकिन ये हक़ीक़त है की शैतान के साथियों की मेहनतों की वजह से और हक़ दीन के आलिमों की ग़फ़लत या ख़ामोशी की वजह से, आज ये हालात बन गए हैं की मुआशरे में हक़ीक़ी दीन की जगह, तख़्लीक़ी दीन ने ले ली है।

मैंने किताब में पहले भी इस बात का ज़िक्र किया है की शादियों में बेपर्दगी और बेहयाई के अलावा, फिज़ूलखर्ची भी आम हो चली है, तरह-तरह की बेहूदी और ग़ैर-ज़रूरी रस्मों को इस तरह निकाह में शामिल किया गया है जैसे इनके बिना शादी होने का तसव्वुर ही नहीं किया जा सकता। वैसे तो निकाह को सादगी के साथ करने का हुक्म है, वो बात भी अलग होती की कोई मालदार आदमी खाने-खिलाने या पहनने-पहनाने में ज्यादा खर्च कर देता लेकिन अब रस्म ओ रिवाज के नाम पर कुछ चीज़ें इस तरह दाखिल कर दी गई हैं की गरीब से गरीब आदमी को भी हैसियत ना होते हुए भी फिज़ूल खर्चा करना पड़ता है। दहेज, मेंहदी, हल्दी, मुँह-दिखाई, सलामी, विदा, जुमा, सगाई, जूता चुराई, बारात को रोकना और पता नहीं ऐसी कितनी गैरज़रूरी रस्मों ने शादी का पैमाना ही बदल दिया है, अफसोस की अब सुन्नत के मुताबिक निकाह कम ही देखने को मिलते हैं। एक बात और कहूँगा, दूसरों को दिन-रात दीन का दरस देने वाले, दिन-रात दीनी किताब पढ़ने वाले लोग भी अमल के वक्त दीन से दूर नज़र आते हैं, फिर किस काम का तुम्हारा इल्म और तुम्हारी बातें?, जो दूसरों को टोकने, नीचा दिखाने और खुदको इल्मदार साबित करने के लिए तो काम आती हैं लेकिन तुम्हें ही गुनाह से नहीं बचा पातीं।

यहाँ बात कर रहा हूँ फिज़ूलखर्च की तो शादी ब्याह तो अपनी जगह, अब तो लोगों ने मौत-मय्यत को भी मज़ाक और तमाशा बना दिया है। किसी के घर अगर इंतकाल हुआ है तो हमें चाहिए की घर से खा पीकर जाएँ और मरहूम के घरवालों के लिए भी अपनी हैसियत के मुताबिक कुछ ना कुछ खाने को ले जाएँ लेकिन यहाँ तो उल्टा ही होता नज़र आता है, लोग मेहमान बनकर मरहूम के घर आते हैं और यहाँ मय्यत रखी होती है या दफन के लिए गई होती है और वहाँ खाना हो रहा होता है।

सोयम, दसवाँ, बीसवाँ, चालीसवाँ वगैरह की फातिहा में भी तरह-तरह के खाने बनाए जाते हैं और गरीबों को ना खिलाकर, बड़े-बड़े लोगों को खिलाया जाता है। एक बात याद रखें ना ही मैं फातिहा के ख़िलाफ़ हूँ और ना ही खाने-खिलाने के ख़िलाफ़ हूँ लेकिन इन्हें रस्म ओ रिवाज़ बनाने के ख़िलाफ़ ज़रूर हूँ। अगर किसी की हैसियत है तो वो ज्यादा लोगों को खिलाए लेकिन गरीब इंसान पर इन्हें रस्म बनाकर थोपना सही नहीं होगा। ज़रूरी है मरहूम के नाम पर फातिहा पढ़ना और उसकी तरफ से गरीबों को कुछ दे देना, चाहे सैंकड़ों प्लेट खाना हो या सिर्फ़ एक प्लेट खाना हो, इससे फ़र्क़ नहीं पड़ता, मरहूम के लिए ज्यादा से ज्यादा कलमा-दरूद-कुरआन वगैरह पढ़कर बख़्शते रहें। जिसकी जितनी माली हैसियत और गुंजाइश है, उसे उसके मुताबिक काम करना चाहिए और मुआशरे को उसे नीचा दिखाने या उसपर दबाव डालने से बचने की कोशिश करना चाहिए।

60. सूरत और दौलत या सीरत -

इस्लाम ने सबसे ज्यादा जोर, आदमी और औरत की सीरत पर दिया है, ना की सूरत और दौलत पर लेकिन लोगों ने रिश्ते तय करने का मेयार भी अलग ही बना रखा है, अब सूरत और दौलत को ज्यादा तरजीह दी जाती है, ओहदे और बड़ी नौकरी को ज्यादा तरजीह दी जाती है, ना की अच्छे सीरत ओ अख़्लाक़ और दीनदारी को देखा जाता है। मेरे अपनों! मैं ये नहीं कह रहा की हर खूबसूरत चेहरे और जिस्म के पीछे खराब सीरत का इंसान है या हर कमखूबसूरत इंसान, अच्छी सीरत का मालिक है लेकिन ये भी हक़ीक़त है की बहुत सारे भाई/बहन ऐसे हैं जिनकी सूरत तो दुनियावालों के नज़दीक़ अच्छी नहीं लेकिन वो बुलंद सीरत के मालिक हैं और दीनदार हैं। जब कभी भी औलादों के लिए रिश्ते तलाशें तो खूबसूरती से ज्यादा खूबसीरती को तरजीह दें।

क्या हमें इस बात पर गौर नहीं करना चाहिए की हम अपनी बेटी या बेटे के लिए जिस रिश्ते को देख रहे हैं, वो अल्लाह का नेक बंदा/बंदी है या नहीं?, क्या उसे कुरआन का कमज़कम इतना इल्म है या नहीं की कुरआन की चंद आयतों का तर्जुमा और तफ्सीर ही बता दे?, क्या उसे माँ-बाप, सास-ससुर, शौहर/बीवी और औलाद के हुक़ूक़ के बारे में कुछ पता है भी या नहीं?, कहीं ऐसा ना हो की हम जदीद ख़्यालात वाले रिश्ते ढूँढ़ने की कोशिश में, दुनियादार दौलतमंद रिश्ते ढूँढ़ने की कोशिश में अपनी औलाद की असल आख़िरत की ज़िंदगी और दुनिया की सुकून से भरी ज़िंदगी ही बर्बाद करा दें। लड़के और लड़की में इतना तो इल्म होना ही चाहिए की हलाल-हराम की तमीज़ जानता हो, हुक़ूक़ उल अल्लाह और हुक़ूक़ उल इबाद के बारे में जानता हो वरना ये दोनों अपनी दो जहान की ज़िंदगी बर्बाद कर लेंगे या शायद दुनिया में खुश नज़र आएँ लेकिन आख़िरत में नाकामयाब हो जाएँगे। अपनी औलाद के लिए रिश्ता देखते वक़्त दुनियावी चीज़ों को भले ही ना देखो लेकिन दीनदारी, सीरत ज़रूर देख लेना,

निकाह कोई खेल नहीं बल्कि ज़िंदगी भर का साथ है। अच्छा साथ यानी बेहतरीन हमसफर अगर ज़िंदगी के सफर को आसान करता है तो बुरा साथ यानी बेदीन हमसफर, इस सफर को और मुश्किल बना देता है।

4

चौथा बाब

61. वो हराम काम जो रिश्ते देखते वक़्त जायज़ है -

मेरे अपनों! हलाल-हराम के बारे में भी इसी किताब में बताने की कोशिश की है और इल्म ए इमाम किताब में इमाम बाक़िर अलैहिस्सलाम के हवाले से भी ये बात वाज़ेह तौर पर बयान की है की अल्लाह ने जिन चीज़ों को हराम करार दिया वो हमारे लिए नुकसानदेह हैं हालाँकि लोग कमइल्मी या लाइल्मी की वजह से ये सोच लेते हैं की फलाँ चीज़ ही खराब है मसलन के तौर पर घोड़े का माँस हराम है, इसका ये मतलब नहीं की घोड़े का गोश्त खराब है बल्कि इसका मतलब यूँ होगा की इंसान की सेहत और क़ुदरत के निज़ाम के मुताबिक घोड़े का माँस, बतौर खाना हराम करार दिया गया है।

ये बात इसलिए कर रहा हूँ क्योंकि रिश्ते देखते वक़्त एक हराम काम ऐसा भी है जो हलाल हो जाता है बल्कि बाज़ उलेमा के नज़दीक़ तो वो काम करना ज़रूरी भी होता है लेकिन शरियत के दायरे और इस्लाम की हुदूद में रहते हुए, वो काम है ग़ीबत। जिस तरह शराब हराम है लेकिन अगर किसी की जान जा रही हो तो इतनी शराब पीना की जिससे जान बच सके, जायज़ है, ठीक ऐसे ही खिंज़ीर का गोश्त हराम है लेकिन जान जाने का डर हो और खाने को कुछ ना हो तो इतना गोश्त खाना जायज़ है की जिससे जान बच सके हालाँकि इन चीज़ों को ज़रूरत से ज्यादा खाना-पीना तब भी हराम ही रहेगा। ठीक इसी तरह, रिश्ते देखते वक़्त ग़ीबत करना गुनाह नहीं लेकिन उतनी ही जितनी ज़रूरत है। यहाँ ये भी ज़हन में रखें की बेवजह किसी की बुराईयाँ करना या ऐसे शख़्स में कमियाँ निकालना जिसका रिश्ते से कोई तआल्लुक़ ही नहीं, ये भी गलत होगा।

अगर पहचान वालों में या रिश्तेदारों में आपस में रिश्ते हो रहे हैं तो ये अच्छी बात है बाकि नए लोगों में जब कभी लड़के वाले और लड़की वालों की मुलाकात एक दूसरे से हो तो वो एक दूसरे से पूछताछ करें, मालूमात करें, एक दूसरे को जानें और एक-दूसरे के बारे में दूसरों से भी मालूमात हासिल करें ये गलत नहीं है बल्कि ये ही बेहतर होगा। इसके बाद, अपने घर आकर आपस में सलाह मशवरा करना भी ज़रूरी है और इस मशवरे के दौरान अगर किसी को किसी बात या शख्सियत पर किसी भी तरह का शक है या उसे कुछ बुराई, ख़ामी या कमी नज़र आई तो वो अपनी राय रख सकता है, ये गुनाह या गीबत में शुमार नहीं किया जाएगा। हालाँकि आजकल मशवरों में भी लोग दीनदारी, अख़्लाक़, सीरत की जगह मकान, खानदान, नौकरी, रुत्बा, स्टैंडर्ड, स्टेटस वगैरह पर ज्यादा चर्चा करते हैं। ये अफसोस की बात है की ऐसे अमीर लड़के को तो बेटी सौंप दी जाती है जिसने कुरआन पढ़ा तक नहीं लेकिन ऐसे गरीब लड़के को बेटी नहीं दी जाती जो कुरआन ओ अहलेबैत अलैहिस्सलाम को थामकर रखने वाला नेक मोमिन बंदा है, ऐसा ही लड़कियों के मामले में भी होता है की खूबसूरत और दुनियावी इल्म रखने वाली, जदीद ख़्याल रखने वाली लड़की को बहु बनाया जाता है लेकिन कमखूबसूरत या दुनिया की जगह दीन का इल्म रखने वाली, अहलेबैत के हुक्मों पर अमल करने वाली लड़की के रिश्ते को ठुकरा दिया जाता है, मुआशरे और नस्लों में आ रहे बिगाड़ की ये भी एक बड़ी वजह है।

अब बात करते हैं दूसरे काम की जो हराम है लेकिन रिश्ते देखते वक़्त हलाल हो जाता है। जैसा की हम सबको मालूम है की इस्लाम में मर्दों को उस तरह पर्दा करने का हुक्म नहीं दिया गया, जिस तरह औरत को दिया गया है इसलिए लड़की तो लड़के को देख सकती है। हाँ मर्द को ये इजाज़त नहीं की वो गैर'औरत को देखे लेकिन रिश्ते देखते वक़्त ये हराम काम भी शरियत के दायरे में रहकर जायज़ हो जाता है यानी लड़के को इजाज़त है की वो एक बार लड़की को देख सकता है, आलिमों के नज़दीक चेहरे और बालों को देखना जायज़ है और एक दफ़ा बिना चादर/बुर्के के भी देखा जा सकता है यानी सलवार कमीज़ चुनरी वगैरह में बल्कि हक़ीक़ी दीन के आलिमों के नज़दीक, ऐसा कर लेना मुस्तहब और ज़रूरी है।

62. *बेटा-बेटी की तर्बियत में फ़र्क़ -*

मेरे अपनों! जब हम दुनियावी तालीम हासिल करते हैं तो हमारे मुल्क में दसवीं क्लास तक, एक सी पढ़ाई कराई जाती है लेकिन ग्यारहवीं क्लास में आने पर तालिब ए इल्म अपनी-अपनी पसंद के सब्जेक्ट लेते हैं और कॉलेज में आने पर पढ़ाई बिल्कुल अलग हो जाती है। जिसे इंजीनियर बनना हो वो इंजीनियरिंग की पढ़ाई करता है, जिसे डॉक्टर बनना हो वो डॉक्टरी की पढ़ाई करता है, कोई विज्ञान, कोई गणित, कोई इतिहास, कोई मनोविज्ञान वगैरह की पढ़ाई करता है, ठीक ऐसे ही जब तक हमारे बच्चे छोटे होते हैं उन्हें दीन की

एक सी तालीम दी जाती है लेकिन जब बच्चे बड़े होते हैं तो लड़के और लड़की की तर्बियत और तालीम भी अलग हो जाती है क्योंकि दोनों की ज़िम्मेदारी भी अलग होती हैं। लड़के को कमाना, परिवार चलाना, दीन आम करना, सबकी हिफाज़त करना सिखाया जाता है तो औरत को घर सँभालने, औलाद की तर्बियत सही से करने की तालीम दी जाती है इसके अलावा दीन की बाकि तालीम और तर्बियत दोनों को एक सी ही मिलती हैं ।

जब रसूलुल्लाह सल्ललाहु अलैहे व आलिही व सल्लम ने अपनी बेटी फातिमा सलामुल्लाह अलैहा का निकाह मौला अली अलैहिस्सलाम से कराया तब आप अली अलैहिस्सलाम के पास ज़ाहिरी दौलत नहीं थी, ना कोई बड़ा कारोबार था, ना ज़मीन और ज़ेवर ही थे लेकिन आक़ा मुहम्मद सल्ललाहु अलैहे व आलिही व सल्लम ने अपनी बेटी से रुख़्सती के वक्त ये ही फरमाया था कि, "मैंने तुम्हारा निकाह उस शख़्स से किया है जो मेरे बाद, दुनिया का सबसे बेहतरीन मर्द है, इसके साथ दुनिया की चीज़ें भले ही हासिल ना हों लेकिन आख़िरत बेहतरीन होगी।", अम्मा फातिमा सलामुल्लाह अलैहा ने मुसीबतों पर सब्र ही नहीं किया बल्कि शुक्र भी किया है लेकिन अब तख़्लीक़ी दीन पर चलने वाली नस्ल ए आदम, फाक़ा तो दूर, हलाल कमाई करने वाले मर्द को भी हक़ीर समझती है अगर उसकी कमाई कम हो। बाप को बेटी के लिए दुनियावी शौहर की तलाश होती है और लड़की भी अपने लिए दुनियादार शख़्स चाहती है ना की दीनदार।

आज के दौर में जब औरत देखती है की दूसरों के शौहर ज्यादा कमा रहे हैं तो वो अपने शौहर से लड़ाई-झगड़ा करती है और उससे भी ज्यादा कमाकर लाने को कहती है, उसे इस बात से कोई फ़र्क़ नहीं पड़ता की दूसरों के शौहर, हराम की कमाई कर रहे हैं और मेरा शौहर हलाल माल कमाकर लाता है। बस इसी कशमोकश और दुनिया कमाने की भाग-दौड़ में हलाल-हराम का फ़र्क़ मिटता जा रहा है और याद रखिए, इल्म, दीन, हक़, सच्चाई, शरियत और ईमान दिल और अमल में दाखिल ही तब होती है जब पेट में हलाल निवाला जाए, हराम लुक्मे खाकर इंसान हक़ पर नहीं जमा रह सकता। बहुत सारे तलाक़ भी इसी बिना पर हो जाते हैं जबकि इस तरह हुए तलाक़, अल्लाह के गजब की वजह बनते हैं।

एक मोअतबर आलिम बताते हैं की एक दफ़ा उनके पास एक जोड़ा तलाक़ के लिए आया और औरत कहने लगी की मेरे शौहर मेरी ज़रूरतें तक पूरी नहीं करते, मेरे पास एक जोड़ा कपड़ा भी नहीं जबकि मेरे शौहर बड़े ही मालदार हैं। ये सुनना था की शौहर, उन आलिम को अपने साथ ले गया और उसने एक-दो नहीं बल्कि कई अलमारी दिखाई जो उसकी बीवी के कपड़ों रो भरी हुईं थीं जब बीवी से इस मुताल्लिक पूछा गया तो उसने अपने ही पसंद

के खरीदे हुए कपड़ों में एक-एक करके कमियाँ निकाल दीं और सैंकड़ों कपड़े होते हुए ये ही शिकवा करती रही की मेरे पास एक जोड़ कपड़ा भी सही नहीं है। ज़रा सोचिए, इतनी नाशुक्री?, इतनी दुनियापरस्ती?, इतना बदपन की अल्लाह की बेशुमार नेमतों के मिलने के बावजूद भी शिकायतें ही शिकायतें?

63. शैतान का दिलों पर कब्ज़ा -

जब मुसलमानों ने खुद ही हक़ीक़ी दीन को ठुकरा दिया और तख़्लीक़ी दीन की पैरवी में लग गए तब शैतान के लिए, ईमान वालों को हक़ से भटकाना बहुत ही आसान हो गया। जैसा की ऊपर ही मैंने बात की नाशुक्री की तो कुरआन ओ अहलेबैत अलैहिस्सलाम को मानने वाला बंदा/बंदी तो फाक़ों में भी शुक्र ए इलाही करते नज़र आ जाते हैं लेकिन तख़्लीक़ी दीन पर चलने वाले लोगों को बस मायूसी और शिकायतें ही शिकायतें होती हैं। हक़ीक़त तो ये है की इनके दिलों को शैतान ने अपने कब्ज़े में कर रखा है, पहले तो इंसान को उसने भरी-पूरी दुनिया होते हुए भी खुदको अकेला मानने और समझने पर मजबूर किया और फिर उसे टी.व्ही., इंटरनेट, मूवीज़ और सीरियल की तरफ ढकेल दिया। कोई माने या ना माने लेकिन ये हक़ीक़त है की आज ज़्यादातर लोग, मदरसों और स्कूलों से कम सीखते हैं और टी.व्ही., इंटरनेट से ज्यादा सीखते हैं, सीखने में भी हर्ज़ नहीं होता लेकिन सही इल्म ना सीखकर, शैतानी इल्म सीखते नज़र आते हैं।

बदलते हुए दौर का और शैतानी साज़िशों का इल्म रखने वाले आलिम बहुत बेहतर तरीके से जानते हैं की किस तरह New World Order लाने की तैयारी की जा रही है और ये दुनिया की बेहतरी के लिए नहीं बल्कि लोगों को हक़ीक़ी राह से भटकाकर शैतानी राह पर लाने की तैयारी है। अफसोस तो इस बात का है की मुसलमान, अपने आख़िरी इमाम के मुंतज़िर ही नहीं और जो उनके मुंतज़िर हैं वो बस मुंतज़िर हैं, मेहनतें नहीं कर रहे और गिनती के चंद लोग हैं जो मेहनतें कर रहे हैं लेकिन वो भी उस तरह नहीं कर रहे, जिस तरह करने का हुक्म था। वहीं दूसरी ओर दज्जाल के मानने वाले कहीं सीक्रेट सोसाइटी बनाकर, तो कहीं हुकूमतों में घुसकर, कहीं मीडिया-सोशल मीडिया के ज़रिए यहाँ तक फिल्म इंडस्ट्री से लेकर मार्केट और बिजनेस इंडस्ट्रीज में घुसकर भी अपना काम बखूबी कर रहे हैं और अपनी सोच को फैला रहे हैं।

धीरे-धीरे करके लोगों को पता भी नहीं चल रहा है की किस तरह से उनके दिल ओ दिमाग़ को हैक करके, उनके अवचेतन मन यानी Subconcious mind में दज्जाल को डाला जा रहा है, किस तरह उन्हें हक़ से हटाकर बातिल पर लाया जा रहा है बल्कि साजिश तो यहाँ तक है

की अब धीरे-धीरे लोग हक़ को नाहक़ और नाहक़ को हक़ समझने लगे हैं। मेरे अपनों! हमें ज़रूरत है खुदको, अपनों को और अपनी अगली नस्लों को शैतान से बचाने की और इमाम मेहदी अलैहिस्सलाम के लिए मेहनत करने की और ये ही हमारी ज़िंदगी का मक़सद होना चाहिए।

64. नतीजा नहीं लेकिन अमल अपने हाथ में है -

जब कभी हम किसी मौज़ू पर चर्चा करते हैं या तकरीर करते हैं तो सुनने वाले मज़मे में कुछ ना कुछ असर ज़रूर पड़ता है। चूँकि सबका अपना-अपना ज़र्फ़, इल्म और सोच की हद होती है इसलिए किसी भी मौज़ू पर चर्चा या बयान सुनने के बाद भी लोगों के दिल में अलग-अलग कैफ़ियत पैदा होती है। कोई नज़रअंदाज़ कर देता है, कोई उस मौज़ू पर सोचता है और बदलाव लाने की कोशिश करता है तो कोई ये सोचकर ख़ामोश हो जाता है की हम तो कुछ नहीं हैं, हम कर ही क्या सकते हैं?

मसलन के तौर पर जब कभी दज्जाल और दज्जाली फित्नों का ज़िक्र किया जाता है, शैतानी साजिशों को बयान किया जाता है। मुसलमानों को ये समझाया जाता है की किस तरह खुदको शैतान के फरेब से बचाना है, किस तरह इमाम ए क़ायम के लिए मेहनत करनी है और किस तरह बुरी ताकतों से लड़ना है और उन्हें ख़त्म करना है तब मोमिन तो हक़ को तस्लीम करके, हक़ीक़ी दीन की मेहनत में लग जाते हैं, हक़ को आम करते हैं और बातिल से टकराते हैं लेकिन बहुत सारे मुसलमान या कलमा-गो, ऐसे भी होते हैं जो ये सोचने लगते हैं की बड़े पैमाने पर साजिशें हो रही हैं, हम अकेले कैसे रोक सकेंगे?, हम अकेले क्या कर लेंगे वगैरह-वगैरह जबकि मोमिन, हर हाल में अपने रब पर यक़ीन रखता है और जो मुसीबत और साजिशें सामने हैं उनसे लड़ना तो अपनी जगह जारी रखता है साथ ही साथ, यहाँ उससे बड़ी रुकावटों और ताकतों से टकराने के लिए भी खुद को तैयार रखता है।

जब यज़ीद की मौत का वक़्त करीब आया तब उसके बेटे ने तख़्त और हुकूमत को लात मार दी और कहा कि, "जिस तख़्त की बुनियाद अहलेबैत ए रसूलुल्लाह के ख़ून पर रखी गई हो, मैं उसपर हरगिज़ नहीं बैठ सकता।", वो चाहता तो ये कह सकता था की मैं अहलेबैत पर ज़ुल्म बंद करवा दूँगा और मैं तो बेखता हूँ, मैं ईमानदारी से हुकूमत करूँगा लेकिन उसने तख़्त को ही ठोकर मार दी। तआज्जुब की बात तो ये है की यज़ीद का बेटा भी समझ रखता था लेकिन आज खुदको मोमिन और मुसलमान कहने वाले और उनकी औलादें हक़ बात को समझने में कासिर हैं।

लोग अपनी औलादों को हक़ की तरफ़ नहीं बुलाते, उनकी तालीम ओ तर्बियत पर ध्यान नहीं देते और अक्सर कहते हुए दिखते हैं की आजकल दौर ही बुरा चल रहा है, अब तो माहौल ही सही नहीं बचा, अब तो हर तरफ से गलत ही चीज़ें मिल रही हैं, कहाँ-कहाँ से औलाद को बचाएँ वगैरह। एक मिसाल दे रहा हूँ, समझने की कोशिश कीजिएगा, आपने एक बीज बोया, उसमें अच्छी मिट्टी डाली, खाद डाली, रोज़ उसमें पानी दिया, उसे जितनी ज़रूरत थी उतनी धूप में रखा, फिर उसके चारों तरफ बाउन्ड्री बनाई ताकि उसकी हिफाज़त हो सके। आपने अपनी तरफ से अपना फर्ज़ अदा कर दिया काफी है, अब वो पौधा पेड़ बन सके या ना बन सके या उसके फल मीठे निकलें या खराब निकलें, ये आपके हाथ में नहीं और अगर पौधा खराब हो जाए या फल खराब निकलें तो आपकी ख़ता नहीं है लेकिन अगर आपने पौधे की सही तरह से देखभाल नहीं की, उसे ज़रूरी चीज़ें ही नहीं दीं तो आपकी पकड़ ज़रूर होगी। ठीक ऐसा ही मसला औलाद के साथ है, आप अपने फर्ज़ पूरे कीजिए, औलाद को अल्लाह, रसूलुल्लाह, कुरआन ओ अहलेबैत से जोड़िए, उसे सही तालीम ओ तर्बियत देने की कोशिश कीजिए, उसके लिए मेहनत और दुआ कीजिए बाकि अल्लाह पर छोड़ दीजिए।

अल्लाह हम सबको और हमारी नस्लों को हक़ दीन पर चलने वाला, कुरआन ओ अहलेबैत अलैहिस्सलाम को थामने वाला, हक़ आम करने वाला, बातिल से टकराने वाला और हक़ के लिए जान देने वाला बनाए।

65. खुम्स की अदायगी -

अपनी बात शुरू करने के पहले ये बात याद दिलाना चाहता हूँ की यज़ीद के बेटे का ये मानना था की सारी हुकूमत और दो आलम, अहलेबैत ए नबी अलैहिस्सलाम की ही मिल्कियत में हैं। मौलवी, आज भी ये ही कहता सुनाई देता है की दो आलम मुहम्मद रसूलुल्लाह के सदक़े में बने हैं, हम सब मुहम्मद रसूलुल्लाह का सदक़ा खा रहे हैं वगैरह लेकिन जब बात आती है खुम्स देने की तो लोग पीछे हटते नज़र आते हैं जबकि इसका हुक्म खुद अल्लाह ने कुरआन में दिया है। यज़ीद के बेटे की बात इसलिए कर रहा हूँ क्योंकि यज़ीद जैसे पलीद का बेटा होकर भी अगर कोई हक़ ए अहलेबैत अलैहिस्सलाम बयान कर सकता है तो आज का कलमा-गो मुसलमान हक़ ए अहलेबैत बयान करने से कासिर कैसे है?

यूँ तो कुरआन में साफ तौर पर खुम्स अदा करने का हुक्म आया है लेकिन लोगों ने फिर भी इस हुक्म पर अमल करना छोड़ दिया है। पहले कुरआन की आयत आपके सामने रख रहा हूँ, फिर इस पर आगे बात करूँगा। कुरआन करीम में अल्लाह रब उल इज्ज़त का फरमान है -

وَاعْلَمُوٓا أَنَّمَا غَنِمْتُم مِّن شَيْءٍ فَأَنَّ لِلَّهِ خُمُسَهُ وَلِلرَّسُولِ وَلِذِي الْقُرْبَىٰ وَالْيَتَامَىٰ وَالْمَسَاكِينِ وَابْنِ السَّبِيلِ إِن كُنتُمْ آمَنتُم بِاللَّهِ وَمَا أَنزَلْنَا عَلَىٰ عَبْدِنَا يَوْمَ الْفُرْقَانِ يَوْمَ الْتَقَى الْجَمْعَانِ ۗ وَاللَّهُ عَلَىٰ كُلِّ شَيْءٍ قَدِيرٌ

और ये जान लो कि तुम्हें जिस चीज़ से भी फ़ायदा (हासिल) हो उसका पांचवा हिस्सा अल्लाह, रसूल के क़राबतदार, (क़रीबी रिश्तेदार) ऐयताम (यतीमों) मसाकीन (ग़रीबो नदार) और मुसाफ़िराने ग़ुरबत ज़दा के लिए है अगर तुम्हारा ईमान अल्लाह पर है और उस नुसरत पर है जो हमने अपने बन्दे पर हक़ (सच) व बातिल (झूठ) के फ़ैसले के दिन जब दो जमातें (गिरोह) आपस में टकरा रही थीं नाज़िल की थी और अल्लाह हर शह पर क़ादिर है ।
(सूरः अन्-फाल की आयत 41)

खुम्स यानी 5 वाँ हिस्सा यानी 20%, जो 4%-4% करके पाँच जगह खर्च करना है जिनमें से एक हिस्सा अहलेबैत ए रसूल का भी है। अब कुछ मौलवियों का कहना है की इस आयत में माल ए ग़नीमत का ज़िक्र आया है यानी जिहाद के दौरान जंग से जो माल हासिल होगा, उसमें बस खुम्स निकाला जाएगा जबकि हक़ीक़ी दीन के आलिम का मानना ये है की किसी भी ज़रिए से अगर मुनाफ़ा मिले तो उस मुनाफ़े में से खुम्स निकाला जाएगा। जो खुम्स को जिहाद से जोड़ते हैं वो बताएँ की जिहाद की आयत मंसूख हो गई क्या?, फिर तुमने इसे क्यों छोड़ रखा है?, और अगर छोड़ रखा है तो वैसे ही गुनाहगार हुए, फिर एक हुक्म को छोड़कर, दूसरे हुक्म को भी पूरा नहीं कर रहे हो, ये तुम्हारी दोहरी पकड़ की वजह बनेगा।

सादातों पर ज़कात हराम है क्योंकि मोमिन-मुसलमानों पर रसूलुल्लाह का हक़ है, उन्हें कोई क्या सदका देगा जबकि मुसलमान का तो ये ईमान है की उसे जो मिलता है, मुहम्मद ओ आल ए मुहम्मद के ही सदक़े से मिलता है लिहाज़ा वो खुम्स अदा करता है, वो खुम्स जो रसूलुल्लाह और आल ए रसूल का उम्मत के मुनाफ़े के माल पर हक़ है। ऐसा नहीं है की सादातों को परेशनियाँ नहीं आतीं, उनके बच्चे यतीम नहीं होते, उनके घर में बेवाएँ नहीं होतीं। उन तक, उनका खुम्स पहुँचाना उम्मत की जिम्मेदारी है और लोगों को खुम्स ज़रूर निकालना चाहिए, ये ही हक़ीक़ी दीन है और ये ही अल्लाह का हुक्म भी है।

66. उस्ताद की अहमियत -

शैतान के फरेब से भरी दुनिया में किसी बंदे को गुमराही से बचाकर, हक़ पर साबित कदम करने के लिए, अच्छी तालीम ओ तर्बियत की ज़रूरत पड़ती है और अच्छी तालीम ओ तर्बियत के लिए ज़रूरत पड़ती है, एक अच्छे उस्ताद की। पहली बात तो ये ज़हन में रखें की

औलाद की पहली उस्ताद उसकी माँ होती है और दूसरा उस्ताद उसका बाप होता है, इसके बाद उन उस्तादों की बारी आती है जो औलाद को दीन ओ दुनिया की तालीम और तर्बियत देते हैं और उसका दिल इल्म और इश्क़ के नूर से और रूह हक़ की रौशनी से भर जाते हैं।

जब बच्चा बहुत छोटा होता है तो बेदिमाग़ नहीं होता बल्कि वो आपके हर अमल का मुशाहिदा करता है, उसे observe करता है, बिना कहे, बिना बोले, ख़ामोशी से आपको पढ़ता है और सीखता है इसलिए औलाद के सामने अच्छे अमल करना और अच्छी बातें करना भी ज़रूरी है। इसके बाद, जब बच्चा थोड़ा और बड़ा हो तो उसे अच्छी तर्बियत, तालीम और अख़्लाक़ सिखाना माँ-बाप की ज़िम्मेदारी है। अपनी औलाद को हक़ समझाना, हलाल-हराम की तमीज़ सिखाना और कुरआन ओ अहलेबैत को थामने वाला बनाना भी वालिदैन की ज़िम्मेदारी है।

फिर जब औलाद थोड़ी और बड़ी हो जाती है तो उसे उस्तादों के पास दीन व दुनिया सीखने के लिए भेजा जाता है, बहुत अच्छी बाता है की हमारी औलाद दीन ओ शरियत के दायरे में रहकर ज़्यादा से ज़्यादा दुनियावी इल्म हासिल करे और उस इल्म से फायदा उठाए लेकिन दीन की तालीम देने वाले उस्ताद का मुहिब्ब ए अहलेबैत होना बहुत ज़रूरी है। आज मुआशरे में आपको, यज़ीद पलीद की दिफ़ा करने वाले, अहलेबैत अलैहिस्सलाम पर ऊँगली उठाने वाले सैंकड़ों जाहिल मौलवी मिल जाएँगे, जो खुदको आलिम बताते हैं, ये उनकी खराब तर्बियत और बेकार उस्तादों की तालीम का नतीज़ा है। कई बार ऐसा भी होता है की वालिदैन भी अच्छे हों, उस्ताद भी अच्छा हो फिर भी औलाद बेकार निकल जाए लेकिन ये लाख में एक बार होता है, ज़्यादातर जगह वालिदैन की खराब तर्बियत या ग़फ़लत और उस्ताद की गलत तालीमें ही औलाद के बेदीन और गुमराह हो जाने की वजह बनती हैं।

अगर उस्ताद, मुहिब्ब ए अहलेबैत अलैहिस्सलाम है तो आपकी औलाद को हक़ पर लाएगा और अगर मुआवियापरस्त मौलवी है तो आपकी औलाद को यज़ीद की तरह बना देगा। आज दुनिया में कई फिरके हैं और कई बातें हैं, अलग-अलग नज़रिए भी मौजूद हैं लेकिन गुलाम ए अली अलैहिस्सलाम चाहे किसी भी घर में पैदा हो, किसी भी मसलक के मानने वालों के घर पैदा हो, वो हक़ ही बयान करता है, हक़ के ऐलान के लिए शिया-सुन्नी की क़ैद नहीं होती, हर मोमिन, अली अलैहिस्सलाम की विलायत का इकरार करता है और उसे थामकर रखता है। मेरे अपनों! अपनी औलादों की तर्बियत और तालीम पर ख़ास ध्यान दें। आप भी उसे बेहतर से बेहतर तालीम ओ तर्बियत देने की कोशिश करें और उसे नेक, दीनदार, मुहिब्ब ए अहलेबैत उस्ताद के पास भेजें ताकि वो हक़परस्त बन सके।

67. नेकियों का हुक्म देना और बुराई से रोकना -

कुरआन में अल्लाह रब उल इज़्ज़त का एक आयत ए करीमा में फरमान है -

وَلْتَكُنْ مِنْكُمْ أُمَّةٌ يَدْعُونَ إِلَى الْخَيْرِ وَيَأْمُرُونَ بِالْمَعْرُوفِ وَيَنْهَوْنَ عَنِ الْمُنْكَرِ ۚ وَأُولَٰئِكَ هُمُ الْمُفْلِحُونَ

और तुम में से एक गिरोह को ऐसा भी होना चाहिए जो ख़ैर (नेकी) की दावत दे, नेकियों का हुक्म दे, बुराईयों से मना करे और ऐसे ही लोग नजात याफ़्ता (कामयाब) हैं।
(सूरः आल ए इमरान की आयत 104)

एक और आयत में अल्लाह रब उल इज़्ज़त ने फरमाया -

كُنْتُمْ خَيْرَ أُمَّةٍ أُخْرِجَتْ لِلنَّاسِ تَأْمُرُونَ بِالْمَعْرُوفِ وَتَنْهَوْنَ عَنِ الْمُنْكَرِ وَتُؤْمِنُونَ بِاللَّهِ ۗ وَلَوْ آمَنَ أَهْلُ الْكِتَابِ لَكَانَ خَيْرًا لَهُمْ ۚ مِنْهُمُ الْمُؤْمِنُونَ وَأَكْثَرُهُمُ الْفَاسِقُونَ

तुम बेहतरीन गिरोह हो जिसे लोगों की हिदायत के लिए पैदा किया गया है, तुम लोगों को नेकियों का हुक्म देते हो और बुराईयों से रोकते हो और अल्लाह पर ईमान रखते हो और अगर अहले किताब भी ईमान ले आते तो उनके हक़ में बेहतर होता लेकिन इनमें सिर्फ़ चन्द ही मोमिनीन हैं और अकसरियत फ़ासिक़ की है।
(सूरः आल ए इमरान की आयत 110)

कुरआन पाक की एक और आयत ए करीमा में भी अल्लाह ने एक दूसरे को नेकियों की तरफ बुलाने और बुराई की तरफ जाने से रोकने के मुताल्लिक़ फरमाया है -

وَالْمُؤْمِنُونَ وَالْمُؤْمِنَاتُ بَعْضُهُمْ أَوْلِيَاءُ بَعْضٍ ۚ يَأْمُرُونَ بِالْمَعْرُوفِ وَيَنْهَوْنَ عَنِ الْمُنْكَرِ

मोमिन मर्द और मोमिन औरतें आपस में सब एक दूसरे के वली (सरपरस्त) और मददगार हैं कि ये सब एक दूसरे को नेकियों का हुक्म देते हैं और बुराइयों से रोकते हैं।
(सूरः तौबा की आयत 71 का हिस्सा)

मेरे अपनों! जब हम, अल्लाह रब उल इज़्ज़त की रहमत और अताओं की तरफ निगाह करते हैं तो पाते हैं की बेशक! अल्लाह बड़ा नवाज़ने वाला है। एक दरख़्त लगाने, एक कुआँ खोदने,

यतीमों को खिलाने के बदले तो दूर किसी को एक घूँट पानी पिलाने पर भी बेइंतिहा सवाब अता करता है। मुसलमान होने के नाते हम पर फर्ज़ है की हम ज़्यादा से ज़्यादा लोगों के काम आएँ, यतीमों-बेवाओं का सहारा बनें, ज़ईफों-मुफ्लिसों का आसरा बनें, कैदियों-मुसाफ़िरों की इम्दाद करें। गरीबों का ख़्याल रखने वाले, मज़्लूमों के मुहाफ़िज़ बनें। हम पर फर्ज़ है की हम हक़ आम करने वाले और बातिल से टकराने वाले बनें लेकिन अफसोस की हमने हक़ राह को खुद ही छोड़ दिया है और ये नतीजा है कुरआन ओ अहलेबैत से दूरी का।

इन सबके साथ-साथ, रब ने हुक्म दिया था और मुसलमान की एक सिफ़त ही ये बताई थी की वो नेकियों की तरफ बुलाता है और बदी से रोकता है। हक़ीक़ी इस्लाम पर चलने वाले मुसलमान मर्द और औरत तो आज भी ये काम कर रहे हैं लेकिन तख़्लीक़ी दीन पर चलने वाले खुद ही गुमराह हैं और जो खुद ही गुमराह हो उसे खुद किसी नसीहत करने वाले की ज़रूरत होती है, वो भला किसी को क्या नेकियों की दावत देगा और बुराई से रोकेगा?

आज उम्मत गफ़लत में सोई पड़ी है, ज़रूरत है उसे गफ़लत की नींद से बेदार करने की। मसलन के तौर पर घर में आग लग गई तो जागने वाले पर फर्ज़ है की सोए पड़े लोगों को भी जगाए और बचाए या अगर आपने राह पर गड्ढा देखा है तो आप पर फर्ज़ है दूसरों को भी पहले ही आगाह करें और अँधों को उसमें से गिरने से बचाएँ।

आज हर तरफ, तख़्लीक़ी दीन अपनी जड़ें, मजबूत करता जा रहा है, ज़रूरत है तो लोगों के बीच जाकर, उन्हें सही-गलत का फ़र्क़ समझाने की, उन्हें हक़ीक़ी दीन व शरियत की तरफ बुलाने की। जी हाँ, मेरे अपनों! अब ज़रूरत है लोगों को नेकी की तरफ बुलाने की और बुराईयों से रोकने की। मैं दावत देता हूँ, कुरआन ओ अहलेबैत अलैहिस्सलाम को थाम लो। बेशक ये ही हक़ की वाहिद राह है।

68. हुसैन अलैहिस्सलाम अब भी पुकार रहे हैं -

मौला हुसैन अलैहिस्सलाम अस्र ए आशूर के वक़्त मदद के लिए पुकार रहे थे। इस बात को इस तरह समझिए की एक बूढ़ा बाप घर में मौजूद हो, उसके घर पर हमला हो जाए और हमलावर उसके घरबार को क़त्ल कर दें तो वो बूढ़ा बाप भी मरना पसंद करेगा, ये तो हो गई, आम इंसान की बात अब बात करते हैं सिब्त ए रसूल की। हुसैन अलैहिस्सलाम, अपने बेटों के, भाई के, मुहिब्बों के लाशे उठा चुके हैं और दफ्ना चुके हैं और अस्र का वक़्त आ चुका है, आप इमाम हुसैन अलैहिस्सलाम, मदद के लिए पुकार रहे हैं। किसलिए?, जान बचाने के

लिए?

हज़रत हुसैन अलैहिस्सलाम की पुकार सुनकर फरिश्ते और जिन्न दौड़े चले आए लेकिन आप अलैहिस्सलाम ने उनको वापिस लौटा दिया क्योंकि हुसैन अलैहिस्सलाम की पुकार इंसानों के लिए थी। वो हुसैन बिन अली अलैहिस्सलाम, जिनके लिए मौत कभी मसला थी ही नहीं, वो हुसैन बिन अली अलैहिस्सलाम जो ख़ौफ़ ए ख़ुदा के अलावा कोई ख़ौफ़ नहीं रखते, वो मदद के लिए पुकार रहे हैं। वो मदद की पुकार, जान बचाने की नहीं बल्कि मक़सद बचाने के लिए लगाई गई थी।

हर दिन ही करबला है, हर दिन ही आशूरा है, हर दिन ही हज़रत हुसैन अलैहिस्सलाम की पुकार फिज़ाओं में गूँज रही है कि, "है कोई मदद करने वाला?", अल्लाह की मदद यानी दीन की मदद, हुसैन की मदद यानी मक़सद ए हुसैन को आम करने की मदद, हक़ को हक़ कहने और बातिल को बातिल कहने की मदद, हक़ को आम करने की मदद, तख़्लीक़ी दीन को बेनक़ाब करने की मदद और हक़ीक़ी दीन को जिंदा करने की मदद।

अगर आप वाक़ई मुहम्मद ओ आल ए मुहम्मद के वफ़ादार हैं, मुहिब्ब हैं तो आपकी ख़्वाहिश ये होना चाहिए की आप मक़सद ए हुसैन अलैहिस्सलाम के लिए अपनी-अपनी ज़िन्दगियाँ कुर्बान कर सकें। इमाम ए क़ायम के आमद की तैयारियाँ करना और शैतान के हर एक वार का डटकर मुकाबला करना चाहिए। लोगों को नेकी और हक़ की तरफ बुलाना और बुराई और बातिल की तरफ जाने से रोकना ही हुसैन अलैहिस्सलाम की पुकार का जवाब है।

69. हमारे बुजुर्ग और हम में इतना फ़र्क़ क्यों? -

आज मौलवी साहब ये तो बताते हैं की हमारे बुजुर्ग बड़े अल्लाह वाले थे लेकिन अब कोई भी शख़्स उन बुजुर्ग वली औलियों की तरह नहीं बन सकता लेकिन इसके पीछे की वजह नहीं बताते। आज भी मुसलमान, वली बन सकता है, अल्लाह का प्यारा बंदा बन सकता है लेकिन तब जब उसे सही तरबियत और तालीम मिले। जी हाँ, मेरे अपनों! हम वलियों के बारे में तो पढ़ते हैं लेकिन उनके माँ-बाप और उस्तादों के किरदार से बेखबर रहते हैं। जब हम वलियों के वालिदैन का किरदार पढ़ें तो पाएँगे की जब ये वली अपनी माँ की शिकम में थे, उस वक़्त से ही माँ-बाप, क़ुरआन पढ़कर सुना रहे हैं और अहलेबैत अलैहिस्सलाम की मवद्दत समझा रहे हैं। जब बच्चे की विलादत हुई तो माँ बावुज़ु होकर, क़ुरआन की आयतें पढ़ते हुए या ख़ुदा को याद करते हुए दूध पिला रही है, जब बच्चा और बड़ा हुआ तो उसे अल्लाह की तौहीद,

रसूलुल्लाह सल्लललाहु अलैहे व आलिही व सल्लम की रिसालत, अली अलैहिस्सलाम की विलायत थमाई जा रही है, क़ुरआन ओ अहलेबैत अलैहिस्सलाम को थामने वाला बनाया जा रहा है और जब बच्चा और बड़ा हुआ तो तालीम देने वाले उस्ताद भी इतने नेक मोमिन मिले की उन्होंने हक़ को बच्चे के दिल में घोल दिया। अब वो बच्चा वली ना बनेगा तो और क्या बनेगा?

ज़रा सोचिए की आज के मुआशरे में औरत जब हाम्ला होती है तो टी.व्ही देखकर, सीरियल देखकर, मूवीज़ देखकर, ग़ीबत करके वक़्त गुज़ारती है और जब बच्चा पैदा होता है तो ना वुजु का ख़्याल रखती है ना किसी बात का, गाने सुनते हुए, गुनगुनाते हुए, औलाद को उसकी गिज़ा देती है। जब बच्चा थोड़ा बड़ा होता है तो माँ-बाप के मुँह से बस, दुनिया की बातें ही सुनता है और सीखता है, बाद में उस्ताद भी सही नहीं मिलते। बड़े होते हुए गाने सुनकर, मूवीज देखकर, मीडिया-सोशल मीडिया के चंगुल में फँसकर ज़िंदगी गुज़ारता है और इस तरह उसकी तालीम ओ तर्बियत मुकम्मल होती है।

मेरे अपनों! अब इन दोनों में फ़र्क़ क्यों ना हो?, क्या हम उस तरह औलाद की तर्बियत कर रहे हैं, जिस तरह करने का हुक्म है?, ज़रा सोचिए की जब हम तर्बियत ओ तालीम ही सही नहीं दे पा रहे हैं तो हमारी औलाद वली बनेगी या दुनियापरस्त और बिगड़ी हुई निकलेगी?

70. एक बुज़ुर्ग का दीनी किताब लिखना -

हम सबपर ये फर्ज़ है की हम लोगों को नेकियों की तरफ बुलाएँ और बुराई की तरफ जाने से रोकें। साथ ही साथ, अगर हमारे पास इल्म है तो उस इल्म को उसके अहल लोगों तक पहुँचाएँ। किसी दौर में एक बुज़ुर्ग थे जो बड़े ही आलिम और आरिफ़ थे हालाँकि उनके वालिद ज्यादा पढ़े लिखे नहीं थे लेकिन नेक और अच्छे बंदे थे। उन बुज़ुर्ग ने काफी तहकीक की, कई किताबों को पढ़ा-समझा फिर क़ुरआन ओ हदीस की रौशनी में, एक ऐसी किताब लिखी जो तालीम ए मुहम्मद ओ आल ए मुहम्मद सल्लललाहु अलैहे व आलिही व सल्लम सिखाती थी, उनके वालिद चूँकि पढ़े लिखे नहीं थे इसलिए उन्हें इस बात की खबर नहीं थी की बेटे ने किताब लिखी है। बुज़ुर्ग के वालिद मस्जिद में जाते तो उस मस्जिद का इमाम, नमाज़ पढ़ाने के बाद लोगों को तालीम की बातें सिखाया करता था, जो उन्हीं बुज़ुर्ग की किताब से हुआ करती थीं।

एक रोज़ वो बुज़ुर्ग के वालिद घर वापिस आए और अपने बेटे पर नाराज़ होने लगे और कहने लगे, "तुम दिन-रात बस किताबें पढ़ते हो और लिखते रहते हो, फ़लाँ मस्जिद का इमाम देखो, लोगों को इकट्ठा करके, हक़ का दर्स देता है, तालीम ए मुहम्मद ओ आल ए मुहम्मद सिखाता है, अफसोस, तुम कुछ नहीं कर सके।", अब वो बुज़ुर्ग ने ख़ामोशी से सब सुना और दिल में आया की कह दें की वो मस्जिद का इमाम जो दर्स देता है, मेरी ही लिखी किताब से पढ़कर देता है लेकिन ख़ामोश रहे और सोचने लगे, फिलहाल अब्बा नाराज़ हैं, अगर जवाब दे दूँगा तो गलत साबित होंगे और शर्मिंदा भी होंगे, क्या ये किताब मैंने नाम ओ शोहरत पाने लिखी है?, क्या ये किताब मैंने, खुदको आलिम साबित करने के लिए लिखी है?, क्या ये किताब मैंने दुनिया के लिए लिखी है?

नहीं, ये किताब तो मैंने अपने रब की रज़ा हासिल करने के लिए लिखी है, मुहम्मद ओ आल ए मुहम्मद सल्लललाहु अलैहे व आलिही व सल्लम का पैगाम और हुक्म, आम करने के लिए लिखी है, लोगों को हक़ के करीब लाने के लिए लिखी है, हक़ और बातिल का फ़र्क़ समझाने के लिए लिखी है, लोगों को नेकी की तरफ बुलाने और बुराई से रोकने के लिए लिखी है। बुज़ुर्ग ख़ामोश हो गए और अपने वालिद से माफी माँगकर कहा, "बाबा! मैं भी कोशिश करूँगा की हक़ दीन के लिए मेहनतें कर सकूँ, मुझे हमेशा आपकी दुआएँ चाहिए।"

71. हक़ पर रहते हुए दुनिया में जीना दीन है -

हम अपनी औलाद को जितना चाहें दुनियावी इल्म दें और दिलाएँ लेकिन साथ ही साथ उसे नेक इंसान, आला किरदार मुसलमान भी बनाएँ, जो अपने अमल से दीन की तब्लीग़ करता रहे, जो हलाल और हराम का फ़र्क़ करते हुए ज़िंदगी गुज़ारे, जो इंसानियत को फायदा पहुँचाने वाले काम करता रहे, लोगों की मदद करे और सबपर रहम करे।

आज अक्सर लोग ये कहते हैं की दीन को आम करने का माहौल नहीं बचा, दीन को लोगों तक पहुँचाना नामुमकिन सा हो गया है, इस दौर में तो दीन पर चला ही नहीं जा सकता वगैरह-वगैरह। तो मेरे अपनों! हज़रत युसुफ़ अलैहिस्सलाम का वाक्या याद कर लो, किस तरह उन्हें गुनाह की पेशकश की गई लेकिन उन्होंने ठुकरा दिया, गुनाह की पेशकश करने वाली भी कोई आम औरत नहीं बल्कि वज़ीर की बीवी थी, बदले में आप जेल चले गए और जेल में भी हक़ आम किया। आप अलैहिस्सलाम ने फरमाया, गुनाह करके आज़ाद रहने से बेहतर है, हक़ पर कदम जमाकर क़ैद में रहना।

जब युसुफ़ अलैहिस्सलाम क़ैद में थे और लोगों को मालूम था की इन्हें बड़ा इल्म हासिल है तो अक्सर लोग आपके पास ख़्वाबों की ताबीर पूछने आया करते थे, जब आपसे सवाल किया जाता तो आप फरमाते की मैं ताबीर तो बता दूँगा लेकिन पहले ये बताओ की खुदाओं को मानना बेहतर है या एक खुदा को मानना बेहतर है?, यानी आप क़ैद में होते हुए भी हक़ आम करते रहे और यक़ीनन ये ही तरीका है हक़ आम करने का और दीन की दावत देने का। एक आलिम अगर दीन की तब्लीग़ करे तो वो लोगों को जोड़ेगा लोगों के पास जाएगा तकरीर करेगा, दलील देगा तब लोग समझेंगे लेकिन हर ईमान वाला अगर खुदको दीन ओ शरियत के मुताबिक ढाल ले, लोगों की मदद करने वाला बन जाए, हक़ पर चलने वाला बन जाए तो लोग खुद बा खुद उसके अमल देखकर और बातें सुनकर ही हक़ की तरफ खिंचे चले आएँगे। मेरे अपनों! किसी से बहस करके खुद को सही साबित करना समझदारी नहीं बल्कि समझदारी तो ये है की हम खुदको नेक इंसान और आला किरदार मुसलमान बनाएँ और अपने अमल और बातों से हक़ आम करते रहें।

72. सफर ए शाम और क़ैद से रिहाई -

अगर कभी दिल में ख़्याल आए की सारा ज़माना ही हमारा मुख़ालिफ़ है, अब हम किस तरह हक़ आम करेंगे, तो एक बार बीबी ज़ैनब सलामुल्लाह अलैहा और इमाम सज्जाद अलैहिस्सलाम को याद कर लें। शाम के कुछ लोगों को अली अलैहिस्सलाम से इस क़दर बुग़्ज़ था की वो कहते थे कि, "जिस दिन से मुहम्मद ने अपनी बेटी का निकाह अली से किया है, उस दिन से हमने मुहम्मद का कलमा पढ़ना छोड़ दिया, अली को बेटी देने के बाद वो हमारी निगाह में रसूल कहलाने के लायक ही ना रहा।" ऐसे बदज़ातों पर अल्लाह की लानत हो।

अब ज़रा सोंचे की दुश्मनी ए अली अलैहिस्सलाम किस हद तक दिलों में मौजूद थी और जब सैयदानियाँ शाम में पहुँची होंगी और इमाम सज्जाद अलैहिस्सलाम पहुँचे होंगे साथ में बच्चे और शहीदों के कटे सर नेज़ों पर बुलंद होंगे तब उन पर कितने ज़ुल्म ना किए गए होंगे। ज़रा सोचिए क्या हमारे सामने, इससे भी बुरे हालात मौजूद हैं?, क्या हम इससे भी बड़ी ताकतों से टकरा रहे हैं?, जी नहीं, मेरे अपनों! करबला और सफर ए शाम को पस ए मंज़र रखकर सोचा जाए तो हमारे सामने खड़ी मुश्किलें कुछ भी नहीं।

जंग ए करबला के बाद भी यज़ीद को कोई अफसोस नहीं हुआ और उसने अहलेबैत अलैहिस्सलाम को क़ैदी बनाकर रखा। अगले ही साल मक्का और मदीना पर हमला करना, काबा और मस्जिद ए नबवी की बेहुर्मती करना, इस बात की दलील है की यज़ीद के दिल

में बुग़्ज़ ए अली अलैहिस्सलाम बरकरार रहा। फिर आखिर ऐसा क्या हुआ की अहलेबैत अलैहिस्सलाम को आज़ाद करने के लिए यज़ीद पलीद मजबूर हो गया?

ज़रा सोचिए वो मंज़र की शाम के नौजवान, अपने हाथों में तलवार लेकर, यज़ीद के किले को घेरकर खड़े हैं और अहलेबैत अलैहिस्सलाम को आज़ाद करने की माँग कर रहे हैं, अब यज़ीद को ख़ौफ़ है की कहीं ऐसा ना हो की बगावत आम हो जाए। ये वो ही नौजवान हैं, जिन्हें यज़ीद और यज़ीद के बाप की हिमायत करने के लिए पाल पोसकर बड़ा किया गया था, ये वो ही नौजवान हैं, जिनके दिलों में अली ओ आल ए अली अलैहिस्सलाम के लिए नफ़रतें डाली गईं थीं, ये वो ही नौजवान हैं जिनके माँ-बाप ने शाम के बाज़ार में असीर ए करबला पर पत्थर बरसाए थे, लेकिन अब ये सब उल्टा क्यों पड़ रहा है?, मेरे अपनों! ये है तब्लीग़ ए इमाम सज्जाद अलैहिस्सलाम, ये है ज़ैनब सलामुल्लाह अलैहा की मेहनत। क़ैद में रहकर भी तब्लीग़ हो सकती है, हक़ आम हो सकता है।

कभी इमाम सज्जाद का खुत्बा, कभी अम्मा ज़ैनब सलामुल्लाह अलैहा का खुत्बा, कभी मासूम सकीना का अपने बाबा को याद करते हुए रोना, कभी मासूम हज़रत इमाम बाक़िर का अपने दादा के लिए रोना, कभी शहीदों की बीवियों का हक़ बयान करते हुए रोना। साथ ही साथ अमल की बुलंदी, किरदार की बुलंदी, अख़्लाक़ की बुलंदी, हक़ के लिए जीने-मरने का जज्बा, इन सबका असर कुछ यूँ हुआ की जिस शाम के लोग अहलेबैत अलैहिस्सलाम के खून के प्यासे थे, उसी शाम के नौजवान अब अहलेबैत अलैहिस्सलाम को आज़ाद कराने के लिए मेहनतें और बग़ावत करते हुए नज़र आ रहे हैं।

अफसोस की लोगों को आज तक समझ ही ना आ सका की हज़रत हुसैन अलैहिस्सलाम के लिए रोना, उनकी मज़्लूमियत को बयान करना, क्यों ज़रूरी है, अफसोस की लोगों को आज तक ये ही समझ ना आ सका की अपनी बातों और अमल से किस तरह हक़ की दावत आम की जाती है, किस तरह पैग़ाम ए हुसैन आम किया जाता है। अल्लाह हम सबको मक़सद ए हुसैन अलैहिस्सलाम के लिए जीने-मरने वाला बनाए, अल्लाह हम सबको हक़ पर जमाए रखे और हक़ आम करने वाला बनाए।

अब यज़ीद ने घबराकर, अहलेबैत ए मुहम्मद सल्लललाहु अलैहे व आलिही व सल्लम को आज़ाद कर दिया लेकिन अम्मा ज़ैनब सलामुल्लाह अलैहा ने आज़ाद होने से मना कर दिया और इमाम सज्जाद के ज़रिए तीन शर्तें रख दीं। त'आज्जुब की बात ये है की आज़ाद करने

की शर्तें रखी जाना तो समझ आता है कि, "तुम्हें इन शर्तों पर आज़ाद किया जाता है।", लेकिन ये बात तो बड़ी अजीब है की आज़ाद होने वाला शर्तें रख रहा है कि, "अगर ये तीन शर्तें मानी जाएँगी तो ही हम आज़ादी लेंगे वरना रिहा नहीं होंगे।", ये कहना ही अपने आप में यज़ीदियत की हार और हुसैनियत की जीत का सबूत है।

सज्जाद तेरे सब्र से हारी हैं बेड़ियाँ
ज़ालिम ने खुद ही थककर उतारी हैं बेड़ियाँ

यज़ीद के सामने ये शर्तें नहीं रखी गईं की हमने महीनों से जी भरकर खाया पिया नहीं है लिहाज़ा हमें खाना-पानी दिया जाए बल्कि तीन शर्तें रखी गईं, पहली तो ये की हमें यहाँ एक मकान दिया जाए, जहाँ हम ग़म ए हुसैन अलैहिस्सलाम यानी अज़ादारी कर सकें, दूसरी शर्त ये की करबला में जो तबर्रुकात लूटे गए थे, वो लौटाए जाएँ और तीसरी शर्त ये की शहीदों के कटे हुए सर वापिस दिए जाएँ।

आज यज़ीद मजबूर है, ख़ौफ़ज़दा है, हर एक शर्त मानने को तैयार है। अज़ादारी के लिए जगह मिल गई, अहलेबैत अलैहिस्सलाम बैठ गए। तबर्रुकात मिल गए, अलम ए अब्बास छत पर बुलंद कर दिया गया बाकि तबर्रुकात सीने से लगाकर चूमे गए। फिर शहीदों के कटे हुए सरों को लाया गया, जिसका मुबारक सर आता, उसकी माँ-बीवी और बेटी मुहब्बत से चूमती और फज़ीलत बयान करती। अल्लाहु अकबर कसीरन कसीरा, यज़ीद के क़ैद से निकलकर, यज़ीद के सामने हुसैनियत आम की जा रही है और यज़ीद इतना मजबूर हो चुका है की कुछ नहीं कर पा रहा। ये बदलाव आया था मेहनत ए इमाम से, तब्लीग़ ए अहलेबैत अलैहिस्सलाम से।

73. रूहानी ज़रूरियात और मादी ज़रूरियात -

इस बात में कोई शक नहीं की रूहानी ज़रूरियात की अहमियत, मादी ज़रूरियात से कहीं ज्यादा होती है, अलबत्ता की जब रूहानी और मादी ज़रूरियात में टकराव हो तो रूहानी ज़रूरियात को तवज्जो देना चाहिए लेकिन इसका ये मतलब नहीं की आप घर का एक कोना पकड़कर बैठ जाएँ और दुनिया से कटकर सिर्फ़ अल्लाह-अल्लाह करने में लग जाएँ, ऐसा करने का हुक्म तो इस्लाम भी नहीं देता।

हमें चाहिए की हम दीन को थामकर रखें और दुनियावी तौर पर भी खुदको मजबूत बनाने की कोशिश करें। हलाल रिज़्क़ कमाएँ, ज्यादा से ज्यादा कमाने और ख़र्च करने की कोशिश करें, साथ ही साथ दीन की तब्लीग़ भी आम करें। अगर हम हिजरत का वाक्या देखें तो मक्का से मदीना, अपना सबकुछ छोड़कर आने वाले नेक लोगों ने पहले खुदको रूहानी तौर पर मजबूत किया, दीन की मेहनत ओ तब्लीग़ की और फिर अपने घरों को बनाया, कारोबार को बढ़ाया और अपने आपको रूहानी और मादी तौर पर मजबूत किया।

कौम के समझदार और पढ़े-लिखे लोगों को चाहिए की कौम को दीन ओ शरियत तो सिखाए हीं, रूहानी तौर पर मजबूत भी करें लेकिन साथ ही साथ मादी तौर पर मजबूत करने, काबिल बनाने, पढ़ाने-लिखाने पर भी ज़ोर दें। गरीबों, मज़्लूमों को ऊँचा उठाने की कोशिश करते रहें।

74. करबला का पैग़ाम -

हज़रत हुसैन अलैहिस्सलाम और ज़ैनब बिन्त ए अली सलामुल्लाह अलैहा ने अपनी सीरत से जो पैग़ाम दुनिया तक पहुँचाया है, वो पैग़ाम हम सबको समझना और उस पैग़ाम के मक़सद तक पहुँचना बेहद ज़रूरी है। यूँ तो शुरू से ही दो तरह के इस्लाम मौजूद थे क्योंकि कुछ सहाबाओं ने अपने रब को राज़ी करने के लिए दीन कुबूल किया था और कुछ लोगों ने अपने ज़ाती फायदे और आगे चलकर, हुकूमत पाने की लालच में दीन कुबूल किया था हालाँकि ये सब छिपकर अपना काम करते रहे लेकिन करबला में खुलकर सामने आए। करबला में हुर्र और हुर्मला को देखकर आप, हक़ीक़ी दीन के पैरोकार और तख़्लीक़ी दीन के पैरोकार का फ़र्क़ खुद बा खुद देख और समझ सकते हैं।

हमारे लिए ज़रूरी है की हम हज़रत हुसैन अलैहिस्सलाम के मक़सद को जिंदा रखने के लिए, हक़ दीन को आम करने के लिए मेहनत करते रहें। अगर आप चाहते हैं की आप कौम के कुछ काम आ सकें तो आप अपनी कुव्वत और इख़्तियार के मुताबिक, दीन की मेहनत करते रहें, खुदको मजबूत बनाते रहें, अपनों को मजबूत बनाते रहें। दीन व दुनिया का इल्म हासिल करें, अपनी-अपनी जगह रहते हुए, जो और जिस तरह मुमकिन है, काम करते रहें।

मेरे अपनों! अपनी नस्लों तक पैग़ाम ए करबला पहुँचाओ, यहीं से आपको हक़ और बातिल का, हक़ीक़ी इस्लाम और तख़्लीक़ी इस्लाम का फ़र्क़ समझ आएगा। कुरआन को पढ़ना और है लेकिन कुरआन को पढ़कर, समझकर, अमल में लेना और है। नमाज़, रोज़ा, ज़कात, हज अदा कर लेना ही सबकुछ नहीं बल्कि नमाज़, रोज़ा, ज़कात और हज को समझकर फिर अदा

करना ज़रूरी है और गुमराही से बचने के लिए ज़रूरी है की हम सब, कुरआन ओ अहलेबैत अलैहिस्सलाम को थामने वाले बन जाएँ।

अफसोस की बात तो ये है की अब दुनिया के लगभग सभी लोग सिर्फ़ दुनिया और दुनियावी फायदे की बात ही करना चाहते हैं, उसे ही समझना और सीखना चाहते हैं। अगर आप दीन ओ शरियत की बात बताने की कोशिश करें तो लोग आपसे दूरी बनाने लगते हैं हालाँकि इसकी एक बड़ी वजह ये भी है की दीन ओ शरियत की तब्लीग करने वाले ज़्यादातर लोग, खुद ही अमल से खाली होते हैं। यहाँ एक बात और ग़ौर करने वाली है, वो ये की सबसे पहले तो हर मुसलमान को खुदको इस लायक बनाना चाहिए की वो अपने अमल से हक़ीक़ी दीन की तब्लीग कर सके। मिम्बरों से तकरीर के ज़रिए होने वाली तब्लीग और मेहनत अलग चीज़ है और हर रोज़ अपने अमल से दीन ओ शरियत का पैग़ाम आम करना अलग चीज़ है। अगर आप अहलेबैत अलैहिस्सलाम की मेहनत पर ग़ौर करें तो बाद ए करबला भी आप अहलेबैत अलैहिस्सलाम ने अपने अमल से ऐसी तब्लीग की कि लोगों के दिल बदल गए। साथ ही साथ अगर आप अहलेबैत अलैहिस्सलाम के बचपन के बारे में पढ़ेंगे तो पाएँगे की हसनैन करीमैन, अम्मा ज़ैनब, अम्मा उम्मे कुलसुम, अपने बचपन के दौर में जब खेलते थे तब भी साथ में खेलने वाले बच्चे बच्चियों तक अपने वालिदैन की सिखाई अच्छी बातें पहुँचाते थे।

मतलब साफ है, अगर आप वाकई दीन की तब्लीग करना चाहते हैं, हक़ आम करना चाहते हैं तो आपको चाहिए की हर हाल में सबसे पहले खुदको दीन ओ शरियत का पाबंद बनाएँ। इसके बाद आप कभी अमल के ज़रिए तो कभी जुबान के ज़रिए हक़ आम करते रहें। जिस ओहदे पर हैं, उस ओहदे पर बैठकर, सच्चाई से लोगों को रू ब रू कराने की कोशिश करते रहें। एक और बात याद रखें, करबला अपने आप में बहुत से राज़, इल्म, हक़ीक़त और हिदायतें समेटे हुए है, उनमें से एक बात ये की हक़ आम करने के लिए उम्र, जगह, जिन्स, हालात मायने नहीं रखते, हज़रत अली असग़र की छह माह की उम्र की तब्लीग़, सकीना बिन्त ए हुसैन की चार-पाँच साल की उम्र की तब्लीग़, हज़रत अली अकबर और हज़रत कासिम जैसे जवान मर्द और घराना ए रसूल की जवान बहु-बेटियों की तब्लीग़, हज़रत हुसैन अलैहिस्सलाम और उनके जाँनिसारों की जवानी और बुढ़ापे की तब्लीग़, इस बात की गवाह हैं की हक़ आम करने वाले हर हाल में हक़ आम करते ही हैं, वो बहाने नहीं बनाते।

इमाम अलैहिस्सलाम और अहलेबैत अलैहिस्सलाम ने लाखों सख़्तियों के बावजूद हक़ीक़ी इल्म आम किया और हक़ीक़ी दीन ओ शरियत लोगों तक पहुँचाते रहे। कभी छिपकर, कभी

ज़ाहिरी तौर पर, कभी मदरसों से तो कभी घर से, कभी मक़्तल के मैदान से तो कभी दार के मिम्बरों से, औलाद ए अली और ग़ुलाम ए अली ने हक़ दीन लोगों तक पहुँचाया भले ही उसके बदले अपना सब लुटाना पड़ा हो।

75. जिहाद और आतंकवाद में फ़र्क़ -

यहाँ एक बात और ग़ौर करने लायक है। बेशक, इस्लाम ने हमें जिहाद करने का हुक्म दिया है और यहाँ जिहाद से मुराद सिर्फ़ जद्दोजहद करने से नहीं बल्कि अल्लाह की राह में जंग करने से है। अब अल्लाह की राह में जंग करने से क्या मुराद है?, बेवजह किसी से जंग करना मकसद नहीं बल्कि हक़ के लिए लड़ना मकसद होना चाहिए। अगर किसी भी मज़्लूम को बेख़ता शहीद कर दिया जाए तो जिहाद किया जाना चाहिए। मज़्लूम के लिए खड़ा होना जिहाद है, बातिल और ज़ालिम से टकराना जिहाद है, यतीम और बेवाओं का माल खाने वालों से लड़ना जिहाद है, ईमानवालों को इस बिना पर क़त्ल करने वालों या मुल्क से निकालने वालों से की ये तौहीद, रिसालत और विलायत को शामने वाले हैं, जिहाद करना फर्ज़ है, यानी हर बुराई से टकराना जिहाद है, हर अच्छाई को बचाने लड़ना भी जिहाद है। वक़्त और हालात को देखते हुए कभी अपनी कलम से तो कभी अपनी तलवार से जिहाद किया जाता है। सुलह ए हुदैबिया और जंग ए बद्र को समझना चाहिए की कब कुफ्फार से सुलह की जाना चाहिए और कब कुफ्फार से जंग की जाना चाहिए।

एक और सवाल, आपके दिल में उठना चाहिए वो ये की क्या सिर्फ़ कुफ्फार और मुशरिकीन के खिलाफ़ ही जिहाद किया जाता है या मुनाफ़िक़ों और हक़ से भटके हुए कलमा-गो से भी जिहाद किया जाता है?, सुलह ए हसन, जंग ए जमल, जंग ए सिफ्फ़ीन, जंग ए नहरवान, जंग ए करबला को पढ़कर ही आपको समझ आ सकेगा की कलमा पढ़ने वालों के खिलाफ भी जिहाद करना पड़ता है और कब उनसे सुलह करनी है और कब जंग करनी है, ये भी मुहम्मद ओ आल ए मुहम्मद ने बता दिया है। कुरआन पाक की आयात ए करीमा हैं। अल्लाह रब उल इज़्ज़त ने कुरआन में इर्शाद फरमाया है -

لَا يَنْهَاكُمُ اللَّهُ عَنِ الَّذِينَ لَمْ يُقَاتِلُوكُمْ فِي الدِّينِ وَلَمْ يُخْرِجُوكُمْ مِنْ دِيَارِكُمْ أَنْ تَبَرُّوهُمْ وَتُقْسِطُوا إِلَيْهِمْ ۚ إِنَّ اللَّهَ يُحِبُّ الْمُقْسِطِينَ ۚ

إِنَّمَا يَنْهَاكُمُ اللَّهُ عَنِ الَّذِينَ قَاتَلُوكُمْ فِي الدِّينِ وَأَخْرَجُوكُمْ مِنْ دِيَارِكُمْ وَظَاهَرُوا عَلَى إِخْرَاجِكُمْ أَنْ تَوَلَّوْهُمْ ۚ وَمَنْ يَتَوَلَّهُمْ فَأُولَٰئِكَ هُمُ الظَّالِمُونَ ۚ

वह तुम्हें उन लोगों के बारे में जिन्होंने तुमसे दीन के मामले में जंग नहीं की है और तुम्हें वतन से नहीं निकाला है इस बात रो नहीं रोकता है कि तुम उनके साथ नेकी और इन्साफ़

करो कि ख़ुदा इन्साफ़ करने वालों को दोस्त रखता है।

वह तुम्हें सिर्फ़ उन लोगों से रोकता है जिन्होंने तुमसे दीन में जंग की है और तुम्हें वतन से निकाल बाहर किया है और तुम्हारे निकालने पर दुश्मनों की मदद की है कि उनसे दोस्ती करो और जो उनसे दोस्ती करेगा वह यक़ीनन ज़ालिम होगा।

(सूरः अल्-मुमताहिना की आयत 8,9)

कुरआन की इन आयात ए करीमा को पढ़कर, साफ समझ आता है की जब तक कुफ्फार, मुनाफ़िक़ और तख़्लीक़ी दीन पर चलने वाले लोग, हमसे जंग ना करें या हमारे रास्ते में परेशानियाँ पैदा ना करें, उनसे जंग नहीं करना है लेकिन ये की उन्हें हक़ समझाना, हक़ की दावत देना ज़रूरी है क्योंकि ज़रूरी नहीं की कोई इंसान खराब है इसलिए ही बातिल या नाहक़ के साथ खड़ा हो, हो सकता है की वो गुमराह कर दिया गया हो। बहरहाल जब तक सामने से कोई हमला ना करे, हमें हमारी ज़मीनों से हटाने की कोशिश ना करे, हमारे अपनों को नाहक़ क़त्ल ना करें, हमें ना सताएँ तब तक तलवारें लेकर हथियार लेकर जंग ओ जिहाद नहीं किया जाना चाहिए। लेकिन इसके उलट अगर ज़ुल्म आम होने लगे तो बेख़ौफ़ जंग ओ जिहाद के लिए बाहर निकल आना चाहिए, अल् जिहाद फी सबीलिल्लाह के नारे के साथ। मोमिन जंग के मैदान में नाकामयाब नहीं होता या तो फ़तह पाता है या तो उसे शहादत नसीब होती है।

अब ये दहशतगर्द और आतंकवाद क्या है?, वैसे तो आतंकवाद का किसी भी धर्म या मज़हब से कोई ताल्लुक नहीं लेकिन फिर भी हर मज़हब के लोग आतंक फैलाते मिल जाते हैं। कभी किसी मुसलमान को हुनूद, यहूद, नसारा, मुशरिक़ या क़ाफिर मारते मिल जाते हैं तो कभी कोई मुसलमान दीन के नाम पर आतंक फैलाता नज़र आ जाता है। ये कौन सा दीन है?, बेशक ये तख़्लीक़ी दीन है, जो कुरआन ओ अहलेबैत को छोड़कर बनाया गया है, नबी करीम सल्लललाहु अलैहे व आलिही व सल्लम के दुनिया से पर्दा फरमा लेने के बाद से ही ये सामने आने लगा और करबला में खुलकर सामने आया। आज भी अबुल यज़ीद और यज़ीद के मानने वाले दीन के नाम पर आतंकवाद फैलाते नज़र आते हैं और इस बात में कोई शक नहीं की तख़्लीक़ी दीन पर चलने वाले कलमा-गो आतंकवादियों ने सबसे पहला हमला भी करबला में अहलेबैत ए नबी पर किया था।

ये बात हक़ है कि आतंकवाद का हक़ीक़ी इस्लाम से कोई ताल्लुक नहीं और ना ही दुनिया का कोई भी मज़हब आतंकवाद सिखाता है लेकिन ये बात भी हक़ है की हर मज़हब में से आतंकवादी निकले हैं और ये वो ही हैं जिन्होंने अपने दीन को ना समझकर, तख़्लीक़ी दीन की पैरवी की। एक मुसलमान की हैसियत से कह रहा हूँ, अपनी-अपनी सफ़ों पर नज़र रखो

और यज़ीदी सोच वाले आतंकवादियों को बेनक़ाब करो, ये ही तख़्लीक़ी दीन के पैरोकार, अबुल यज़ीद के मानने वाले, इस्लाम को बदनाम करते हैं।

76. जिसका जितना ज़र्फ़ है, उतना ही पानी डालो -

एक बात ख़ास तौर पर ज़हन में रखना चाहिए और वो ये की जिसका जितना ज़र्फ़ हो उसमें उतना ही पानी डाला जाना चाहिए यानी जब हम किसी को दीन ओ शरियत बताएँ तो थोड़ा-थोड़ा करके बताएँ ताकि वो समझ सके। मसलन के तौर पर अगर कोई बंदा, ये ही नहीं जानता की कलमा ए तय्यब का ज़ाहिरी मायना क्या है तो उसे पहले बुनियादी बातें समझाना चाहिए, अब अगर उसे सिफ्फ़ीन, फ़दक या सुलह ए हसन अलैहिस्सलाम जैसे मुद्दे समझाने की कोशिश करेंगे तो वो उन्हें समझने से कासिर रहेगा।

एक और गिराल देता हूँ की अगर कोई इंसान में इतनी कुव्वत ओ ताक़त है की वो बीस किलो तक उठाकर चल सकता है तो उस पर चालीस किलो लाद देना, बेवक़ूफ़ी होगी क्योंकि बीस किलो उठाने वाला वो शख़्स, चालीस किलो वज़न डालने की वजह से वो बीस किलो उठाकर चलने से भी कासिर हो जाएगा, जिसे उठाकर वो पहले चल पा रहा था।

बेदीन लोगों को आहिस्ता-आहिस्ता, दीन ओ शरियत के करीब लाने की ज़रूरत है। तख़्लीक़ी दीन पर चलने वाले गुमराह लोगों को भी बड़ी हिकमत के साथ, आहिस्ता-आहिस्ता हक़ की तरफ़ बुलाने की ज़रूरत है। पहले तो कौम को इस लायक बनाना होगा की वो हक़ को समझने लायक बन सके और फिर उसे तख़्लीक़ी इस्लाम और हक़ीक़ी इस्लाम में फ़र्क़ बताया जाना चाहिए। अल्लाह हिदायत आम करे बिल हक़ ए मुहम्मद ओ आल ए मुहम्मद। अल्लाहुम्मा सल्ले अला मुहम्मद व अला आले मुहम्मद।

77. कभी पत्थर भी खाने पड़ते हैं -

हक़ीक़ी दीन को दूसरों तक पहुँचाना, हक़ आम करना बड़ी ही हिकमत और मेहनत का काम है। ऐसा नहीं है की तख़्लीक़ी दीन में गिरफ्त लोग आपकी बात को सुनकर फौरन क़ुबूल कर लेंगे बल्कि वो आपकी मुख़ालिफत करेंगे, आप पर पत्थर बरसाएँगे, आपको गलत साबित करने की और रोकने की तमाम कोशिशें करेंगे।

दर असल, तख़्लीक़ी दीन में लोगों को दुनिया की तरफ ज्यादा ढकेला गया है और दुनिया को पाने की लालच ही ऐसी होती है जो इंसान के सोचने-समझने की कुव्वत को खत्म कर देती है। लोगों को ये एहसास कराना बड़ा ही मुश्किल हो जाता है की हक़ीक़ी दीन ही तुम्हारे लिए बेहतर है क्योंकि उनके दिलों में यज़ीदी और तख़्लीक़ी दीन रचा-बसा होता है।

जब कभी आप दीन की तब्लीग़ करें तो नर्म रवैया अपनाएँ, बहस और मुबाहिसे से बचें। सामने वाले को गलत साबित करना तब्लीग़ नहीं बल्कि तब्लीग़ तो ये है की हम सामने वाले को वो बता सकें जो उसके हक़ में बेहतर और मुफीद है। वो हक़ीक़ी दीन, जो उसे दुनिया ओ आख़िरत में कामयाब करने के लिए काफी है।

हमें चाहिए की हम हक़ीक़ी दीन के बुनियादी मसले और बातें लोगों तक पहुँचाएँ, कुरआन ओ अहलेबैत अलैहिस्सलाम की तालीम को आम करें, तारीख़ में जो कुछ भी घटा है उसे सही तरीके से लोगों के सामने रखें। चाहे मसला ए खिलाफ़त हो, चाहे मसला ए फदक हो या करबला का वाक़्या, हमें चाहिए की हम खुलकर लेकिन शरियत और शराफ़त के दायरे में रहते हुए अपनी बात पेश करें।

दीन से गाफिल कुछ लोगों ने अहलेबैत अलैहिस्सलाम के दुश्मनों को गालियाँ देना शुरू कर दिया और हक़ीक़ी दीन को नुकसान पहुँचाने का काम किया। जी हाँ मेरे अपनों! जितना गलत दुश्मनाने अहलेबैत अलैहिस्सलाम का दिफा करना है, उतना ही गलत गाली गलौज करना भी है। ये हमारा तरीका नहीं की हम किसी को गंदी और घटिया, माँ-बहन की गालियाँ बकें। बेशक दुश्मनाने अहलेबैत अलैहिस्सलाम पर लानत की जा सकती हैं और करना भी चाहिए लेकिन गाली-गलौज करना, मुहिब्ब ए अहलेबैत अलैहिस्सलाम का तरीका नहीं। इन गालियों की वजह से ही आज लोग तबर्रा को गलत समझने लगे हैं जबकि तबर्रा करना अहले तशय्यो और अहले सुन्नत वल जमात दोनों का तरीका रहा है।

मैंने अक्सर ये देखा है की अगर दो अलग-अलग मसलक के नौजवान यहाँ तक की मौलवी आपस में किसी मौज़ू पर मुनाज़रा करते हैं तो एक दूसरे के सामने दलील के साथ अपनी बात रखने की जगह लड़ते हुए नज़र आते हैं क्योंकि उनका मकसद हक़ को सीखना-सिखाना, समझना-समझाना नहीं होता बल्कि एक दूसरे को गलत साबित करना या हराना होता है जबकि दीन तो सबकी फलाह का रास्ता है, लोगों को हक़ इसलिए समझाना चाहिए ताकि वो दुनिया ओ आख़िरत में कामयाब हो सकें।

78. तब्लीग़ का सही तरीका -

जैसा की मैंने ऊपर बताया की हमें तब्लीग़ और हक़ीक़ी दीन की दावत का काम बहुत हिकमत के साथ करना चाहिए। एक बात और बताना चाहूँगा की दीन की तब्लीग़ किस तरह की जाती है, ये भी क़ुरआन ओ अहलेबैत अलैहिस्सलाम से सीखना चाहिए। कब छिपकर, कब ज़ाहिरी तब्लीग़ करना चाहिए, कब दुश्मन से सुलह और कब दुश्मन से जंग करना चाहिए, बेदीन लोगों के साथ जो हमारे लिए नर्मी रखते हैं, उनके साथ कैसा सुलूक रखना चाहिए वगैरह भी मुहम्मद ओ आल ए मुहम्मद से सीखना चाहिए। अल्लाहुम्मा सल्ले अला मुहम्मद व अला आले मुहम्मद।

इस उम्मत में मुस्लिम क़ौम का आलम ये है की दाढ़ी रखने वाले शख़्स की इज़्ज़त करने वाले कम और मज़ाक उड़ाने वाले ज्यादा मिलते हैं। गरीब और यतीमों का साथ देने वाले कम और उन्हें सताने वाले ज्यादा मिलते हैं। दुनिया में पैसा कमाने की बातें बताने वाले से तो सब बात करना पसंद करते हैं लेकिन आखिरत से आगाह करने वाले के साथ बैठना भी पसंद नहीं करते। दो मिसाल दे रहा हूँ, पहली मिसाल उन लोगों को समझना चाहिए जो तब्लीग़ ए दीन करते हैं और दूसरी मिसाल उन्हें समझनी चाहिए जिनके सामने तब्लीग़ की जा रही है।

पहली मिसाल - अगर आपने टिकट का पैसा साथ ले लिया, पासपोर्ट बनवा लिया लेकिन वीज़ा नहीं बनवाया या कोई डाक्यूमेंट में कमी के साथ आप एयरपोर्ट पहुँच गए तो आपको लौटा दिया जाएगा जबकि आपको लगेगा की मैं तो तैयारी के साथ, सब लेकर आया हूँ फिर क्यों मुझे लौटा दिया है। हो सकता है लौटकर आप सबको बताएँ की फलाँ ने मुझपर ज़ुल्म किया लेकिन दर हक़ीक़त गलती आपकी ही थी। ठीक ऐसे ही जब आप तब्लीग़ करते हो तो आपको चाहिए की दलील, इल्म, बात के साथ साथ सब्र, हिकमत, नर्मी भी अपने साथ ले जाएँ ताकि सामने वाला आपकी दावत को कुबूल कर सके।

दूसरी मिसाल - अगर आप किसी रास्ते पर जा रहे हों और कोई आकर बताए की ये रास्ते पर आगे जाम लगा है या रास्ता खराब हो गया है या माहौल खराब है और आप दूसरे रास्ते से चले जाओ फिर अगले दिन आप अखबार में पढ़ो की उस रास्ते पर (जिस पर आप पहले जा रहे थे) ये-ये हादसा हो गया तो आप कहते हैं की कोई बंदा फरिश्ते की तरह आया और आगाह करके आपको बचा लिया लेकिन अफसोस की आखिरत से आगाह करने वालों रो आप बात

भी करना पसंद नहीं फरमाते।

एक और मिसाल देता हूँ - अगर आप किसी हकीम के पास जाते हैं और वो आपको बताता है की आपको फलाँ बीमारी है, फलाँ कमज़ोरी है, फलाँ कमी है तो आप नाराज़ नहीं होते बल्कि इलाज कराते हैं लेकिन अफसोस की बात तो ये है की आपके गुनाह से, ऐब से आपको बाखबर करने वाला शख़्स आपकी नज़र में दुश्मन से बदतर बन जाता है।

अल्लाह हम सबको हक़ दीन की मेहनत करने वाला, हक़ीक़ी दीन को आम करने वाला, हक़ ए अहलेबैत अलैहिस्सलाम आम करने वाला बनाए। अल्लाहुम्मा सल्ले अला मुहम्मद व अला आले मुहम्मद।

79. मोमिन, मोमिन का आईना है -

ये बात हदीस और कौल ए इमाम से साबित है की मोमिन, मोमिन का आईना है। अगर हम इस हदीस पर ग़ौर करें तो पाएँगे की आईने का काम ही ये है की वो हमें हमारी हक़ीक़ी सूरत दिखाता है, हमारे चेहरे या जिस्म की खूबसूरती के साथ-साथ हमारी कमी या चेहरे पर उभरे हुए दाने या घाव भी दिखाता है यानी वो इस बात की फ़िक्र नहीं करता की मुझे लाने वाला मेरी बात पसंद करेगा या नहीं, वो तोड़कर तो नहीं फेंक देगा वगैरह बल्कि वो तो अपना काम पूरी ईमानदारी के साथ करता रहता है। ठीक इसी तरह एक मोमिन भी दूसरे मोमिन की अच्छाई के साथ-साथ, उसकी कमियों से उसे आगाह करता है, उसके गुनाहों से आगाह करता है।

तब्लीग़ करने वाला गालियों से, पत्थरों से नहीं डरता और ना ही मौत का ख़ौफ़ ही दिल में रखता है बल्कि वो तो हर हाल में अपने खुदा के लिए हक़ दीन की मेहनत करता रहता है। यहाँ एक बात और गौर करने वाली है और वो ये है की दूसरा यानी ग़ैर, मुँह पर सिर्फ़ तारीफ़ ही करता है, उसे आपके मुस्तक़बिल से कोई फ़र्क़ नहीं पड़ता, ना ही उसे आपके आख़िरत की फ़िक्र ही होती है, इसके उलट, आपका दीनी भाई यानी मोमिन भाई, जो हक़ीक़ी दीन आम करने की मेहनत कर रहा है, उसे अपने साथ-साथ दूसरों के आमाल की भी फ़िक्र होती है इसलिए वो हमेशा दूसरों को भी हक़ समझाता रहता है और कोशिश करता है की मेरे साथ-साथ मेरे दूसरे मोमिन भाई भी फलाह के रास्ते पर आ जाएँ।

80. तब्लीग़ करना आसान नहीं -

मुसलमानों के दिलों पर अब हक़ीक़ी दीन का नहीं बल्कि तख़्लीक़ी दीन का गलबा है और अब मुसलमान, लाइल्मी और ग़फ़लत की वजह से तख़्लीक़ी दीन को ही इस्लाम समझकर पकड़ा हुआ है। अब लोगों को दोबारा हक़ पर लाना आसान काम नहीं है बल्कि इस काम के लिए एक बार फिर मेहनतें करनी होंगी, कुर्बानियाँ देनी होंगी। दो तरह से बदलाव लाए जाते हैं एक इंक़लाब ऐसा होता है जिसके नतीजे फौरन नज़र आने लगते हैं लेकिन एक इंक़लाब ऐसा होता है जो हिकमत के साथ अंजाम दिया जाता है। ज़रूरत है की लोगों को हक़ीक़ी दीन और तख़्लीक़ी दीन में फ़र्क़ समझाने की। उन्हें ये समझाने की कि किस तरह यज़ीदियों ने हक़ीक़ी दीन को हटाकर अपना बनाया तख़्लीक़ी दीन उम्मत ए रसूल पर थोप दिया था। हमें इस बेहतरीन उम्मत के भटके हुए गुमराह लोगों को हक़ीक़ी दीन की तरफ लाना ही होगा, हिदायत अता करना अल्लाह के हाथ में है लेकिन मेहनतें करना बंदे का काम है।

एक बात, कई बार दोहरा चुका हूँ की ये काम आसान नहीं होगा, हमें खुदको, लोगों की गालियाँ और मुख़ालिफ़त झेलने के लिए, पत्थर खाने के लिए तैयार करना होगा और तब्लीग़ के इस काम को शुरू करने से पहले ज़रूरी है की हम कुरआन, सीरत ए मुहम्मद सल्लललाहु अलैहे व आलिही व सल्लम और सीरत ए मासूमीन यानी सीरत ए अम्मा फातिमा सलामुल्लाह अलैहा और सीरत ए आईम्मा ए अलैहिस्सलाम को पढ़ें और समझें, करबला को दिल में बसाकर दीन की मेहनत आम करें। अल्लाह हम सबको हक़ दीन को थामने वाला बनाए, कुरआन ओ अहलेबैत को थामकर चलने वाला बनाए और हक़ आम करने की तौफ़ीक़ अता फरमाए।

एक नुक्ता याद रखने लायक ये भी है की किसी भी काम को कल के लिए ना छोड़ें बल्कि जल्दी से जल्दी करने की कोशिश करें, याद रखें की जितनी देरी से लोग बेदार होंगे उतनी ही ज़्यादा कुर्बानियाँ भी देनी होंगी। रसूलुल्लाह सल्लललाहु अलैहे व आलिही व सल्लम और उनकी इतरत यानी अहलेबैत अलैहिस्सलाम की सीरतों को पढ़कर अगर अमल किया जाए तो आसानी से तब्लीग़ की जा सकती है, हिकमत के साथ, आहिस्ता-आहिस्ता हक़ बयान किया जाना चाहिए और जब सही वक़्त आ जाए तब ऐलानिया दावत का काम किया जाना चाहिए। मसलन के तौर पर अगर आप किसी तख़्लीक़ी दीन पर चलने वाले मुसलमान को समझाने की जगह उससे बहस करेंगे तो वो समझने की जगह लड़ने पर उतारू हो जाएगा।

यज़ीदी मौलवियों ने खुलकर हक़ीक़ी दीन पर वार नहीं किया बल्कि दीमक के कीड़े की तरह वो हमारी सफ़ों में घुसे और अंदर ही अंदर, हमारे अक़ीदों को खोखला कर दिया जिस तरह दीमक कभी भी बाहर से लकड़ी को नुकसान नहीं पहुँचाती लेकिन अंदर ही अंदर उसे खोखला कर देती है और बड़े-बड़े महल और इमारत भी गिर जाते हैं। ऐसे लोगों से खुदको और अपनों को बचाना होगा और इनके तख्लीक़ी दीन से लोगों को आगाह करके हक़ीक़ी दीन की तरफ बुलाना होगा। अल्लाहु अकबर कसीरन कसीरा। अल्लाह हम सबके लिए हक़ीक़ी दीन की तब्लीग़ करना आसान फरमाए। आमीन या रब उल आलामीन बिल हक़ ए मुहम्मद ओ आल ए मुहम्मद। अल्लाहुम्मा सल्ले अला मुहम्मद व अला आले मुहम्मद।

5

पाँचवाँ बाब

81. सुलह ए हुदैबिया और तब्लीग़ ए दीन -

मेरे अपनों! हमें चाहिए की हम सुलह ए हुदैबिया को समझें, नबी करीम सल्लल्लाहु अलैहे व आलिही व सल्लम की हिकमत को समझें। मुसलमानों की तादाद पहले के मुकाबले काफी बढ़ गई थी और रसूलुल्लाह सल्लल्लाहु अलैहे व आलिही व सल्लम के हमराह अहलेबैत ओ सहाबा उमरा के लिए जा रहे थे लेकिन मक्का के पहले उन्हें रोक दिया गया। ऐसे हालात में कुछ सहाबा चाहते थे की जंग हो लेकिन रसूलुल्लाह सल्लल्लाहु अलैहे व आलिही व सल्लम ने सुलह करना पसंद फरमाया और यहाँ तक की आप सल्लल्लाहु अलैहे व आलिही व सल्लम ने दुश्मनों की शर्तें भी मानीं। बहरहाल मैं यहाँ सुलह ए हुदैबिया की तफ्सीर बयान नहीं कर रहा हूँ बाकि आप चाहें तो तारीख़ की किताब में पढ़ सकते हैं, मेरा मौज़ू तब्लीग़ ए दीन है और मैं उसी पर बात कर रहा हूँ।

सुलह ए हुदैबिया हो गई और उसके बाद रसूलुल्लाह सल्लल्लाहु अलैहे व आलिही व सल्लम ने किस तरह तब्लीग़ ए दीन की, उसे समझने और फिक्र करने की ज़रूरत है। कुफ्फारे मक्का के अलावा, बाकि सारे अरब में तौहीद की सदाएँ गूँज उठीं, "ला इलाहा इल्ललाह" पर लोग ईमान लाने लगे, "मुहम्म्दुर्रसूलुल्लाह" को थामने लगे। "अलीयुन वलीयुल्लाह" इस तरह छाया की यहूदियों के किला ए ख़ैबर को उखाड़कर फेंक दिया, वो किला की जिसे फ़तह करना, अरब वालों के नज़दीक़ नामुमकिन था, उसे मौला अली अलैहिस्सलाम ने एक हाथ से उखाड़कर रख दिया और फिर जब दुश्मनों ने सुलह तोड़ी और जंग हुई, फ़तह मक्का हुआ और फौज ए मुजाहिद ए इस्लाम, मक्का में दाखिल हुई तो कुफ्फ़ारों के पास बचने की कोई जगह तक ना थी और ना ही उनके पास कोई मददगार ही बचा था।

तब्लीग़ यानी शोर मचाना या जानवरों की तरह लड़ना-बहस करना नहीं होता, ना ही तब्लीग़ का मतलब किसी पर अपने अक़ीदे को थोपना होता है। भटके और गुमराह लोगों तक अपने अमल, अपनी बातों, अपनी आदतों, अपनी ज़िंदगी के हर एक पल से हक़ पहुँचाने का नाम तब्लीग़ है। सब्र ओ हिकमत के साथ, लोगों को तख़्लीक़ी दीन से आगाह करना और हक़ीक़ी दीन की तरफ दावत देने का नाम तब्लीग़ है। तौहीद ए रब, रिसालत ए मुहम्मद, विलायत ए अली की तरफ़ बुलाने का नाम तब्लीग़ है। मौलवियों की लिखी किताबों से आगाह करके, खुदा के कलाम यानी कुरआन की तरफ बुलाने और झूठे रहनुमाओं की पैरवी से बचाकर, अहलेबैत अलैहिस्सलाम की गुलामी की तरफ़ बुलाने का नाम तब्लीग़ है।

हमारे अल्साफ़ ने बनु उमैया, बनु अब्बासिया के कई गुमराह खलीफ़ा और यज़ीद पलीद जैसे कई बड़े ज़ालिम हुक्मरानों और ताक़तों के होने के बावजूद, उनके तख़्लीक़ी दीन का रद्द किया, उनका मुकाबला किया और लोगों तक हक़ीक़ी दीन पहुँचाया। अगर हम बात करें करबला की तो वो हुसैन अलैहिस्सलाम की ज़ाहिरी हयात का आख़िरी मरहला था। अगर तब्लीग़ की गहराई को समझना है तो हमें हज़रत हसन अलैहिस्सलाम और हज़रत हुसैन अलैहिस्सलाम की बीस सालों की तब्लीग़ पर गौर करना होगा जो आप दोनों ने मिलकर की थी। मेरे हिसाब से जब तक लोग इस तब्लीग़ ए हसनैन करीमैन को नहीं समझेंगे वो करबला और करबला का मक़सद समझ ही नहीं सकते। हमें आईम्मा ए अहलेबैत अलैहिस्सलाम की तब्लीग़ और तब्लीग़ के तरीकों को समझने और सीखने की सख़्त ज़रूरत है। हिंद की ज़मीन पर भी ख्वाजा मोईनुद्दीन चिश्ती से लेकर निज़ामुद्दीन औलिया और दुनिया में शम्स तबरेज़ी से लेकर शहबाज़ कलंदर तक देखें तो, हर दौर में औलाद ए अली, गुलाम ए अली आपको तब्लीग़ ए हक़ दीन करते मिलेंगे। कभी सलमान फारसी तो कभी अबुज़र, कभी मिक़्दाद तो कभी मालिक ए अश्तर, कभी अम्मार तो कभी हुज्र बिन आदि, कभी बिलाल तो कभी उवैस करनी, कभी मीसम तो कभी बहलोल जैसे वफ़ादार ए अहलेबैत अलैहिस्सलाम आपको हक़ीक़ी दीन पर जान लुटाते मिलेंगे।

हमें ज़रूरत है तो बस हक़ीक़ी दीन को थामकर हक़ आम करने की, हक़ दीन की तब्लीग़ करने की और मक़सद ए हुसैन अलैहिस्सलाम को घर-घर तक पहुँचाने की। मेरे अपनों! आओ और कुरआन ओ अहलेबैत अलैहिस्सलाम को थाम लो की बेशक ये ही कामयाबी और खुदा तक ले जाने वाली एक वाहिद राह है। अल्लाह त'आला, हम सबको, कहने-सुनने से ज्यादा अमल करने की तौफ़ीक अता फरमाए। अल्लाहु अकबर कसीरन कसीरा। अल्लाहुम्मा सल्ले अला मुहम्मद व अला आले मुहम्मद।

82. गीबत और बदगुमानी से बचें -

मैंने इस किताब की शुरूआत में भी इस मौज़ू पर लिखा है लेकिन मुझे लगता है की इस पर थोड़ी तफ़्सीर से और बात होनी चाहिए। पहले ही बता चुका हूँ की रिश्ता तय करते वक़्त होने वाले मशवरे में गीबत करना जायज़ है लेकिन वो गीबत इस नियत से हो की हम फलाँ घर में अपनी लड़की दे रहे हैं या फलाँ घर से लड़की ले रहे हैं तो रिश्ता करना मुनासिब होगा या नहीं, फिज़ूल गीबत वहाँ भी जायज़ नहीं। इसके अलावा एक तालिब ए इल्म जब तारीख़ और हदीसों या किसी आलिम की लिखी किताबों का मुता'ला करता है और उसमें से उसे कोई बात गलत लगती है या किसी रावीयान पर उसे शक होता है तो इस पर फिक्र करना या किसी दूसरे तालिब या आलिम से मशवरा करना भी गीबत के दायरे में नहीं आता।

इस मौज़ू को तफ़्सीर से लिखने का मकसद भी ये ही है की अब लोग इस गुनाह में इतना डूब चुके हैं की उन्हें ये गुनाह गुनाह ही नहीं लगता हालाँकि गीबत करना अल्लाह को सख़्त ना पसंद है और ये एक बड़ा गुनाह भी है। पहले मैं ये बता दूँ की गीबत है क्या?, तो मेरे अपनों! अगर कोई शख़्स खुद चलकर आपके पास आता है और अल्लाह की कसम खाकर आपको खुद की कोई बुराई या ऐब बताता है तो भी आपके लिए ज़रूरी है की आप उस बात का पर्दा रखें और बेवजह उस बात को दूसरों तक पहुँचाना भी गीबत के दायरे में ही आएगा। वैसे तो बोल-चाल की ज़ुबान में लोग कह देते हैं की किसी के पीठ पीछे उसकी बुराई करना गीबत है, ये सही भी है लेकिन इस लफ़्ज़ का दायरा बहुत वसीअ है। अपने से कमज़ोर या गरीब को भरी महफिल में उसके किसी ऐब या गुनाह का तज़किरा करके रुस्वा करना और फिर शान से ये कहना की मैं गीबत नहीं करता बल्कि मुँह पर कहता हूँ, ये भी गीबत के दायरे में ही आएगा।

किसी के रंग या जिस्म की बनावट पर टिप्पणियाँ करना। मसलन के तौर पर फलाँ काला है, फलाँ नाटा है, फलाँ पतला है, फलाँ मोटा है, फलाँ की नाक चपटी है, फलाँ की आँखें छोटी हैं वगैरह भी गीबत में ही शुमार होगा। एक बात और है जो मर्दों में तो कम लेकिन औरतों में ज्यादा पाई जाती है और वो ये है की दूसरे के पहनावे मसलन के तौर पर उसके कपड़े, चप्पलों, ज़ेवर वगैरह की पीठ पीछे हँसी उड़ाना भी एक तरह की गीबत ही है। किसी मेहमान के जाने के बाद उसके ऐब निकालना और उसकी बुराई करना या किसी शादी से लौटकर, इंतज़ामात और खाने की बुराई करना भी गीबत ही में शामिल है और अफसोस तो इस बात पर है की आज ज्यादातर मुसलमान, गीबत करते हैं और गीबत को गुनाह ही नहीं समझते या शायद उन्होंने अक़्ल ओ फहम को इस क़दर कमज़ोर कर लिया है की वो ये ही नहीं समझ पाते की ऐसा करना गीबत के दायरे में आयेगा या नहीं।

एक और बात ज़हन में आ रही है वो है बदगुमानी। मैंने खुदने लोगों को बदगुमानी करते देखा है। कहते हैं की दो लोगों के दरमियान लड़ाई से उतनी दूरी नहीं बढ़ती जितनी की बदगुमानी से बढ़ती है और बदगुमानी में अक्सर इंसान खुदके दिल में उठ रहे सवालों का जवाब भी खुद बनाने लगता है बजाय सामने वाले से पूछने के। किसी के लिए ये सोचना की फलाँ शख़्स ने ऐसा इसलिए किया ताकि मेरा नुकसान हो या फलाँ शख़्स जानबूझकर मेरे दावत देने के बावजूद नहीं आया वगैरह ऐसी बहुत सी बातें हैं जो रोज़मर्रा की ज़िंदगी में सामने आती ही रहती हैं। अफसोस की लोग एक दूसरे के लिए, यहाँ तक अपनों के लिए भी बदगुमानी रखते हैं।

अब बात करें गीबत और बदगुमानी से बचने की तो मेरे अपनों, किसी के पीठ पीछे उसकी गीबत करना या किसी के लिए बदगुमानी रखना, जितना जल्दी हो सके छोड़ दो। गीबत और बदगुमानी की ही वजह से ही सैंकड़ों घर उजड़ गए हैं और हज़ारों लोगों के बीच में बुराईयाँ पैदा हो गई हैं। कई बार तो यहाँ तक भी देखने मिला है की दो शख़्स हैं और दोनों ही अच्छे हैं, एक दूसरे से मुहब्बत करते हैं और एक दूसरे की फिक्र भी दिल में मौजूद है लेकिन फिर भी गीबत और बदगुमानी की वजह से दोनों में दूरियाँ मौजूद हैं।

एक मशवरा और देना चाहूँगा। मेरे अपनों! ख़ामोशी भी इबादत है और जिसने ख़ामोश रहना सीख लिया, उसने फलाह पा ली लेकिन ये ख़ामोशी दुनिया के लिए हो, अपनों के लिए नहीं यानी दूसरों के सामने ज्यादा बोलने से बचें लेकिन अपनों से दीन ओ दुनिया, हर तरह की बातचीत करते रहें। कभी कोई बात बुरी लगे तो मुहब्बत से आपस में समझ-समझा लें, गीबत और बदगुमानी करने से बेहतर है, सामने वाले शख़्स से खुद ही पूछ लेना। अब रहा सवाल दूसरों या गैरों की गीबत का तो ऐसा करके आपका कोई नफ़ा नहीं होता बल्कि आप गुनाह ही कमा रहे होते हैं, इससे हर हाल में बचें। अल्लाह हम सबको कहने-सुनने से ज्यादा अमल करने वाला बनाए।

83. अहदीस और कौल ए इमाम में मौजूद कुछ तालीमात -

मेरे अपनों! जो शख़्स हराम बातें करता है, फिज़ूल बातें करता है, लोगों का दिल दुखाने वाली बातें करता है, बेकार की बातों में वक़्त ज़ाया करते हैं, गीबत ओ बदगुमानी में ज़िंदगी गुज़ारते हैं वो सज़ा के हक़दार होते हैं। कहते हैं की शहीदों से खुदा हिसाब नहीं लेता और बख़्श देता है लेकिन ऐसे लोगों के मुताल्लिक़ ये तक आता है की ऐसे लोग अगर शहीद भी

हो जाएँ तो भी इन्हें पहले अपने किए की सज़ा मिलती है।

दूसरी ज़रूरी बात है, ज़ुबान पर काबू रखना, जो वालिदैन अपनी ज़ुबान पर काबू रखते हैं और ना'ज़ेबा अल्फ़ाज़ बोलने से बचते हैं, उनकी औलादें भी बा'अख़्लाक़ और नेक निकलती हैं। बच्चे के पहले उस्ताद माँ-बाप ही होते हैं और वो अपने माँ-बाप से ही सब सीखता है। बल्कि माँ को पहला उस्ताद कहना ज्यादा दुरुस्त होगा क्योंकि बाप तो रिज़्क़ की तलाश में, अपनों के लिए कमाने बाहर निकल जाता है और बच्चा ज्यादा वक़्त अपनी माँ के साथ ही गुजारता है, माँ के शिकम में रहने से लेकर समझदार होने तक बच्चा अपने वालिदैन को देखकर, सुनकर और समझकर ही सीखता है यानी माँ-बाप के अख़्लाक़, अमल, सोच, तरीका, अक़ीदा और दीनदारी ही औलाद की बुनियाद बनती है और वालिदैन की तर्बियत ओ तालीम पाकर, औलाद का किरदार दिन बा दिन निखरता जाता है।

तीसरी बात है, अमानत में ख़यानत ना करना, मोमिन की एक सिफ़त ये भी है की वो अमानत में ख़यानत नहीं करता यानी अगर उसके पास कोई चीज़ बतौर अमानत के रखी जाए तो वो उसे सँभालकर रखता है और ज़रूरत पड़ने पर जब वापिस माँगी जाए तो लौटाता है। मोमिन तो खुदा से इतना डरने वाला होता है की किसी की बताई राज़ की बात को भी अमानत की तरह रखता है और उसमें कोई ख़यानत नहीं करता। अमानत चाहे मोमिन की हो, मुसलमान की या किसी ग़ैर मज़हब के इंसान की, उसे अमानत लौटाना ज़रूरी है।

चौथी बात है, अहद यानी जब मोमिन किसी से अहद या वादा करता है तो उसे पूरा करता है, वादे को तोड़ना या पूरा ना करना मुसलमान की सिफ़त नहीं। गुस्से की हालत में, नाराज़गी की हालत में या बहुत ज्यादा खुश होने की हालत में यानी जब तक आप नार्मल ना हों, जब तक आप सोचने-समझने और सही फैसला करने की हालत में ना हों तब तक अहद करने से बचना चाहिए और एक बार किसी से कोई वादा कर लिया तो फिर उसे हर हाल में पूरा करना चाहिए। बेशक, खुदा को वो लोग सख़्त नापसंद हैं जो किसी से वादा करते हैं और उसे तोड़ देते हैं।

पाँचवी बात है, वालिदैन से मुहब्बत और उनकी ख़िदमत करना। इसका ये मतलब नहीं की वालिदैन की उन बातों को भी मानना है जो आपके अक़ीदे या दीन पर अमल में रुकावट बनती हों और ना ही वालिदैन के उन हुक्मों को मानना है जो हक़ीक़ी दीन के खिलाफ़ हों। इसके अलावा सिर्फ़ मुसलमान ही क्या हर इंसान पर फ़र्ज़ है की वो वालिदैन की ख़िदमत

करता रहे। अगर आप ईमान वाले हैं और आपके वालिदैन काफ़िर हैं तब भी आप पर फ़र्ज़ है की उनकी फरमाबरदारी करें और उनकी ख़िदमत करते रहें।

मेरे अपनों! हमें चाहिए की वालिदैन से बेहद मुहब्बत करें और उनकी ख़िदमत करते रहें, उन्हें राज़ी कर लें क्योंकि वालिदैन की रज़ा में रब की रज़ा है, माँ-बाप की नाराज़गी, खुदा की नाराज़गी का सबब बनती है। आज लगभग हर घर में देखता हूँ की लोग बीवी-बच्चों के हुक़ूक़ अदा करने के नाम पर वालिदैन के हुक़ूक़ खा जाते हैं या फिर वालिदैन के हुक़ूक़ अदा करने के नाम पर बीवी के साथ गलत रवैया इख़्तियार करते हैं, इस बिगाड़ की वजह भी एक ही है, कुरआन ओ अहलेबैत अलैहिस्सलाम से दूरी। लोगों ने कुरआन ओ अहलेबैत अलैहिस्सलाम से ना सीखकर, बाकि हर एक से सीखने की कोशिश की और ना'अहलों को अपना रहनुमा बनाया।

अगर हम हदीसों और कौल ए इमाम में देखें तो रसूलुल्लाह सल्लललाहु अलैहे व आलिही व सल्लम ने वालिदैन से बुरा सुलूक़ करने वाले, उन्हें नाराज़ करने वाले बदज़ातों पर लानत भेजी है। वालिदैन पर ना ही गुस्सा करना चाहिए और ना ही उनसे लड़ना ही चाहिए। आज के नौजवान ही कल वालिदैन बनते हैं, तो नौजवानों को भी चाहिए की वो ये जान लें की इस्लाम में सिर्फ़ वालिदैन के हुक़ूक़ ही नहीं बताए गए बल्कि औलाद के हुक़ूक़ भी बताए गए हैं यानी माँ-बाप को भी चाहिए की वो अपनी औलाद के हुक़ूक़ अदा करें और उसके साथ इंसाफ़ करें।

आज हर तरफ सिर्फ़ बिगाड़ ही बिगाड़ नज़र आ रहा है क्योंकि वालिदैन और औलादें दोनों ही कुरआन ओ अहलेबैत अलैहिस्सलाम को छोड़कर बैठी हैं, वो हक़ समझने से ही कासिर हैं। अगर हम सब दीन पर आ जाएँ तो वालिदैन का दीदार करना भी हज की तरह है, वालिदैन का चेहरा तकना भी इबादत है, बूढ़े वालिदैन की ख़िदमत बख़्शिश का ज़रिया है, वालिदैन की ख़िदमत मिस्ल ए जिहाद सवाब देती है, वालिदैन की ख़िदमत रहमतों का दरवाज़ा खोलती है, तकलीफ़ों से बचाती है, मौत की तकलीफ़ से बचाती है और उम्रदराज़ भी करती है।

वालिदैन की नाफरमानी दुनिया ओ आख़िरत में हलाकत का बाइस बनती है और वालिदैन का नाफरमान दुनिया ओ आख़िरत में ज़िल्लत उठाता है। अगर आपको दुनिया की कामयाबी चाहिए, नबी का पड़ोस चाहिए, जन्नत की खुश्बू चाहिए, खुदा की रहमत चाहिए, ज़िंदगी में आसानी चाहिए, अपनी उम्र दराज़ चाहिए, तो आपके लिए ज़रूरी है की आप वालिदैन की ख़िदमत करें। चाहे वालिदैन मोमिन हों या ना हों, चाहे मुसलमान हों या ना हों,

आप पर उनकी ख़िदमत फर्ज़ की गई है रिश्ते की वजह से ना की उनके अक़ीदे की वजह से लिहाज़ा आपको हर हाल में वालिदैन की ख़िदमत करनी होगी। शायद ही ऐसी कोई नेकी, नेमत और सवाब होगा जो ख़िदमत ए वालिदैन से हासिल नहीं होता और शायद ही ऐसा कोई अज़ाब होगा जो वालिदैन की नाफरमानी पर ना मिलता होगा। अल्लाह त'आला, हम सबको वालिदैन की ख़िदमत करने वाला बनाए और हक़ीक़ी दीन पर चलने वाला बनाए।

छटे इमाम अलैहिस्सलाम के दौर में भी एक काफ़िर का वाक़्या मिलता है की उनके दौर का एक नसरानी, मुसलमान हो गया और जब इमाम अलैहिस्सलाम से मुलाकात हुई तो उसने अपनी माँ के मुताल्लिक़ सवाल किया कि, "मेरी माँ बेदीन है और हक़ को क़ुबूल नहीं कर रहीं तो मैं उनके साथ क्या सुलूक़ इख़्तियार करूँ?", इमाम अलैहिस्सलाम ने हुक्म दिया कि, "अपनी माँ की ख़िदमत करो।", वो शख़्स लौटा और अपनी वालिदा की ख़िदमत करने लगा, उसकी माँ जानबूझकर और भी ऐसे काम करने लगी जो हक़ीक़ी दीन के ख़िलाफ़ थे लेकिन उसे त'आज्जुब होता की उसका बेटा नसारा का दीन छोड़कर बेदीन हो गया (उसकी माँ के मुताबिक), फिर भी पहले से ज्यादा ख़िदमत करने लगा जबकि माँ को लगा था की ये मुझसे दूरी इख़्तियार कर लेगा। माँ ने अपने बेटे से इस अमल के मुताल्लिक़ पूछा तो उसने फरमाया कि, "मैं जिस दीन ए इस्लाम को मानता हूँ, उसमें मुझे हुक्म मिला है की मैं माँ की ख़िदमत करूँ, भले ही वो मेरे दीन पर ना हो और मुझे मेरे इमाम यानी रसूलुल्लाह के सिब्त के बेटे के ज़रिए ये ही हुक्म मिला है।", जब माँ ने ये सुना तो वो भी हक़ दीन पर ईमान ले आई।

तो मेरे अपनों! अगर हम अपनी सारी ज़िंदगी भी वालिदा की ख़िदमत में लगा दें फिर भी उन नौ महीनों में से एक रात का हक़ भी अदा नहीं कर सकेंगे, जिनमें माँ ने हमें अपने शिकम में रखा था। वालिदैन की ख़िदमत हम पर फर्ज़ की गई है और माँ का हक़, बाप से तीन गुना ज्यादा है यानी इमाम अलैहिस्सलाम ने फरमाया है की अगर माँ और बाप दोनों अलग-अलग हुक्म दे दें तो दोनों को राज़ी और खुश करने वाला अमल करो और अगर ये मुमकिन ना हो तो माँ की खुशी का ख़्याल रखना ज्यादा ज़रूरी होगा।

इस्लाम में अदल का बहुत बड़ा मकाम है और अदल करना मुसलमानों की सिफ़त में से एक सिफ़त है। हमारे इमामों ने यहाँ तक फरमाया है की अगर तुम्हें फैसला करने वाला बनाया जाए और तुम्हारा बाप गुनाहगार हो और सज़ा मौत बनती हो तो भी सही फैसला देना है लेकिन गुनाहगार बाप से भी नफरत नहीं करनी है और ना उसे अपने हाथों से क़त्ल करना है। इमाम अलैहिस्सलाम ने फरमाया की ऐसे मामलों में किसी दूसरे से सज़ा दिलाएँ, हाँ अगर

पूरी दुनिया में सिर्फ़ तुम ही मुसलमान बचते तब तुम पर फ़र्ज़ होता की तुम अदल करो और अपने हाथों से सज़ा दो लेकिन जब तक तुम्हारे पास कोई और मौजूद है तो अपने हाथों से सज़ा देना सही नहीं होगा और हलाकत का बाइस बनेगा। इस बात से भी अक़्ल वालों को मक़ाम ए वालिदैन आसानी से समझ आ जाएगा।

84. जब तुम कुछ कर भी नहीं पाते थे -

वालिदैन जब बूढ़े हो जाते हैं तो कई बार इतने कमज़ोर हो जाते हैं की ख़ुद से कुछ भी कर पाने में कासिर होते हैं तब औलाद को ही उनका सब करना पड़ता है। कई औलादें इस काम को बोझ समझती हैं और कई नेक औलादें इस काम को ख़ुशी से अंजाम देती हैं लेकिन कुछ नेक औलादें भी कभी ना कभी ये ख़्याल दिल में ले आती हैं की अल्लाह मेरे वालिदैन की तकलीफ़ दूर कर दे या इनके हक़ में बेहतर फैसला कर दे यानी बेहतर फैसले से मुराद क्या हुआ?, ये ही की ज़िंदगी बेहतर हो तो ज़िंदगी अता कर दे और मौत बेहतर हो तो मौत अता कर दे?, बुढ़ापे में अगर इंसान ज़रूरत से ज़्यादा कमज़ोर हो जाए तो आसानी नहीं होती लेकिन ज़िंदगी तो ज़िंदगी है उसे पूरी गुज़ारनी ही पड़ती है। उसे बोझ ना समझो बल्कि जो हालात सामने हों, उनका सामना ख़ुशी से करते रहो।

एक बात हमेशा याद रखना की वो माँ ही थी जिसने नौ महीने तुम्हें अपने शिकम में जगह दी और पाला। जब तुम पैदा हुए तो तुम्हारी नजासतें भी वो ही साफ़ करती थी, तुम्हें नहलाने, कपड़े बदलने से लेकर तुम्हें खिलाने पिलाने तक वो ही करती थी। खुलकर लिख रहा हूँ ताकि तुम एहसास कर सको, तुम्हारी माँ ही थी जिसने पाखाना, पेशाब साफ किया, तुम्हें नहलाया, जुख़ाम हो जाने पर तुम्हारी बहती नाक साफ़ की, बुखार में उल्टी/कै हो जाने पर उस नजासत को भी साफ किया और दुआ ये नहीं की कि, "या अल्लाह! जो मेरी औलाद के हक़ में बेहतर हो वो अता फरमा!", बल्कि तुम्हारी सेहत और ज़िंदगी की ही भीख माँगती रही। अब अगर वालिदैन माज़ूर हो गए हैं तो तुम क्यों उसी तरह सोच नहीं रख रहे, जिस तरह तुम्हारे वालिदैन ने तुम्हारे लिए रखी थी?

वो तुम्हारी माँ ही थी, जब तुम बोल नहीं पाते थे, वो सुनती थी। जब तुम माँग नहीं सकते थे, वो देती थी। जब तुम चल नहीं सकते थे, वो गोदी में लेकर चलती थी, जब तुम रोते थे तो वो ग़मज़दा होती थी, जब हँसते थे तो वो हँसती थी और जब तुम कोई सवाल बार-बार पूछते थे तो वो सौ दफ़ा मुस्कुराकर बताती थी, समझाती थी। अगर आप अपने बचपने को याद रखेंगे तो वालिदैन की ख़िदमत का मौका नेमत और वालिदैन का साथ, जन्नत की तरह लगने लगेगा। अल्लाह त'आला! हम सबके वालिदैन को सलामत रखे, सेहतमंद रखे और जिनके

वालिदैन इस फ़ानी दुनिया से कूच कर गए हैं उनकी बेहिसाब मग़फिरत फरमाकर, जन्नत में आला से आला मक़ाम अता फरमाए।

यहाँ एक और बात वाज़ेह करना ज़रूरी समझता हूँ। औलाद पर वालिदैन का हक़ हमेशा बरकरार रहता है अलबत्ता की माँ बाप के दुनिया से कूच कर लेने यानी उनके विसाल कै बाद भी उनका हक़ औलाद पर बना रहता है। अगर वालिदैन के पास किसी की कोई अमानत थी तो औलाद पर फर्ज़ है की उसे उसके असल हक़दार तक पहुँचाए, माँ-बाप का अगर कोई कर्ज़ा है तो भी औलाद पर फर्ज़ है की वो वालिदैन के वारिस होने की हैसियत से अदायगी करे। माँ-बाप के नमाज़ और रोज़े अगर कज़ा हैं तो वो भी औलाद को उनकी तरफ से पूरे करना चाहिए, अदा करना चाहिए।

वालिदैन जब तक मौजूद रहें उनकी ख़िदगत करो उनके लिए दुआ करो और जब दुनिया से पर्दा फरमा लें तो भी उनके लिए दुआ ए मग़फिरत करो और उनके नाम से ख़ैरात, ज़कात, देते रहो, लोगों की इम्दाद करते रहो और वो सारे अमल ओ आमाल करने की कोशिश करो जिससे वालिदैन को सवाब मिलता रहे। फिक़्ही ऐतबार से अगर देखें तो बड़े बेटे पर वालिदैन के कज़ा-वाज़िबात वगैरह अदा करना वाजिब है यानी वालिदैन की कज़ा नमाज़, रोज़ा, हज वगैरह पूरा करना बाकि दूसरी औलादें भी अपनी-अपनी कुव्वत, ताकत और हैसियत के मुताबिक वालिदैन को सवाब पहुँचाने वाले नेक काम कर सकते हैं।

85. हुक्म ए वालिदैन और औलाद के हुक़ूक़ -

वालिदैन जब भी हमें कोई हुक्म देते हैं तो उसे पूरा करना, हमारा फर्ज़ है, बाशर्त की वो हुक्म दीन ओ शरियत के खिलाफ़ ना हों या जिनसे कोई बड़ा गुनाह या चूक होने का अंदेशा ना हो। मसलन के तौर पर अगर हमारे वालिदैन हमें हज पर जाने से या ज़ियारत ए इमाम पर जाने से डर की वजह से या अपनी बीमारी का हवाला देकर रोक रहे हैं, तो हमें चाहिए की हम रुक जाएँ। ठीक ऐसे ही अगर शहर का माहौल खराब है या कोई दूसरी वजह हो और हमारे वालिदैन हुक्म दें की मस्जिद में ना जाकर घर में ही नमाज़ अदा करो तो भी हमें चाहिए की हम उनके हुक्म को मानें। हाँ, हम उन्हें मुहब्बत से समझा ज़रूर सकते हैं या उनके साथ बैठकर सलाह मशवरा कर सकते हैं।

अब बात आती है की वालिदैन के कौन से हुक्म हैं जिन्हें पूरा नहीं करना चाहिए तो सबसे पहले तो आते हैं वो हुक्म जो दीन ओ शरियत के ही खिलाफ़ हों। इसके अलावा वो हुक्म

जिनसे बड़े गुनाह, बड़ी गलती या बड़ा नुकसान होने का ख़तरा हो। मसलन के तौर पर आपके वालिदैन आपको तलाक लेने का हुक्म दें और आप अपनी बीवी के साथ रहना चाहते हों तो आपको ये हुक्म हरगिज़ नहीं मानना चाहिए या फिर आप बीमार हों या आपकी बीवी या औलाद बीमार हो और हकीम ने बाहर इलाज कराने का मशवरा दिया हो और बाहर इलाज ना कराने की सूरत में मर्ज़ बढ़ने का अंदेशा हो लेकिन आपके वालिदैन बाहर जाने की इजाज़त ना दें, तब भी आपको चाहिए की आप उनका हुक्म ना मानें।

एक मसला और ऐसा है जिसमें औलाद, माँ-बाप का हुक्म ना मानने के लिए आज़ाद है लेकिन मुआशरे में इस हद तक बिगाड़ आ चुका है की लोग हकीक़त से अनजान हैं, वो मसला है निकाह। अगर कोई औलाद चाहे की निकाह करना है और उसे निकाह की हाज़त महसूस होती हो या उसे गुनाह में पड़ने का डर हो तो वो निकाह कर सकता है। त'आज्जुब की बात ये है की निकाह, एक लड़के और एक लड़की के बीच का रिश्ता है और निकाह के साथ दो जिंदगियाँ आपस में इस तरह जुड़ जाती हैं की दोनों की खुशी और ग़म भी एक हो जाते हैं लेकिन हमारे मुआशरे में लड़के-लड़की की ख़्वाहिश और सोच को ताक पर रखकर परिवार तय कर रहा होता है की औलाद का निकाह कब, कहाँ और कैसे करना है और अक्सर वालिदैन इस नेक काम में बड़ी देर करते हैं।

वैसे तो वालिदैन के औलाद पर बहुत हुकूक़ हैं लेकिन हमारे इमामों ने इस बात की ताक़ीद भी फरमाई है की अपनी औलाद पर ज़रूरत से ज्यादा बंदिशें और हदें ना लादें, उसे आज़ादी दें। आईम्मा ए अहलेबैत अलैहिस्सलाम फरमाते हैं की ज़रूरत से ज़्यादा रोक-टोक और बंदिशें डालना भी औलाद को नाफरमानी करने पर मजबूर कर देता है। इसलिए वालिदैन को भी चाहिए की औलाद पर वक़्त-वक़्त पर पाबंदी लगाएँ, हर वक़्त और बेवजह की रोक-टोक से बचें।

जिस तरह वालिदैन के औलाद पर हुकूक़ हैं, ठीक उसी तरह, औलाद के भी वालिदैन पर हुकूक़ हैं और वालिदैन को चाहिए की उसे पूरा करें। मेरे अपनों! इस्लाम इतना आला दीन है की सबका बराबर ख़्याल भी रखा है और सब पर बराबर ज़िम्मेदारी भी डाली हैं। वालिदैन भी जब अपनी औलाद को मुहब्बत से देखते हैं तो उन्हें इसका सवाब मिलता है, जब बच्चा छोटा होता है और कुछ नहीं कर पाता तब वालिदैन उसे पालते हैं, सँभालते हैं तो उन्हें इसका भी अज़्र मिलता है। औलाद को मुहब्बत से पालना, उसका ख़्याल रखना, उसे कमज़कम इतना इल्म सिखाना की वो हक़ और नाहक़ में, हलाल और हराम में फ़र्क़ कर सके, वालिदैन पर फर्ज़ है। वालिदैन को चाहिए की अपनी औलाद को कुरआन ओ अहलेबैत अलैहिस्सलाम के

करीब करें और उसे हक़ दीन के साथ-साथ, अच्छे अख़्लाक़ सिखाते और समझाते रहें। जब औलाद निकाह के लायक हो जाए और निकाह करना चाहे तो वालिदैन को उसका निकाह भी करवाना चाहिए।

औलाद के दो हुक़ूक़ पर बहुत ज्यादा ज़ोर दिया गया है लिहाज़ा उन्हें फिर से दोहरा रहा हूँ। मेरे अपनों! औलाद का हम पर पहला हक़ तो ये है की हम उसे दीनी तालीम ओ तर्बियत दें। उसे हक़ दीन समझाएँ, ज़रूरत पड़ने पर उसपर सख़्ती भी करें। याद रखें, आपकी औलाद, दुनिया में कितना दुनियावी इल्म हासिल करेगी, कितना कामयाब होगी ये तो एक हद तक उसकी मेहनत और किस्मत से ही तय होगा लेकिन उसके अख़्लाक़, उसके अक़ीदे, उसके किरदार को बनाने में आपकी दी हुई तालीम ओ तर्बियत ज्यादा अहम साबित होगी। औलाद का वालिदैन पर दूसरा हक़ ये है की वालिदैन, औलाद की शादी में रुकावट ना बनें, ख़ासकर बेटियों की शादी में क्योंकि एक लड़का तो ज़रूरत महसूस होने पर वालिदैन को निकाह की ख्वाहिश बता भी देता है लेकिन लड़कियाँ अक्सर ऐसा नहीं कर पातीं। लिहाज़ा वालिदैन को चाहिए की वक़्त पर अपनी औलाद की ख़ासकर बेटियों की शादियाँ करा दें। वक्त पर निकाह करा देने से भी औलाद बहुत बड़े-बड़े गुनाहों से बच जाती है जैसे फैल ए हराम, ज़िना, हराम रिश्ते, वगैरह। अल्लाह, हम सबको, हिदायत दे और गुनाहों से महफ़ूज़ रखे बिल हक़ ए मुहम्मद ओ आल ए मुहम्मद।

86. तवक्कुल -

मेरे अपनों! सबसे पहले तो ज़रूरी है की हम अपने परवरदिगार पर, अपने रब पर, ख़ालिक़ ए अकबर पर तवक्कुल करना सीखें। हमारी अक्सरियत सिर्फ़ जुबानी तौर पर ही ये दावा करती है की हम अल्लाह पर तवक्कुल करते हैं लेकिन असल में तवक्कुल होता ही नहीं है या ना के बराबर होता है। क़ुरआन की एक नहीं बल्कि कई आयतों में ताकीद की गई है की बंदा अपने रब पर तवक्कुल रखे।

मिसाल के तौर पर देखें की जब हम बीमार होते हैं और किसी तबीब के पास दिखाने जाते हैं और वो हमारी जाँच करके दवाएँ देता है और हम उसपर तवक्कुल करके, कड़वी से कड़वी दवाएँ भी खाते हैं, इंजेक्शन लगवाते हैं। अगर किसी को कोई बड़ा मर्ज़ हो और ऑपरेशन या जिस्म के किसी आज़ा को काटने की नौबत तक आ जाए तो इंसान उसमें भी तैयार हो जाता है लेकिन अफसोस की बात है की इंसान, अपने रब के हुक्मों को पूरा करने की फिक्र नहीं करता।

रसूलुल्लाह सल्लललाहु अलैहे व आलिही व सल्लम और आईम्मा ए अहलेबैत अलैहिस्सलाम फरमाते हैं कि, "तुम उस दिन समझो की तुमने इल्म हासिल कर लिया या मुकम्मल कर लिया जब तुम अपने सारे कामों को खुदा के हवाले कर दो। कुरआन में भी आता है कि, "कितनी ही मर्तबा ऐसा होता है की तुम किसी चीज़ को बुरा समझ रहे होते हो जबकि वो तुम्हारे लिए बेहतर है और कितनी ही मर्तबा ऐसा होता है की तुम किसी चीज़ को पसंद कर रहे होते हो जबकि वो तुम्हारे लिए नुकसानदेह होती है।"

तो मेरे अपनों! हम क्यों अपने खुदा पर तवक्कुल ना करें और दर दर की ठोकरें खाएँ?, जब फिरऔन के जादूगरों ने जादू से साँप बनाए और वो साँप मूसा अलैहिस्सलाम की तरफ बढ़ने लगे तब मूसा अलैहिस्सलाम के पास केवल एक असा था जिससे वो कुछ देर तक उन साँपों का मुकाबला कर सकते थे लेकिन उन्हें खुदा का हुक्म मिला कि, "ऐ मूसा! असा को फेंक दो।", मूसा अलैहिस्सलाम ने अपने रब पर तवक्कुल किया और असा फेंक दिया और अल्लाह के हुक्म से वो असा ही एक बड़े साँप में तब्दील हो गया और छोटे साँपों को खा गया। अब ज़रा सोचिए की अगर अल्लाह का हुक्म ना मानकर असा से साँपों से लड़ने की कोशिश की होती तो एक असा के दम पर सैंकड़ों साँपों का कितनी देर मुकाबला किया जा सकता था?, बात बस अपने परवरदिगार पर यक़ीन करने की, तवक्कुल करने की है।

87. किस तरह दिल ओ ज़हन बदले जाते हैं -

आज अगर देखा जाए तो दीनदार लोग नज़र आ जाते हैं, किसी के चेहरे पर दाढ़ी है तो कोई खातून पर्दा कर रही है। कहीं कुरआन को पढ़ा जा रहा है (जी हाँ, जानबूझकर पढ़ा लिखा है क्योंकि तिलावत नहीं की जा रही अब बस पढ़ा जा रहा है), कहीं नमाज़ पढ़ने वाले भी मिल रहे हैं लेकिन हक़ीक़ी दीन पर चलने वाले दीनदार नहीं मिल पा रहे हैं क्योंकि हमने खुदको ज़ाहिरी तौर पर तो बदला लेकिन अपना बातिन नहीं बदल पाए। ये बड़े अफसोस की बात है की हम नमाज़ पढ़कर आते हैं और फिर दुकान में बैठकर झूठ बोल रहे होते हैं। हमारे पास सच्ची किताब यानी रब का कलाम यानी कुरआन है, हमारे पास सारे नबियों के सरदार, खुदा के हबीब हैं, हमारे पास आईम्मा ए अहलेबैत अलैहिस्सलाम हैं फिर हम लोग क्यों इतने ख़सारे में हैं?, जब हमारे पास सब आला है, तो हम आला क्यों नहीं बन सके?, क्या हमने हक़ीक़ी दीन को जाना ही नहीं?, क्या हम इस्लाम को समझे ही नहीं?, क्या हमने कुरआन ओ अहलेबैत अलैहिस्सलाम को थामा ही नहीं या उस तरह से नहीं थामा जिस तरह से थामने का हक़ था?, यानी हक़ीक़त में हम समझे ही नहीं की हमारा रब हमसे क्या चाहता है। मेरे अपनों! नमाज़, रोज़ा, ज़कात, हज सब ज़रूरी है लेकिन सिर्फ़ इन्हें कर लेना ही दीन नहीं होता। बा'हैसियत मुसलमान, बा'हैसियत उम्मती ए मुहम्मद, बा'हैसियत गुलाम ए

अहलेबैत अलैहिस्सलाम हम पर कई फ़र्ज़ और भी डाले गए हैं, जिन्हें पूरा करना होगा। हमारे आमाल, अख़्लाक़, तरीके ऐसे होने चाहिए की लोग खुद बा खुद हमें देखकर ही हक़ की तरफ झुकने लगें, ज़रूरत है तो पहले खुद को पहचानने की और अपना दिल और ज़हन को बदलने की।

मेरे अपनों! हम तो खुदको और अपनी औलादों को हक़ की तरफ झुकाने में नाकाम हैं क्योंकि हमने कभी मेहनत ही नहीं की लेकिन हमारे दुश्मनों ने हमेशा ही मेहनतें की हैं। तारीख़ से हमारा नाम मिटा दिया गया है, बच्चा जब स्कूल जाता है तो वहाँ इस्लाम को छोड़कर बाकि सब सिखाया जा रहा होता है। मीडिया-सोशल मीडिया के ज़रिए भी हमारी निगेटिव इमेज बनाने की कोशिश की जाती है। अगर मदरसों की बात भी करूँ तो हर मसलक़, दूसरे मसलक़ को नीचा दिखाने और गिराने में लगा हुआ है।

मिसाल के तौर पर किसी स्कूल में एक अली वालों के घर के मासूम से बच्चे को सेब दिखाकर पूछा जाता है की तुम किसे रब मानते हो?, जब वो अल्लाह कहता है तो उससे कहा जाता है की अपने अल्लाह से कहो की ये सेब तुम्हें दे लेकिन उसे सेब नहीं मिलता। फिर रसूलुल्लाह के मुतल्लिक़ पूछा जाता है, अली अलैहिस्सलाम, हसनैन करीमैन और हज़रत अब्बास वगैरह का जिक्र कर के भी बच्चे से कहा जाता है की इनसे सेब माँगो जब सेब नहीं मिलता तो आखिर में बच्चे से कहा जाता है तुम खुद आकर ले लो और जब बच्चा ले लेता है तो उसके दिल ओ दिमाग़ में ये बात बैठाई जाती है की कोई रब नहीं है, कोई नबी नहीं है, कोई वली नहीं है, कोई इमाम नहीं है, जो हो तुम ही हो और इस तरह बच्चा बेदीन हो जाता है। माँ बाप नूह अलैहिस्सलाम के बेटे को याद करके दिल समझा लेते हैं लेकिन ये भूल जाते हैं की गलती उनसे खुदसे हो रही है। आप पर बा'हैसियत माँ-बाप, दो जिम्मेदारियाँ हैं, पहली तो ये की आपको हक़ दीन अपनी औलाद तक पहुँचाना है और दूसरी ये की अपनी औलाद को शैतानी फित्नों और बेदीन लोगों के बहकावे से भी बचाना है।

ऐसी बातें सुनकर कड़वी ज़रूर लगती हैं लेकिन हमारा दुश्मन, शैतान अपना काम बखूबी कर रहा है। गफ़लत में तो हम पड़े हैं और अपनी जिम्मेदारी से भाग रहे हैं। हमें जो काम दिया गया था हम वो काम सही तरह से नहीं कर रहे हैं। आक़ा सल्लललाहु अलैहे व आलिही व सल्लम ने जो उम्मत के लिए किया और उम्मत फिर भी हक़ीक़ी दीन को नहीं समझ सकी उस पर कुछ याद आ रहा है, वो भी आपके सामने रख रहा हूँ -

किसी ग़मगुसार की मेहनतों का ये ख़ूब मैंने सिला दिया
की जो मेरे ग़म में घुला गया, उसे मैंने दिल से भुला दिया

जो जमाल ए रूह ए हयात है, जो दलील ए राह ए निजात है
उसी राहबर के नक़्श ए पा को मुसाफ़िरों ने भुला दिया

ये मेरी अक़ीदतें बे'बसर, ये मेरी इबादतें बे'समर
मुझे मेरे दावा ए इश्क़ ने, ना नबी दिया, ना ख़ुदा दिया

तेरे हुस्न ए ख़ुल्क़ की इक रमक़, मेरी ज़िंदगी में ना मिल सकी
मैं इसी में ख़ुश हूँ की शहर के, दर ओ बाम को तो सजा दिया

मैं तेरे मज़ार की जालियों, की ही मिदहतों में मगन रहा
तेरे दुश्मनों ने तेरे चमन में ख़ज़ाँ का जाल बिछा दिया

तेरे ओहद ओ बद्र के बाब के, मैं वरक़ उलट के गुज़र गया
मुझे सिर्फ़ तेरी हिकायतों की रिवायतों ने मज़ा दिया

तेरे नक़्श ए पा हैं जो रहनुमा, तो गुबार ए राह है कहकशाँ
इन्हें खो दिया तो ज़माने भर ने हमें नज़र से गिरा दिया

मेरे रहनुमा तेरा शुक्रिया, करूँ किस जुबान से मैं अदा
मेरी ज़िंदगी की अँधेरी शब में चिराग़ ए फ़िक़्र जला दिया

कभी ए अनायत ए कम नज़र, तेरे दिल में ये भी कसक हुई
जो तबस्सुम ए रुख़ ए जीस्त था, उसे तेरे ग़म ने रुला दिया

किसी ग़मगुसार की मेहनतों का ये ख़ूब मैंने सिला दिया
की जो मेरे ग़म में घुला गया, उसे मैंने दिल से भुला दिया

88. हक़ दीन के खिलाफ़ साजिश -

हक़ दीन के खिलाफ़ जब तख़्लीक़ी दीन लाया गया तो मुनाफ़िक़ों ने सबसे पहली कोशिश ये की कि किस तरह उम्मत को कुरआन ओ अहलेबैत अलैहिस्सलाम से दूर किया जाए और दूसरी कोशिश ये की कि तख़्लीक़ी इस्लाम को लोगों के दिलों में इतना रचा-बसा दिया जाए की वो तख़्लीक़ी इस्लाम को हक़ीक़ी इस्लाम समझने लगें और हक़ीक़ी इस्लाम को तख़्लीक़ी इस्लाम समझने लगें और इस बात से भी इंकार नहीं किया जा सकता की दुश्मन इसमें बहुत हद तक कामयाब भी हुए हैं।

सबसे पहले तो उम्मत को कुरआन से दूर करने के लिए कुरआन की सूरतों और आयतों को आगे पीछे किया गया यानी उसकी तरतीब बदली गई ताकि जब कोई इंसान कुरआन को तारीख़ और हदीसों के साथ समझता हुआ पढ़े तो उसे समझने में दिक्कत जाए। कुरआन में तो नुक़ता बराबर बदलाव किया नहीं जा सकता था इसलिए तर्जुमों में और तफ़्सीर ओ तावील में बिगाड़ करना शुरू किया गया। आज भी ज्यादातर मुसलमान कुरआन नहीं पढ़ते, चंद लोग ही हैं जो तिलावत ए कुरआन करते हैं और उससे भी कम हैं वो जो कुरआन को समझकर पढ़ते हैं और अमल में उतारते हैं बाकि हमारे मुल्क में रहने वाले मुसलमानों में अरबी भाषा को अच्छी तरह समझने वाले लोग बड़ी मुश्किल से मिलते हैं।

कुरआन से दूर करने के साथ-साथ, अहलेबैत अलैहिस्सलाम से दूर करने का काम शुरू किया गया, वैसे तो रसूलुल्लाह सल्लललाहु अलैहे व आलिही व सल्लम के दौर से ही लोगों ने अली अलैहिस्सलाम के लिए बुग़्ज़ ज़ाहिर करना शुरू कर दिया था लेकिन सबसे पहले खुलेआम जो ज़ुल्म हुआ वो रसूलुल्लाह सल्लललाहु अलैहे व आलिही व सल्लम के फ़ानी दुनिया से पर्दा फरमा लेने के बाद हुआ और वो ये किया गया की रसूलुल्लाह सल्लललाहु अलैहे व आलिही व सल्लम जिसे अपना नायब, आमिल, वारिस, वसी और उम्मत का निगेहबान, इमाम, ख़लीफ़ा और मौला बनाकर गए थे, उस ज़ात ए अली अलैहिस्सलाम का हक़ नहीं दिया गया, फिर फदक़ ए फातिमा सलामुल्लाह अलैहा भी ना दिया गया।धीरे-धीरे नौबत ये आई की क़त्ल ए उस्मान रज़िअल्लाह का इल्ज़ाम, अली अलैहिस्सलाम पर डाला गया, अली अलैहिस्सलाम को मस्जिद में शहीद किया गया, हसन अलैहिस्सलाम को ज़हर देकर शहीद किया गया और उन्हें नाना के बगल में दफनाने नहीं दिया गया। करबला में तब सब कुछ पूरी तरह साफ हो गया जब हुसैन अलैहिस्सलाम अपना घरबार, आल-औलाद लुटाकर खड़े

थे तो यज़ीद की फौज शोर मचाते हुए कहती थी, "हुसैन को जल्दी से मार दो।", ये बुग़्ज़ का सिलसिला यहीं नहीं रुका और आईम्मा ए मासूमीन और गुलाम ए अली अलैहिस्सलाम को हर दौर में शहीद किया गया और ये सिलसिला अब भी जारी है और जारी रहेगा भी।

अब बात ये की जाए की आख़िर अली अलैहिस्सलाम से, इतरत ए रसूल से, आल ए इमरान से लोगों को इतना बुग़्ज़ था क्यों?, सबसे पहले तो मौला अली अलैहिस्सलाम और तमाम आईम्मा ए मासूमीन अलैहिस्सलाम को दबाने की कोशिश की गई, उनकी तब्लीग़ पर रोक लगाने की कोशिश की, उन पर तरह-तरह के फ़त्वे दिए गए ताकि उन्हें दबाया जा सके हालाँकि वो हुजतुल्लाह थे और अपना काम बखूबी अंजाम देकर गए, उन्हें सताकर अगर किसी का नुकसान हुआ तो बस उम्मत का ही हुआ। खासकर बनु उमैया के दौर से ये काम भी शुरू हुआ की खुत्बों में अली अलैहिस्सलाम को गालियाँ बकी जाती थीं, उन्हें बुरा कहा जाता था और मदरसों और घरों में बच्चों के ज़हन में आल ए मुहम्मद सल्लललाहु अलैहे व आलिही व सल्लम के मुताल्लिक़ गलत बातें, मनघढंत बुराईयाँ, झूठे किस्से भर दिए जाते थे और जब बच्चे बचपन से जवानी तक घरों, मदरसों, मस्जिदों, महफिलों में हर जगह बस आल ए मुहम्मद, आल ए इमरान, औलाद ए अली अलैहिस्सलाम की बुराईयाँ सुनते थे तो उनके ज़हनों में अली अलैहिस्सलाम से बुग़्ज़ भर गया और उन्होंने जवान होते ही अहलेबैत अलैहिस्सलाम के खिलाफ़ जंग छेड़ दी। इनकी ही नस्लों से पैदा औलादें, आज भी कभी अम्मा फातिमा सलामुल्लाह अलैहा को ख़ता पर बताती तो कभी हुसैन अलैहिस्सलाम के वुजु पर शक करती मिल जाती हैं। इनके अल्साफ़ ने मौला अली अलैहिस्सलाम के अल्क़ाबों को दूसरों के नामों के साथ मशहूर करना शुरू किया था और अब इनकी औलादें, अली अलैहिस्सलाम की शान में लिखे बुजुर्गों के कलाम में छेड़छाड़ करके दूसरों के नाम से मशहूर करने की कोशिशों में लगे हैं।

89. आम गलतियाँ और गलत अक़ीदे -

अपना खुम्स जो हमने आज निकाला है तो हमें चाहिए की उसे कल तक ही सही हक़दार तक पहुँचा दें, गाँव में हों तो चंद दिन की मोहलत और मिल जाएगी और अगर जंगल में हों तो थोड़ी और रियायत मिल जाएगी लेकिन फिर भी खुम्स जितना जल्दी हो सके अदा करना ज़रूरी है। अहले तशय्यो में तो ये अदायगी आज भी बहुत हद तक ज़ारी है लेकिन अहले सुन्नत में बहुत कम ही लोग ऐसे हैं जो खुम्स निकालते हैं। अहले तशय्यो के अक़ीदे में जो नायब ए इमाम हैं, उनके ज़रिए खुम्स सही हक़दारों तक पहुँचाया जाता है लेकिन अहले सुन्नत वल जमात में कुछ लोग किसी को नायब ए इमाम नहीं मानते तो कुछ लोग तमाम सादात को नायब ए इमाम की तरह मानते हैं बहरहाल, अहले सुन्नत के भाई-बहनों को भी चाहिए की खुम्स निकालें और अदा करें। इस खुम्स पर गरीब सादातों का सबसे ज्यादा हक़

होता है और याद रखें की खुम्स का मामला ज़कात से बिल्कुल उलट है, अगर आपका वाकई ये अकीदा है की आपको जो मिला है वो रसूलुल्लाह सल्लललाहु अलैहे व आलिही व सल्लम के सदक़े से मिला है तो आप सल्लललाहु अलैहे व आलिही व सल्लम की वो औलाद, जो आपके दौर में मौजूद हैं, उन्हें खुम्स अदा करना चाहिए।

कुरआन ओ अहलेबैत अलैहिस्सलाम को थामना, ज़रूरी है। बहुत सारे मुसलमान भाई ऐसे हैं, जो कुरआन को काफी बताते हैं यानी वो इतरत ए रसूल, हदीस ए नबवी का भी इंकार करते हैं जबकि हमारा अक़ीदा ये है की हम कुरआन ओ अहलेबैत अलैहिस्सलाम को एक-दूसरे से जुदा ही नहीं मानते। कुरआन में वो सारा इल्म मौजूद है, जो दुनिया ओ आख़िरत के लिए ज़रूरी है लेकिन समझ में तब आएगा जब उसे अहलेबैत अलैहिस्सलाम से समझा जाए। मसलन के तौर पर एक बीज में सारा पेड़ मौजूद है लेकिन जबतक उसे तुराब के हवाले ना किया जाए तब तक उससे कुछ नहीं निकाला जा सकता। कुरआन अगर किताब की सूरत में लिखा हुआ है तो पंजतन ओ अहलेबैत की ज़िंदगी उसी किताब की अमली मिसाल हैं। मेरे अपनों! हमें सिर्फ़ कुरआन या सिर्फ़ अहलेबैत अलैहिस्सलाम को नहीं थामना है बल्कि हमारा ये अक़ीदा होना चाहिए की हम कुरआन ओ अहलेबैत को थामें, हदीस ए नबवी को थामें और मुहम्मद ओ आल ए मुहम्मद के बताए तरीके पर अपनी ज़िंदगी गुज़ारें। अल्लाहुम्मा सल्ले अला मुहम्मद व अला आले मुहम्मद।

दाढ़ी के बारे में पहले ही तफ्सीर से लिख चुका हूँ लेकिन फिर से दोहरा रहा हूँ क्योंकि ये कुछ ऐसे छोटे-छोटे मसले हैं जो देखने में तो ऐसे लगते हैं की इन्हें मानने या ना मानने से कोई फ़र्क़ नहीं पड़ेगा लेकिन दर'हक़ीक़त ये छोटे-छोटे से मसले ही आपके अक़ीदों में बिगाड़ लाने लगते हैं। ये बात भी हदीस से साबित है की रसूलुल्लाह सल्लललाहु अलैहे व आलिही व सल्लम ने दाढ़ी मुंडवाने को माजूसी का तर्ज ए अमल बताया है और आईम्मा ए अहलेबैत अलैहिस्सलाम ने भी अपने मानने वालों को दाढ़ी मुंडाने से सख़्त मना किया। मुसलमान को चाहिए की दाढ़ी बड़ी रखे और मूछें छोटी कर ले ताकि माजूसी और यहूदियों से मुशाहिबत ना रहे। एक बात और याद रखें की हश्र में कुछ लोगों को उन गुनाहों की वजह से जहन्नुम में डाला जाएगा जिन्हें वो या तो गुनाह ही नहीं समझते थे या बहुत ज्यादा छोटा समझते थे।

90. इमाम ए क़ायम की मदद -

कुरआन में अल्लाह त'आला ने अपने बंदों से फरमाया है -

يَا أَيُّهَا الَّذِينَ آمَنُوا إِنْ تَنْصُرُوا اللَّهَ يَنْصُرْكُمْ وَيُثَبِّتْ أَقْدَامَكُمْ

ईमान वालों अगर तुम अल्लाह की मदद करोगे तो अल्लाह भी तुम्हारी मदद करेगा और तुम्हें साबित क़दम बना देगा।

(सूरः मुहम्मद की आयत 7)

मेरे अपनों! अल्लाह तो ख़ालिक़ ए अकबर है, रब है, परवरदिगार है। अल्लाह को बंदों की मदद की ज़रूरत ही नहीं होती तो यहाँ मेरी मदद से क्या मुराद है?, मेरे अपनों! मेरी मदद से मुराद मेरे दीन की मदद है यानी मुसलमानों को चाहिए की दीन ए हक़ इस्लाम की मदद करते रहें, दीन को बचाने वाले बनें। अब जब इमाम अलैहिस्सलाम क़याम करेंगे तब तक कौम दो हिस्सों में बँट चुकेगी, एक लश्कर ए इमाम अलैहिस्सलाम होगा और दूसरा दज्जाली लश्कर। मोमिन इस बात को जानते और समझते हैं की इमाम अलैहिस्सलाम के ज़ुहूर से पहले और ज़ुहूर के बाद भी इमाम अलैहिस्सलाम के मकसद के लिए मेहनत करना ही दीन की मदद है यानी दीन की मदद यानी इमाम अलैहिस्सलाम की मदद और इमाम अलैहिस्सलाम की मदद यानी हक़ दीन की मदद और इसी मदद को रब ने अपनी मदद तक कहा लेकिन अफसोस की आज तख़्लीक़ी दीन को हक़ समझने वाली उम्मत, मकसद ए इमाम अलैहिस्सलाम की जगह, अपनी दुनियावी ज़िंदगी को सँवारने में ही लगी हुई है। औरतों का भी इसमें अहम किरदार है। बाज़ रिवायतों में ये भी मिलता है की इमाम ए क़ायम के खिलाफ़, बेपर्दा औरतों की भी एक जमात जंग के लिए निकलेगी। इमाम अलैहिस्सलाम के खिलाफ़ लड़ने वाले मर्दों की तर्बियत में भी किसी माँ यानी औरत का अहम किरदार होगा।

सिर्फ़ इमाम अलैहिस्सलाम के खिलाफ़ ही नहीं, अगर हम गौर ओ फिक्र करें तो पाएँगे की एक औरत का लश्कर ए इमाम अलैहिस्सलाम तैयार करने में भी अहम किरदार होगा। इमाम अलैहिस्सलाम के ज़ुहूर के पहले और ज़ुहूर के बाद, हज़ारों मौलाई हैं जो इमाम अलैहिस्सलाम के लिए मेहनतें करते हैं और उनके दिल में फिक्र ए हक़ दीन डालने वाली, सही तालीम ओ तर्बियत देने वाली, उनकी माँ ही होती है। हो सकता है की बहुत सारे लोग ये सोचते हों की मैं ख़ातूनों को निशाना बनाता हूँ या बिगाड़ की जिम्मेदारी उनपर डालता हूँ लेकिन हक़ीक़त ये है की औलाद की तर्बियत मर्द से ज्यादा औरत करती है। मेरा ये मानना है की अगर मर्द, हक़ दीन पर आ जाए तो एक घर दीन पर आ जाता है लेकिन अगर एक औरत, हक़ दीन पर आ जाए तो घर के साथ-साथ, नस्लों में भी दीन आ जाता है, उम्मत की माँओं और बहनों को भी अपनी जिम्मेदारी समझनी होगी और निभानी होगी।

बेदीन और बेपर्दा औरत की कोशिश ये होती है की वो दूसरी दीनदार बहनों को भी बेदीनी और बेपर्दगी की तरफ दावत देती हैं, बेशक ये शैतान और दज्जाल के लिए काम करने वाली औरतें हैं। आज भी अगर देखा जाए तो जदीदियत के नाम पर, पश्चिमी सभ्यता के नाम पर लोगों को बेपर्दगी और फह्शा की तरफ दावत दी जाती है। मेरे अपनों! जिस कौम के मर्द नाचने-गाने, शराब पीने, जुआँ खेलने में लग जाएँ और औरतें, बेपर्दगी और फह्शा के कामों में लग जाएँ तो उस कौम को बर्बाद होने से नहीं रोका जा सकता। हमारा दुश्मन, हमारी कौम के मर्दों की कुव्वत ए बाज़ू से ज्यादा, हमारी कौम की औरतों के पर्दे से डरता है।

91. घर को जन्नत बनाना, जहन्नुम नहीं -

किसी शायर ने खूब कहा है, "अली वाले जहाँ बैठे, वहीं जन्नत बना बैठे।", वैसे तो ये एक अश्शार है लेकिन इसपर फिक्र करें तो हम पाएँगे की ये हमारे हाथ में है की हम अपने घर और आसपास कैसा माहौल बनाकर रह रहे हैं। अगर हर घर में औलाद, माँ-बाप की फरमाबरदार हो, माँ-बाप अपनी औलाद के हुक़ूक़ अदा करने वाले हों, हलाल रोज़ी कगाई जाती हो। औरत अपने शौहर के वालिदैन को अपना समझती हो और सास-ससुर भी अपनी बहु को बेटी मानते हों। बच्चों को सही तालीम ओ तर्बियत दी जाती हो और घरवाले, इबादत, जिक्र ए खुदा, जिक्र ए मुहम्मद ओ आल ए मुहम्मद में डूबे रहते हों, वो घर जन्नत की तरह सुकून से भरे हुए रहते हैं।

इसके उलट जिन घरों में लोग आपस में लड़ते हों, हराम रिज़्क़ आता हो, औलाद की सही तालीम ओ तर्बियत ना होती हो, वो घर बर्बाद हैं। इन घरों में ना इबादत होती है ना जिक्र बल्कि टी. व्ही, गाने, मूवीज़ वगैरह के ज़रिए अगली नस्लें बेपर्दगी और फह्शा की तरफ बढ़ने लगती हैं। हमें चाहिए की हम अपने-अपने घरों पर पहले ध्यान दें ताकि अपने आज और आने वाली नस्लों को बेहतर बना सकें। अल्लाह रब उल इज़्ज़त हम सबको, हक़ दीन पर चलने वाला बनाए।

92. हलाल और हराम रिज़्क़ -

मुसलमानों को ज़रूरत है अपनी कमाई पर गौर ओ फिक्र करने की, याद रखें सिर्फ हलाल गोश्त खरीद लेना, हलाल रिज़्क़ नहीं होता बल्कि ज़रूरी है की हमारी कमाई भी हलाल हो। तआज्जुब और अफसोस की बात है की बहुत सारे मुसलमान हलाल खाने से मुराद बस हलाल तरीके से ज़िब्ह किया हुआ जानवर समझते हैं। हराम तरह से कमाए हुए पैसे से खरीदा गया हलाल खाना भी हराम होता है। हक़ीक़ी इल्म हासिल करने के लिए अच्छा उस्ताद बस काफी नहीं होता बल्कि हलाल रोटी खाना भी ज़रूरी होता है, हराम खाने वाला

हक़ीक़ी इल्म और हक़ीक़ी दीन तक पहुँच ही नहीं सकता।

हमें चाहिए की हम हराम से बचें और हलाल रोज़ी कमाएँ, अपनी औलाद को हलाल गिज़ा दें ताकि वो हक़ की मारिफ़त आसानी से कर सके। हराम रोज़ी में बरकत नहीं होती और ना ही सुकून होता है। मेरे अपनों! कोई भी काम छोटा नहीं होता और हलाल कमाई की एक रोटी, हराम कमाई के भरपेट खाने से ज़्यादा अच्छी होती है। एक और बात ज़हन में रखना चाहिए की वो माल भी हमपर हराम है, जिसके हम हक़दार नहीं मसलन के तौर पर कई मौलवी हैं जो ख़ैरात, ज़कात, सदक़ा वगैरह के नाम पर चंदा वसूली करते हैं और मेहनत मजदूरी ना करके, इसी चंदे के पैसों से घरबार चलाते हैं, अल्लाह के वास्ते इन सबसे बचो और रब का ख़ौफ़ रखो। हर मौलवी गलत नहीं होता लेकिन मैंने अपनी आँखों के सामने खुद ही ऐसे कई मामले देखे हैं जिनमें मौलवी कहीं मस्जिद के नाम पर तो कहीं मदरसे के नाम पर चंदा माँग रहा था लेकिन तहकीक़ करने पर उसकी बात झूठी पाई गई।

अगर हम कहीं से कोई सामान खरीदकर लाते हैं और वो गलती से ज्यादा पैसे लौटा देता है या ज्यादा सामान दे देता है तो हमें चाहिए की हम उसे वो ज्यादा पैसा व सामान लौटा दें क्योंकि वो हमारे लिए हराम होगा। इसी तरह किसी से लिया गया नामुनासिब पैसा या रिश्वत भी हराम है।

93. रिज़्क़ के लिए बेसब्री -

या अल्लाह! मेरे उन गुनाहों को माफ फरमा, जो तेरी नाराज़गी का सबब बन गए हैं। बेशक! ये अल्लाह का ही करम है की हम जैसे गुनाहगार बंदे भी रहमत ओ बरकत पा रहे हैं, रिज़्क़ पा रहे हैं और हिफाज़त के साथ रह रहे हैं। हमारे खिलाफ बहुत साजिशें हुईं लेकिन हम अली अलैहिस्सलाम के गुलामों का वजूद नहीं मिट सका, बेशक वो अल्लाह रब उल इज़्ज़त ही है जो हम सबका ख़ालिक़ है, परवरदिगार है। अगर हम गुनाह करते हैं तो वालिदैन भी नाराज़ होते हैं लेकिन मनाने पर मान भी जाते हैं, ठीक इसी तरह जब बंदा अपने रब के सामने रोता है, तौबा करता है, इबादत करता है और रब ए काबा को मनाता है तो अल्लाह त'आला भी माफ कर देता है और अपनी रहमत के दरवाज़े खोल देता है।

हमें रिज़्क़ के लिए बेसब्र नहीं होना चाहिए की बेसब्री अल्लाह को पसंद नहीं। ये बात सही है कि बंदे को रिज़्क़ खुद तलाशना है और मेहनत भी करनी चाहिए लेकिन अपने रब पर यक़ीन भी रखना चाहिए की जो रब ज़मीन पर चलने वाले, ज़मीन के अंदर रहने वाले, जंगलों-पहाड़ों

में रहने वाले कीड़ों को भी रिज़्क़ अता करता है, वो भला हमें रिज़्क़ क्यों नहीं देगा।

मुहम्मद ओ आल ए मुहम्मद सल्लललाहु अलैहे व आलिही व सल्लम की तालीम है और हदीस ए क़ुदसी में भी आता है की रब बंदों से कहता है, जब तक तुम्हें इस बात का यक़ीन ना हो की मेरे ख़ज़ाने खाली हो गए हैं, तब तक रिज़्क़ के लिए परेशान मत होना, बेसब्री मत रखना। याद रहे की रब ए काबा के खज़ाने में कभी कोई कमी नहीं आती तो ख़त्म होने का सवाल ही नहीं बल्कि इस नसीहत से ये सीखना चाहिए की रिज़्क़ के लिए मेहनत करना बेहतर और अच्छी बात है लेकिन रिज़्क़ के लिए खुद को परेशान और बेसब्र रखना, इंसान की गलती है।

94. हर हराम, हलाल होकर मिल जाएगा -

अल्लाह रब उल इज़्ज़त ने दुनिया में अपने बंदों पर शराब हराम की है, अगर बंदा इस हराम से बचे तो इसके बदले उसे जन्नत में शराब ए तहूरा अता की जाएगी। दुनिया में बंदे पर ज़िना हराम किया गया है लेकिन इसके बदले जन्नत में हूरें अता की जाएँगी। अगर हम ग़ौर ओ फिक्र करें तो पाएँगे की आख़िरत यानी कभी ख़त्म ना होने वाली ज़िंदगी में सबसे ज्यादा फायदा मोमिनों का होगा और रब उनपर अपनी अताओं की बारिश नाज़िल फरमा देगा। दुनिया में हराम से बचने वालों को, जन्नत में सब मिलेगा, कोई कमी नहीं होगी, यहाँ तक हराम भी हलाल करके अता कर दिया जाएगा और दुनिया में हराम करने वाले हर शख़्स को जहन्नुम का ख़ौफ़नाक अज़ाब उठाना होगा। अब ये बंदे को तय करना है की उसे दुनिया के पचास साल बेहतर बनाने हैं या आखिरत की लाखों सालों की कभी ना ख़त्म होने वाली ज़िंदगी को सँवारना है।

मसलन के तौर पर मुसलमान मर्दा के लिए सोना पहनना हराम है और इसके पीछे एक नहीं बल्कि सैंकड़ों वज़ूहात हैं, तकब्बुर से लेकर साइंस की दलीलों तक बहुत सी बातें हैं लेकिन फिर भी इमाम अलैहिस्सलाम का एक बड़ा प्यारा जवाब आप सबको बताना चाहूँगा। इमाम अलैहिस्सलाम से सवाल किया गया की दुनिया में मर्दों के लिए सोना पहनना क्यों हराम है तो आप अलैहिस्सलाम ने फरमाया, "ताकि वो जन्नत की कभी ख़त्म ना होने वाली ज़िंदगी में सोना पहन सकें।", तो मेरे अपनों! हमें चाहिए की हम हराम से बचें। हराम से बचना, सब्र करना, शुक्र करना और तौबा करते रहना, ये वो अमल हैं जो बंदे के अक़ीदा ओ ईमान को मजबूत करते हैं और बंदे में तक्वा पैदा करते हैं। अल्लाह त'आला, हम सबको कहने-सुनने से ज्यादा अमल करने वाला बनाए।

95. बच्चे और कसरत व खेलकूद -

तालीम ओ तर्बियत के साथ-साथ ज़रूरी है की हम अपनी औलाद को खेल-कूद भी करने दें, बस हमें ये ज़हन में रखना चाहिए की ऐसे खेल जो हराम हैं, उनसे बचा जाए और ऐसे खेलों से भी बचा जाए जिनसे किसी भी तरह का फायदा नहीं है बल्कि वो बस वक़्त की बर्बादी का सबब बनते हैं। आजकल घुड़सवारी, तलवारबाज़ी, तीरंदाज़ी, शूटिंग, कुश्ती, वगैरह में बहुत कम लोग ही देखने को मिलते हैं जबकि इनसे बच्चों का जिस्मानी/शारीरिक और मानसिक विकास होता है और साथ ही साथ, बच्चा, अपनी हिफ़ाज़त करना भी सीख जाता है। फुटबॉल, वालीबॉल, हॉकी, बैडमिंटन, जैसे खेलों से भी बच्चों को जिस्मानी मजबूती मिलती है और चुस्ती-फुर्ती आती है। वहीं अपनी सेहत को सही रखने के लिए थोड़ी कसरत और दौड़ना, पैदल चलना वगैरह भी बेहद ज़रूरी है।

इमाम अलैहिस्सलाम के लिए मेहनतें करने का इरादा हो, दीन पर अमल करने का इरादा हो, दीन की मेहनतें करना हो तो भी हमें चाहिए की हम खुदको दिली, जिस्मानी, ज़हनी, रूहानी, हर तरह से मजबूत करें। अगर हमें सेहत से जुड़ी तकलीफ़ें रहेंगी तो भी हम उन्हीं में उलझे रह जाएँगे और उस तरह अमल नहीं कर सकेंगे जिस तरह करने का हमारा इरादा था।

96. सिलारहमी -

क़ुरआन में अल्लाह रब उल इज़्ज़त ने अपने बंदों को हुक्म दिया है की तआल्लुक ख़त्म करने से बचो, यहाँ तक तलाक़ के मुताल्लिक़ भी हदीसों में आता है की दो लोगों के बीच तलाक़ भी सिर्फ़ तब होना चाहिए जब सुलह का कोई रास्ता ना बचा हो लेकिन हक़ीक़ी दीन से दूर, तख़्लीक़ी दीन की गिरफ़त में पड़े इस मुआशरे ने हर रिश्ते को मज़ाक बना डाला है।भाई-भाई आपस में लड़ रहे हैं, भाई-बहन की आपस में नहीं बनती, बहनें-बहनें एक दूसरे को दुश्मन की निगाह से देख रही हैं, वालिदैन को औलाद बदमाश लगती है, औलाद को वालिदैन से शिकायतें हैं की ये फलाँ औलाद से ज्यादा मुहब्बत करते हैं, शौहर-बीवी एक दूसरे से नाखुश हैं। अब जब इन्हीं रिश्तों में ही दरार है तो बाकि के रिश्ते चचा-बाबा या उनके बच्चों से तआल्लुक तो लगभग ख़त्म होने की कगार पर हैं।

लोग दुनिया में बस अपना-अपना फायदा देखने में लगे हैं, रिश्तों से किसी को ख़ास लगाव नहीं रह गया है और इसके पीछे भी एक नहीं बल्कि हज़ारों वजह हैं। बहरहाल, अगर कोई अपनी औलाद की शादी, सादगी से करता है तो इसमें तो कोई बुराई नहीं लेकिन कुछ लोग ऐसे हैं जो अपने घर की शादी में अमीर रिश्तेदारों को तो बुलाते हैं लेकिन गरीब रिश्तेदारों को

छोड़ देते हैं, ये बहुत गलत काम है। ठीक इसी तरह कुछ रिश्तेदारों को इसलिए नहीं बुलाया जाता की फलाँ ने हमें नहीं बुलाया था या फलाँ हमारे घर गमी में नहीं आया था तो हम उसे क्यों दावत दें वगैरह, इस तरह की सोच रखना सही नहीं।

हमें चाहिए की हम रिश्तेदारों तक भी हक़ीक़ी दीन पहुँचाते रहें, उनके सुख-दुख में हिस्सेदार बनने की कोशिश करते रहें और उनसे तआल्लुक़ क़ता करने यानी तोड़ने से बचें क्योंकि ये अल्लाह त'आला को पसंद नहीं। दुनिया में फैली किसी भी बुराई पर अगर हम ग़ौर ओ फिक्र करें तो पाएँगे की बिगाड़ की असल वजह हक़ीक़ी दीन से दूरी है यानी लोग कुरआन ओ अहलेबैत अलैहिस्सलाम को थामकर नहीं रखे हैं और इससे बचने का रास्ता भी एक ही है की हम और आप कुरआन ओ अहलेबैत को थामने वाले बन जाएँ, फिर खुद ब खुद, हमारी ज़िंदगी में ईमान दाख़िल होता चला जाएगा और मुआशरे में सुधार आ जाएगा।

एक बात और ज़हन में आई है इसलिए बयान करना चाहता हूँ। मेरे अपनों! हम इंसान, अशरफुल मख़्लूक़ हैं लेकिन हमारे आमाल हमने इतने बिगाड़ लिए हैं की अब हम बेहतरीन उम्मत के बदतरीन लोग बन गए हैं। हमें तो चाहिए था की हम खुदको कुरआन ओ अहलेबैत अलैहिस्सलाम से जोड़ लें। इंसानों के काम आएँ, साथ ही साथ दूसरी मख़्लूकात के हक़ में और बेहतरी के लिए भी दुआ और कोशिश करते रहें। जानवरों-परिंदों के लिए भी हमारे दिल में नरमी होना और रहम होना ज़रूरी है। जितना हो सके उनकी मदद भी ज़रूर करना चाहिए जो बेज़ुबान हैं और ज़ुबान से मदद नहीं माँग सकते। अल्लाह त'आला! हम सबको कहने सुनने से ज्यादा अमल करने वाला बनाए।

97. सूद लेना हराम है -

इस किताब में पहले ही हमने बैंक की नौकरी और उससे मिलने वाले सूद पर बात की है लेकिन लोगों के आपसी लेन-देन में भी सूद देखने को मिलता है। यानी तख़्लीक़ी दीन पर चलने वाला एक मुसलमान, दूसरे मुसलमान को कर्ज़ के तौर पर रकम देता है और वक़्त तय करता है की फलाँ तारीख़ को आप कर्ज़ के इतने और सूद के इतने पैसे मिलाकर इतनी-इतनी रकम वापिस करेंगे।

सूद, हराम है। कुरआन ओ हदीस में, कौल ए इमाम अलैहिस्सलाम में इस तरह के माल को दोज़ख़ की आग की तरह बताया गया है, इससे बचना ज़रूरी है। किसी की मदद करना अच्छा है और हमें चाहिए की अगर हमारी माली हैसियत ठीक है तो हम कर्ज़ा देकर लोगों की मदद

करते रहें, अगर कोई कर्ज़ा नहीं लौटा पा रहा है तो हम उसकी मुद्दत ओ मोहलत बढ़ा दें, अगर हम ऐसा कर सकते हों तो हमें चाहिए की हम उसका कर्ज़ा माफ भी कर दें, ये मोमिन का तरीका है। किसी को माल उधार के तौर पर देना और कर्ज़ पर सूद लेना हराम है और कोई हक़ीक़ी दीन पर चलने वाला, ईमान वाला ऐसा काम नहीं कर सकता। अल्लाह हम सबको बदी और गुनाह से बचाए और हक़ीक़ी दीन पर चलने वाला बनाए।

98. आज के दौर का बड़ा बिगाड़ -

मेरे अपनों! हमें किसी का नाम देखकर धोखा नहीं खाना है, जैसा की मौला अली अलैहिस्सलाम का कौल है कि, "नाम देखकर धोखा ना खाओ।", हमारे मुआशरे में बहुत सारे लोग ऐसे भी हैं जो अपने नाम में मुहम्मद, अली, हसन, हुसैन लगाते हैं लेकिन काम यज़ीदों वाले करते हैं। एक जमात ऐसी थी जो तौहीद की आड़ लेकर रिसालत पर हमला करती थी हालाँकि उसे, ना तो तौहीद से मतलब था ना ही दीन से, ठीक इसी तरह एक नई जमात उठी है जिसने पहले तो या रसूलुल्लाह!, का नारे बुलंद किए, गुस्ताख ए रसूल के खिलाफ़ खड़ी दिखी लेकिन फिर धीरे-धीरे, असल रंग दिखाना शुरू कर दिया।

इस जमात ने कभी दीन के मसलों के नाम पर ऐसी बेहूदी और जहालत की बात कहीं की लोगों को हँसने का मौका मिला, कभी वुजु ए हुसैन अलैहिस्सलाम पर निशाना बनाया, कभी सुलह ए हसन अलैहिस्सलाम में हज़रत हसन अलैहिस्सलाम को कमतर साबित करने की कोशिश की तो कभी अली अलैहिस्सलाम और मुआविया को एक सा बताने की नाकाम कोशिश की, हद तो तब हुई जब इन्होंने फ़ातिमा बिन्त ए मुहम्मद रसूलुल्लाह को भी ख़ताकार कह दिया। यानी या रसूलुल्लाह! के नारे की आड़ लेकर, इतरत ए रसूल अलैहिस्सलाम के खिलाफ़ ही साजिशें जारी रखीं। इनके फैल ओ मकर को भी नाकाम करना, हम सबकी ही जिम्मेदारी बनती है।

मेरे अपनों! दुनिया में हमारे तमाम दुश्मनों और मुनाफ़िक़ों की कोशिश ये ही है की हक़ीक़ी इस्लाम को रोका जा सके। अगर इस्लाम को मिटाया नहीं जा सकता तो तख़्लीक़ी इस्लाम को ही लोगों के दिल ओ दिमाग़ में बिठाने की कोशिश की जा रही है और खुदा के हक़ीक़ी इस्लाम की जगह लोगों को इंसानों के बनाए तख़्लीक़ी दीन की तरफ झुकाया जा रहा है। ये साज़िश आज से नहीं हो रही बल्कि सैंकड़ों साल से चली आ रही है। लोगों को क़ुरआन ओ अहलेबैत अलैहिस्सलाम से दूर करने की कोशिश की जा रही है क्योंकि जो मुसलमान क़ुरआन ओ अहलेबैत अलैहिस्सलाम को ही छोड़ दे, वो हक़ीक़ी इस्लाम पर हो ही नहीं सकता। ज़रूरत है तो इन साज़िशों को समझकर नाकाम करने की।

99. मुहब्बत और मेहनत -

मुहब्बत (محبت) और मेहनत (محنت) इन दो लफ्ज़ों पर गौर करें तो आप पायेंगे की इन दोनों लफ्ज़ों में हुरुफ़ और नुक़ते एक जैसे हैं, फ़र्क़ महज़ इतना है कि मुहब्बत में नुक़्ता नीचे है और मेहनत में ऊपर है। जिसके अंदर ऊँचाई है , तक़ब्बुर है, जो खुद को अच्छा समझ रहा है और अकड़ कर बैठा है, उसे मेहनत करनी पड़ेगी, उसे अपने अंदर अच्छाई और सच्चाई पैदा करना पड़ेगी। हक़ीक़ी दीन पर अमल करना और उसे आम करने के लिए मेहनतें करना, क़ायम इमाम अलैहिस्सलाम के लिए मेहनतें करना, मोमिन का मक़सद होता है और जब वो हक़ीक़ी दीन की मेहनत करके अपने आपको अल्लाह के आगे झुकायेगा या यूँ कहूँ की, नुक़्ते को ऊपर से नीचे लायेगा तब अल्लाह रब उल इज्जत उसे इस मेहनत के बदले मुहब्बत अता फरमा देंगे।

इमाम मेहदी अलैहिस्सलाम के लिए मेहनतें करना ही मोमिन का असल मक़सद होता है और वो हक़ीक़ी दीन पर चलते हुए, लोगों तक हक़ीक़ी दीन पहुँचाता है और अपना वक़्त हक़ की तब्लीग़ में लगाता है और इमाम अलैहिस्सलाम के लिए मेहनतें जारी रखता है। इस राह में बहुत दुश्मन मिलते हैं, मुनाफ़िक़ मिलते हैं, जिनकी कोशिश होती है की हमें हक़ से दूर कर सकें लेकिन हमें चाहिए की अपने खुदा पर यक़ीन रखें, अपने नबी, कुरआन और इतरत ए रसूल को थामकर आगे बढ़ते रहें। बेशक, मेरा अल्लाह! बड़ा मददगार और रहम फरमाने वाला है।

"राह-ए-हयात की तारीक़ रहगुज़ारों में
तुम्हारा नाम ही काफ़ी है रोशनी के लिए"

100. सिर्फ़ एक "हाँ" की जरूरत है -

अल्लाह की तलाश हर मोमिन को होनी चाहिए, कोई उसकी पहचान कर लेता है, कोई उसे पा लेता है, कोई तलाश ही नहीं पाता और कोई गफ़लत में बिना तलाश किये ही ज़िंदगी गुज़ार लेता है। हमारे बुजुर्ग और वलीयुल्लाह, अल्लाह के क़रीबी हैं और मैं उनका तह ए दिल से एहतराम करता हूँ। पर अफसोस होता है उन मुसलमानों की बात सुनकर जो कहते हैं हम वली बन ही नहीं सकते। वो बुजुर्गों की इज़्ज़त के नाम पर गफ़लत में पड़े हैं और ये भूल गये की वलीयुल्लाह भी इंसान ही हैं। कुरान में अल्लाह त'आला, का फरमान है -

اللّٰهُ وَلِيُّ الَّذِينَ آمَنُوا

अल्लाह साहिबान ए ईमान का वली है
(कुरआन सूरः बकर की आयत 257)

अब जब आपको मुहब्बत का इशारा मिल गया,रब ने खुद विलायत की रस्सी को आपकी तरफ कर दिया और आपकी बख़्शिश का रास्ता खोल दिया तो यूँ कहना की हम बुज़ुर्गों की तरह नहीं बन सकते, इससे काम नहीं चलने वाला। बल्कि हमें भी इमाम अलैहिस्सलाम के लिए मेहनत करनी होगी। अल्लाह, विलायत से उसे नवाज़ता है, उसे वली बनाता है जो अपने आपको हक़ीक़ी दीन, क़ायम अलैहिस्सलाम की मेहनत के लिए वक़्फ़ कर देता है। अब जरूरत है तो "हाँ" करने की और ऐलान करने की कि, "या अल्लाह! हम आपसे मुहब्बत करते हैं, आपके रसूल और इतरत ए रसूल से मुहब्बत करते हैं, आप हमें अपनी मुहब्बत में शामिल फरमाएँ। या अल्लाह! हमें हक़ीक़ी दीन को आम करने वाला और क़ायम इमाम अलैहिस्सलाम के लिए मेहनतें करने वाला बना। अल्लाहु अकबर कसीरन कसीरा। अल्लाहुम्मा सल्ले अला मुहम्मद व अला आले मुहम्मद।

"तेरे इश्क की इंतिहा चाहता हूँ
मेरी सादगी देख क्या चाहता हूँ "

101. अज़्मत ए सहाबा या बुग़्ज़ ए अहलेबैत -

नामूस ए नबी के नाम पर शुरू की गई जमात, बिन्त ए रसूल को गुस्ताख़ कहकर बेनकाब हुई। ठीक ऐसे ही अज़्मत ए सहाबा के नाम पर शुरू की गई जमात, औलाद ए सादात की मुख़ालिफ़त करते हुए बेनकाब हो रही है और होती रहेगी। मानो या ना मानो, मेरा काम है सच बताना। इमाम मेहदी अलैहिस्सलाम के ज़ुहूर से पहले सादातों का और उनके मुहिब्बों का क़त्ल ए आम होगा और लोगों को अहलेबैत के मुक़ाबले, ताज़ीम ए सहाबा के नाम पर उभारा जाएगा। ख़ास बात ये रहेगी की हज़ारों सहाबाओं में से दस सहाबाओं के नाम तक ना जानने वाले जाहिल बस पाँच-सात सहाबाओं को ही सहाबियत का ठेकेदार साबित करेंगे और वो पाँच-सात सहाबा वो हैं, जिनपर तारीख़ में बहुत इख़्तिलाफ़ मिलता है। आपको कभी भी सलमान फारसी रज़िअल्लाह का नाम सुनने नहीं मिलता होगा या बहुत कम मिलता होगा, जिनके लिए रसूलुल्लाह ने फरमाया, "सलमान मेरी अहलेबैत से है।" (यहाँ ज़रूरी है

की अहलेबैत में होने और अहलेबैत से होने का फ़र्क़ मालूम हो), हज़रत अबुज़र जैसे सच्चे सहाबा का ज़िक्र नहीं किया जाता और हज़रत मिक़दाद जिन्होंने ईमान में आने के बाद कभी तौहीद ओ रिसालत ओ विलायत पर एक पल भी शक नहीं किया, उनका तो बहुत लोग नाम तक नहीं जानते क्योंकि उनका कोई नाम तक नहीं लेता।

अगर कोई आपसे कहे कि "फलाँ शख़्स", गुस्ताख़ ए सहाबा है तो उस "फलाँ शख़्स" से आप, बेहतरीन सहाबी ए रसूल जैसे की हज़रत सलमान रज़िअल्लाह, हज़रत अबुज़र रज़िअल्लाह, हज़रत मिक़दाद रज़िअल्लाह, हज़रत मीसम रज़िअल्लाह, हज़रत हुज्र रज़िअल्लाह, हज़रत बिलाल रज़िअल्लाह, हज़रत इब्न ए अब्बास रज़िअल्लाह, हज़रत कुमैल रज़िअल्लाह, हज़रत हबीब रज़िअल्लाह, हज़रत मुस'अब रज़िअल्लाह वगैरह के मुताल्लिक़ पूछ लेना, आपको एहसास होगा की "फलाँ" तो सहाबाओं को मानने वाला निकला।

फिर आप देखना, की सहाबाओं के नाम पर आपको वो ख़ास जमात के लोग, सिर्फ़ पाँच-सात सहाबाओं को ही क्यों मनवाना चाहता है?, उसका सारा अदब ए सहाबा पाँच-सात सहाबाओं पर ही क्यों अटका है जबकि सहाबा तो हज़ारों हैं। जिन चार सहाबाओं को नबी करीम सल्लललाहु अलैहे व आलिही व सल्लम ने ना सिर्फ सबसे बेहतरीन कहा बल्कि ये भी फरमाया कि, "रब ने मुझे हुक्म दिया है कि इन चार दोस्तों से मुहब्बत करो। वो अली है अली है अली है और अबुज़र, सलमान ओ मिक़दाद है।", ये रिवायत सुन्नियों की मोअतबर अहदीस में भी मौजूद है और अहले तशय्यो की हदीसों में भी मौजूद है और किसी शिया को इस पर इख़्तिलाफ़ नहीं। फिर क्यों किन्हीं और चार सहाबाओं को इन चार सहाबाओं के ऊपर साबित करने की कोशिश की जाती है?

रब ए काबा की कसम! हदीस से साबित है की रसूलुल्लाह के सबसे बेहतरीन सहाबा कौन हैं। मैंने अस्हाब ए रसूल में, मौला अली (जो अहलेबैत ओ पंजतन हैं), इनके अलावा किसी को भी हज़रत सलमान, हज़रत अबुज़र और हज़रत मिक़दाद से बढ़कर नहीं पाया। सहाबा वो नहीं जिसने रसूलुल्लाह के सामने कलमा पढ़ दिया हो बल्कि सहाबा तो सिर्फ़ वो है, जो रसूलुल्लाह के दौर में ईमान लाया, अपने रसूल से मिला और ईमान में आने के बाद से लेकर अपनी मौत तक, मुहम्मद ओ आल ए मुहम्मद का वफ़ादार रहा। अल्लाहुम्मा सल्ले अला मुहम्मद व अला आले मुहम्मद।